肇 秋 文 化 事 业
发展基金扶持项目

青岛100 个故事「连环话」

碧海潮生是故乡

主编／朱铁一 齐建国

中国海洋大学出版社
·青岛·

编制单位

青岛市文化和旅游局 青岛日报社（集团）

编委会

主　　编：朱铁一 齐建国

编　　委：朱铁一 齐建国 李文革 赵慎安 王倩松
　　　　　张本成 马　兵 张　羽 沈　志 白　雪

编写顾问：张树枫 马赓存 邱玉胜 李　静 林玉海
　　　　　穆长清 提文凤 王　磊 艾松林 于伟东
　　　　　方建功 庄万德 翁建红 付　晓 柳香奎
　　　　　史丽萍 台海鹏 李彩彩 毛洪东 齐文娟

撰　　稿：李　魏 米荆玉 马晓婷 胡相洋 杨琪琪

摄　　影：王　雷

引言：更加"长情"的青岛故事

  从满天星斗的远古文明，历经波澜壮阔的古代王朝兴衰，直至波谲云诡的近现代百年，青岛这座城市以胶州湾腹地为舞台，在中华上下五千年文明史中从未缺席，始终散发出独特的熠熠光彩。2020 年 4 月，青岛市文化和旅游局与青岛日报社联合推出"碧海潮生是故乡——青岛 100 个故事"连环话"，以全媒体的传播方式，带领读者重回百余个青岛历史场景现场，在与故地、故人的"对话"中重新梳理城市文脉，讲述更加"长情"的青岛故事，于碧海潮生之间，回望这片并非只有百年历史的城域的悠悠往昔。

  青岛记录着 7000 年前即墨北阡模糊的生活记忆，这里见证了三里河、东岳石文明的滥觞；齐长城从这里潜龙入海；火牛阵田单破燕美名远扬；琅琊台秦皇汉武于此东巡驻跸；天柱山闪灼魏晋碑刻的灿烂霞光；宋代江北唯一"海关"设在板桥古镇，此乃东方海上丝绸之路起航点之一；丘处机西行蒙元全真道大兴天下；雄崖千户所丁字湾畔镇威海疆。在这里可尽览万国建筑，近现代文人的往事亦足以令人兴怀激荡。这里禾苗香，这里月如霜，这里千村照，这里万里长，这就是青岛人心中最美丽的故乡。

  本书的采写编撰，充分挖掘了青岛海洋文化根脉，系统梳理了青岛本土文旅地图和符号，重新勾勒青岛本土文化旅游历史地理图景，以全媒体的方式讲述"青岛故事"。这些故事回溯作为远古中国"满天星斗"中夺目一隅的青岛远古文明的滥觞，探寻历史典籍中在今天依然有地理遗存的蛛丝马迹，追踪秦皇汉武以及古代海上丝绸之路的踪影，与历经沧桑荣辱的百年地标和那些史册中闪光的名字再度相遇……

这些故事由特邀专家顾问委员会经过遴选，拟定了历史源流、文脉记忆、民间传说、非遗传承、城市景观、文人名流、红色文化和美丽乡村等 8 大板块内容，于 2020 年 4 月—2021 年 2 月，陆续以全媒体形式推出，并通过新媒体与市民和网民互动。今天，这些富含中华优秀传统文化内容的青岛故事终于结集成册，作为文化传承、城市文化旅游推介和爱国主义教育的宣传手册出版推广，将有利于更好地保护、开发、利用传统文化和青岛丰富的文旅资源。

揭秘7000年前青岛的"海居"日常

◎李魏

　　即墨北阡遗址位于今青岛即墨区金口镇,上溯至距今约7000年前北辛文化晚期至大汶口文化早期。7000年前,这片土地上的人们在做些什么?

　　这是一个三面环山、距海岸线不足5千米的"风水宝地"。群山环抱、一面迎海的优越地理位置决定了它曾经的"人气"。沉睡7000年的青岛人不会想到,他们的"重见天日",所带来的不仅仅是沧海一粟、星移斗转的生命感悟,更加重要的是还原文明的"真相"——青岛的"海居文化"可考的时间与空间节点得以上溯:从5000年前胶州三里河,推演至距今约7000年前北辛文化晚期至大汶口文化早期的即墨北阡。

　　从2007年到2013年,青岛市文物保护考古研究所与山东大学考古系合作开展"青岛探源"考古项目,在即墨北阡遗址进行了4次发掘,先后发现了包括北辛文化晚期、大汶口文化早期和周代3个时期的8个遗址地层。

　　"火烧葬"是北阡遗址独特的一种埋葬形式。它是指在下葬前,被葬者的骨头有经过有目的地火烧的痕迹,这引出了全新的祭祀文化说;在遗址周边,还发现了大小不等、最大可达300平方米的大

即墨北阡遗址发掘现场

型广场，有明显的反复的人工夯筑痕迹；还发现了直径4米、深5米的大型公共窖穴以及水井。其中窖穴土层中还发现了墨鱼壳，不禁让人联想，墨鱼是否已是周代青岛人"餐桌"上的家常便饭……这些都反映了作为东夷文化分支的青岛文化的特殊发展脉络。

考古人员不放过挖掘现场的任何蛛丝马迹。一块经过了打磨，还留有一块平均厚度的石头，被断定为磨盘的一角；在城池内外的挖掘中，除了磨盘的碎片，还发现了纺轮；他们认真分拣了古人的"垃圾箱"灰坑，里面残存有贝壳和陶器的碎片。

在周代的土层中，类似的遗存更加丰富——成组的陶礼器，出土于七座贵族墓葬的随葬品中，仿铜陶礼器、陶豆等器物虽带有浓厚的青岛色彩，但从棺椁的形制以及葬制来看，当时此地已是周风盛行了。遵循周风的礼器上多有规整的纹饰，而这里的陶器多是素面。墓葬的形制更遵循周代的葬制，多是起一个两层的高台，在上面放置随葬器物。棺椁下也会另掘坑，随葬狗以及其他陶器。这些间隔虽远，却排列有序的贵族墓葬，体现的正是青岛地方文化与中原周文化不断融合发展的进程。

人骨、动植物遗存、石器和陶器以及滨海的自然地理环境，共同勾画出青岛先民劳作生活的细节以及新石器时代典型的海洋聚落的特色文化样貌。这为考古专家们提供了所期冀的独特样本——作为胶东半岛突然兴起于新石器时代的一批以贝丘遗址为代表的海洋聚落之一，这里发现了大量房屋柱洞，数量较多的黍和粟等农作物，软体贝类和脊椎动物骨骼以及大量的石制品、陶器等生活用具，属于典型的定居型海洋聚落。

从新石器时期的向海而生，到为发展农耕而不断内迁所致的衰颓，再到商周时期的复兴，青岛人的祖先对于海的依赖在北阡绵延不绝，也使这里成为包含多个不同时期文化层的典型的贝丘遗址。在有关东夷文化的考古发现的版图上，青岛不仅不再是空白，而且分量颇重、带有独特地方特色。

出土文物"卖萌"，这个大遗址的发现也很有趣

◎胡相洋

三里河遗址是如何发现的？

如果要在青岛追寻新石器时代大汶口文化和龙山文化的足迹，三里河遗址无疑是最具代表性的存在。多数人对于三里河古文明的认识，是以蛋壳黑陶为切入点的，而更为有趣的是，这一史前古文明的发现，却源于青岛文物商店售卖的一幅水墨花卉画。

1958年冬天，山东大学历史系教授韩连琪在青岛文物管理委员会藏品中看到一件灰陶罐，上有书法家高凤翰名曰"吸古得深味"之所赋诗句与题记，颇为耐人寻味。无独有偶，山东大学历史系教授张维华，又在青岛文物商店购得高氏一幅水墨花卉，其上也有类似的题诗和记事，但画中插有莲花与莲房的陶器，并不是上述形制，而是一个下有三足的器物。

画上题诗曰："介子城边老瓦窑，田夫掘出说前朝。阿翁拾来插莲供，常结莲房碗大饶。"序云："余家介子城下，土中常得瓦器如罂罐，可充瓶供，插莲花房大如碗，饱绽坚实，以其气足生物有城也。南阜老人左手画并志。"高凤翰的故乡就是胶州三里河，当时山东大学历史系一些教授认为，画中插莲花的陶器很明显是件龙山文化的陶鬶，虽经画家写意变形了，但时代特征还是非常明确，

并由此推断,此处可能有一处古文化遗址。

带着这个疑问,1959年,山东大学历史系教师刘敦愿从青岛专程赶往济南(迁校之前,山东大学原址在现今中国海洋大学鱼山校区),登门拜访考古学家王献唐,想让他一辨这幅画的真伪。刘敦愿幼子刘陶所写的《记父亲所发现的"三里河"遗址》中提到,"王献唐经甄别高氏画中遗篇缀款,确定这幅画其系仿冒赝品"。

听到王献唐的断定,刘陶说他父亲刘敦愿失望至极。但是,他并非心如死灰。"此画虽非真迹,但赝品是由真迹临摹而来,无论作品真伪如何,其'陶鬶'无疑皆为写实之物。鉴于此,高凤翰题款中所谓的'介子城',当属一处未被发现的龙山文化。这个推论极具参酌价值,但正确与否,尚须通过实地考察加以验证。"因此,1960年(此时,山东大学已迁至济南),刘敦愿携其同事行装就道,远赴胶州,做了一次深入细致的田野调查与采集。

刘敦愿按图索骥,功夫不负有心人,他在胶州市南关街道办事处北三里河村西侧发现了三里河遗址。经鉴定,这处遗址即大汶口文化时期的遗存 (大汶口文化,其年代在公元前4300—前2500年)。这是考古专家在青岛地区继北辛文化之后发现的又一古老文化。高凤翰画作中插花的陶器,就是一件新石器时代的陶鬶。

高凤翰之画,为刘敦愿的发现提供了重要线索;而刘敦愿按图索骥之验证,又为日后考古发掘奠定了坚实的基础。

1974年秋和1975年春,中国科学院山东考古所接连两次大规模现场发掘,确定该遗址为龙山文化与大汶口文化上下叠加,下层为大汶口文化,上层为龙山文化,共出土石器、陶器、玉器、蚌器

狗形鬶

黑陶高柄杯

2000余件，曾经在高凤翰的画中出现的红陶鬶更是数不胜数。其中，在大汶口文化遗存中，猪形鬶、狗形鬶、玄武鬶三只兽形鬶是文物中的珍品，狗形鬶曾于2018戊戌狗年新春在国家博物馆展出。而龙山文化以磨光黑陶为主要特征，又称黑陶文化，上承大汶口文化，下续岳石文化，年代为公元前2500—前2000年。在发现三里河遗址之前，我国也出土过黑陶，但多是黑陶碎片，而三里河遗址出土了30余件薄胎高柄黑陶杯，形态各异，造型非常精美。有一件薄胎高柄杯（现存中国国家博物馆），器壁薄至0.3毫米，重量不足40克，制作之精举世罕见。所以，胶州三里河称得上中国的"黑陶之都"。

作为新石器时代的古文明，三里河遗址的发现，验证了高凤翰"遗作"所记载之真实性，不仅挖掘了胶州蕴藏于时光之河的历史瑰宝，填补了胶州地区新石器时代考古资料的空白，再现了4000多年前胶州地区的盛景，更重要的是，三里河遗址大汶口文化—龙山文化层相叠压的发现，再一次证实了大汶口文化早于龙山文化的相对年代，明确了龙山文化对大汶口文化的继承关系。

1996年、2006年，三里河遗址先后被列为山东省和国家级重点文物保护单位。这位后一手创立山东大学考古系的刘敦愿按图索骥的故事，也随着三里河遗址所承载的史前文化，成为中国考古史上的一段佳话。

岳石文化：2000 年前的独特创意从一只陶器开始

◎李魏

远古文明的"满天星斗"中一度被遗忘的，还有这颗胶东之"星"……

公元前 2000 年前，东靠大泽山、南倚其支脉高望山和明堂山、今天的青岛市平度大泽山镇东岳地石村所在地，那里的人们正过着以渔业捕捞为主的生活。他们大规模使用绑了陶坠的渔网捕鱼；使用带有独特蘑菇钮的陶器盖子，不同陶器上有至少 35 种特殊的纹饰造型，用钻了方形凿孔的石刀收割谷物……

岳石文化，是 20 世纪 60 年代中国考古的重要发现。按照国际惯例，以首次发现的遗址所在地的小地名为之命名。岳石文化这一称谓的由来，即是青岛市平度城北 25 千米大泽山西麓的东岳石村。它被看作山东省境内继大汶口文化和龙山文化之后，又一次具有划时代意义的考古发现。

1960 年和 1993 年，先后两次针对岳石文化遗址进行了考古发掘。岳石遗址的文物遗存浮出水面——"一群前所未见、有别于龙山文化的典型品"。但因 20 世纪 60 年代未发现同类型遗址，考古资料尚不完备，"岳石文化"的概念直至 1981 年才提出。而岳石文化是上承于龙山文化的另一种"文化"的主张，到 20 世纪 80 年代中期才成为考古学界的共识。

人们由此开始重新了解和认知山东龙山文化之后的海岱地区，尤其是胶东半岛地区的文化面貌。而必须提及的是，古籍中记载甚

岳石文化双孔石刀

岳石文化腰状石斧

岳石文化蘑菇钮器盖

岳石文化黑陶尊

少、史学界存疑的中原夏王朝的断代，也因岳石文化的横空出世而再度成为专业人士的焦点。

20世纪80年代以来，越来越多同类型考古发掘和比对，使岳石文化的特征愈发鲜明：与龙山文化陶器最大的差异在于，岳石陶器的胎壁厚而炉温较高，龙山文化最具特色的蛋壳陶和常见的典型器物"鬶"，在岳石文化里消失了。岳石文化则出现了子母口三足罐和舟形器等龙山文化不见的新型陶器，此外，器身的纹饰和陶器的形制，都有十分明显的区别。

对于海岱地区，中国考古学奠基人之一夏鼐先生曾具体指出，从北辛文化到大汶口文化，到（山东）龙山文化，再到岳石文化，"山东地区史前文化的发展，自有其演化的序列，与中原地区的和长江下游地区的各不相同"。徐旭生先生也在《中国古史传说》中，得出了"华夏、东夷、苗蛮三个集团是秦汉间所称的中国人的三个主要来源"的结论。历史文化学者许倬云，也特别在其讲述中国历史文化发展脉络的《万古江河》中明确提及"东方新石器文化"：胶东的地方文化，平行于鲁西南系统的每一阶段，有单独的发展，也有互相影响之处。

中华文明不是传统意义上所谓"中原地区一元论"，而是由华夏及其周边地区"满天星斗"的多元文化长期交汇融合而成的多元一体的文明，岳石文化为这一结论再添佐证。毫无疑问，当年创造了并不逊色于中原文化的东夷先民，并不像传世古代典籍中所说的愚昧落后。他们对于中华民族的形成和灿烂的古代文明的发展，同样做出了杰出贡献。

琅琊台：从秦皇汉武到海外寻仙

◎薛原

　　海与山是青岛的特色，与崂山相比，琅琊台更是有着独特悠长的历史文化传奇——作为秦始皇、汉武帝东巡，徐福海外寻仙的文化名山，也是海上丝路史上最早的起点之一。"琅琊"一词，更是古时山东半岛的称谓。它位于青岛西海岸新区琅琊镇琅琊山上，三面濒海，一面接陆，海拔183.4米，因山形如台，在琅琊，故名琅琊台。

　　春秋战国时期，琅琊是齐国的重要城邑，齐桓公、齐景公尝游此，数月不归。公元前472年，越王勾践灭吴后，北上称霸，由会稽徙都琅琊，起观台，以望东海。秦始皇统一中国后，于始皇二十八年（公元前219年）、始皇二十九年（公元前218年）、始皇三十七年（公元前210年）三巡其地，迁民3万户于琅琊台下；大兴土木，修筑琅琊台，以观海望日；于台下修成"阔三四丈"的御路三条；刻石立碑，颂秦功业；祭祀"四时主"；在琅琊台两度遣徐福等方士携童男女入海求仙。也正是在公元前210年，秦始皇在最后一次东巡中，又登琅琊台，在归途中病死于沙丘平台……

　　历代帝王、官吏、文人、学者，常以登游琅琊台为乐事，并留下了许多诗文。文人墨客留下了大量关于琅琊台的诗文，唐宋诗人例如李白、白居易、李商隐、苏轼等的名字更是与琅琊台联系在一起；《史记》《汉书》《三国志》《资治通鉴》等历史典籍也都对琅琊台有大量的文字记载，因此，琅琊台也有"千古名胜"之说。在琅琊台还出土了秦代"千秋万岁"瓦当，被定为国家一级文物。

　　位于琅琊台顶西部的琅琊刻石，是秦琅琊刻石的复制品。刻石通高 4.8 米，上宽 0.76 米，下宽 2 米，东、南、西三面环刻，分秦始皇《颂诗》和二世《诏书》两部分，共计 447 字。1993 年底始复制，翌年 9 月立。公元前 219 年，秦始皇筑就琅琊台后，在台顶立石刻，颂秦功业。公元前 209 年，秦二世巡至琅琊台，在始皇

琅琊台发掘出土的秦汉时期排水管

琅琊台大台
望越楼风景点
灵芝山
琅琊台小台残存夯土

琅琊台

在琅琊台周边发掘到的方格纹墓砖

所立刻石旁刻其诏书和大臣从者名。

历经风雨剥蚀，至宋神宗熙宁九年（1076年），苏轼作《书琅琊篆后》，记其登琅琊台所见："今颂诗亡矣，其从臣姓名仅有存者，而二世诏书具在。"清顺治年间，诸城知县于琅琊刻石南面刻"长天一色"四字。清乾隆二十八年（1763年），诸城知县见刻石裂，熔铁束之。清道光年间，铁束散，刻石碎。后诸城知县筑亭覆之。清光绪二十六年（1900年）4月间，一次大雷雨过后，碑石散失。1921—1922年，诸城视学王培祐先后两次登琅琊台搜寻，将散碎碑石凑合。后残石被移置诸城县署，1949年后移置山东省博物馆，1959年移置中国历史博物馆。残石高129厘米，宽67.5厘米，厚37厘米；现存碑文13行，86字，李斯书，是秦刻石存字最多者，中国现存最古刻石之一，堪称国宝。

围绕秦始皇登琅琊台，还演绎流传了许多关于秦始皇的故事，如"始皇赶山""秦始皇修筑琅琊台""老湾哭坟"等许多民间传说，经过千百年来在民间演绎流传，逐渐成为百姓追求美好生活、渴望人生平安、惩恶扬善的精神寄托。这些传说也已进入山东省级非物质文化遗产名录。

齐长城：留给青岛的 60 千米春秋战国记忆

◎ 李魏

西海岸新区史家夼东山一带的居民或许不会想到，山丘上那道陪伴了几辈人的不起眼的"土墙"，就是已纳入国家重点文物保护单位的世界文化遗产——齐长城。这一兴建于春秋战国时期的古代遗址，比欧洲人公元前 459 年修建的 79 千米长雅典壁垒早 200 余年，比秦长城早 400 余年。

齐长城，东西走向，横亘山东。它西起济南市长清区孝里镇广里村北的岭子头，史称"千里齐长城"。而它最后的 60 余千米，正位于青岛西海岸新区——西起六汪镇李家前夼村西岭，跨越包括小珠山在内的 200 余座山头，东至长江路街道办事处东于家河村入海。

有关修筑齐长城的始因，以"御敌"的论述为主流。当时，齐国南近鲁楚，西有晋宋，北邻燕赵，鲁和晋又都是春秋强国，因此齐国在春秋战国时期为了加强防御而修建长城。

据考证，齐长城于春秋齐桓公时期开始修筑西段，战国齐宣王时方将长城修至海滨，东段长城共修筑了 70 余年（公元前 356—284 年）。经过 200 余年的努力，齐长城东西衔接，齐国南境国防线的建设才告筑就。

　　1987 年，齐长城作为长城遗址的重要组成部分被联合国教科文组织整体列入世界文化遗产名录。2013—2014 年，青岛市文物保护考古研究所曾组织专业技术人员，对西海岸新区境内两段齐长城进行调查勘探，其中史家夼东山段至山周村西山段全长约 6.5 千米的齐长城，因为位于丘陵山脊之上、离居民生活区较远而保存相对较好。这一区域被以马尾松为主的树木覆盖，比较典型地呈现出了历史上齐长城原有的风貌，所看到的长城轮廓，有的地方高度达到 3 米甚至 5 米，宽度达到 7 米或 8 米。

　　根据 2014 年的考古勘查报告，西海岸新区段的齐长城在不同地段使用了不同的材料，大致有三种：一是用石灰、沙等混合而成的土；二是纯粹用土夯筑；三是用块石垒筑，这种情况多见于高山地段，以小珠山部分最具代表性。考古人员发现，西海岸新区域内齐长城的修筑，普遍具有因地制宜的特点：不仅充分利用地形依山就势来兴建，建筑材料也主要是就地取材、就近取材——夯筑的土（砂）是从长城两侧附近就近挖沟取土而来，大小不一的石块则取材于附近的基岩。

　　西海岸新区博物馆藏中，一件来自六汪镇齐长城脚下的青铜器令人浮想联翩。它通高 10.7 厘米，呈半球形，口径 20.7 厘米，身侧对应各有一环耳，通体装饰乳钉纹，底部有三兽蹄足。最为重要的是器皿内壁上铸刻的铭文。文曰："荆公孙铸其善敦，老寿用之，大宝无期。"根据铭文，这件器物被定名为"荆公孙敦"。原先的持有者讲，清光绪年间，其祖上在六汪镇山周村北的长城脚下种地时发现了这件铜敦。

齐长城石寨山段

齐长城发现的"荆公孙敦"

铜敦作于春秋晚期,恰与齐景公生活的年代相近。《晏子春秋》中记载,景公问于晏子曰:"吾欲观于转附、朝舞,遵海而南,放于琅琊。"《说苑》也记载了齐景公"游于海上乐之,六月不归"的故事,而铜敦在琅琊周边出土,与史籍中所记的景公出游的事迹或许可互为注脚……不过,事实究竟如何,还有待于进一步考证。这件铜敦现在已被国家文物鉴定委员会定为国家二级文物。

即墨故城：缘起东周的古胶东之"心"

◎杨琪琪

在平度市东南 30 千米的古岘镇大朱毛村一带，仍留存距今已有 2000 余年的始建于东周的古城——即墨故城遗址，这里曾是古代胶东半岛政治、经济、文化、军事中心。2001 年，即墨故城遗址（含六曲山墓群）被国务院公布为第五批全国重点文物保护单位。

作为中国文明起源阶段规模较大、水平较高的大遗址，即墨故城是中国重要的考古遗址之一，具有重要的历史价值、科学价值和文化艺术价值。

春秋时，齐大夫朱毛曾居于此，故俗称"朱毛城"；西汉时胶东国康王刘寄曾设都于此，所以又名"康王城"。

《重修即墨县志》记载："故即墨城，齐初并莱，以莱古都辽远，建此城于莱国之中，北依群山，南控芥菖，名朱毛城，后为即墨。"如此，故城应始建于春秋时期。战国时，即墨经济发达，成为齐国五郡之一。项羽灭秦后，大封诸侯，分齐地为齐、胶东、济北 3 国，即墨为胶东国郡。西汉文帝分齐地为 7 国，即墨仍为胶东国都城。景帝时封子刘寄为胶东王，治即墨，传至六世时被王莽篡汉建立新朝所废。东汉时期，即墨故城失去政治、经济、军事中心地位，渐渐衰废。到隋开皇十六年（597），县城移至不其城（今城阳一带）

即墨故城遗址

即墨故城遗址出土的战国节墨法化刀币

北 10 千米处，即为今日即墨城。而即墨故城遂倾圮为遗址。

据考证，即墨故城分内、外两城。外城南北长达 5 千米，东西宽约 2.5 千米，南、西两面城墙已不存，北城墙残高约 1 米，尚留遗迹，东城墙尚存 1500 米，城基宽 30—40 米，高 4—5 米，全为夯土板筑。

东城墙北段沿尤水（即今之小沽河）之走向而建，南段折向西南。现存长 1.5 千米，高 4—5 米，厚 30—40 米的城墙，均为夯土版筑，层次清楚、异常坚固。北城墙因"文革"期间窑厂取土烧砖，仅存高约半米，长不足千米。内城位于外城东南部，城墙虽已不存，但已探明的遗迹有建筑群、东西仓、贮货湾等。即墨故城常有铜剑、铜戈、箭镞、弩机、回纹铺地砖、大型空心龙纹砖、战国

即墨故城遗址出土文物西汉鎏金铜凤鸟

齐刀币、燕明字刀币、齐刀币钱范、汉半两钱范等文物出土。

多年来，这里先后出土大量兵器、青铜器、建筑材料，地下埋藏极为丰富。即墨故城曾长期作为秦汉时胶东郡治和胶东国的国都，遗址清晰，方位明确，历史记载详细，为研究我国古代郡国历史、沿革、城市形制提供了珍贵的史料。同时，即墨故城军事地位重要，燕国大将乐毅在故城北部筑城，田单大摆火牛阵破燕复齐。这些对研究我国古代军事史都具有重要价值。

值得一提的是，在即墨故城西北 3.5 千米处，山东省最大的古墓群——六曲山墓群便坐落于此，成为即墨故城遗址当中重要的组成部分。六曲山墓群东起龙虎山，西止窟窿山，东西绵延 30 千米，横跨 30 余个山头，分布于平度市麻兰镇、古岘镇、云山镇 3 处乡镇。

据资料记载，墓群现有包括西汉康王刘寄等 6 代胶东王陵在内的古墓 360 余座，大部分为汉代墓葬，少数属东周墓葬，分布之广和规模之大均为山东省罕见。这些墓葬方位明确，封土高大，部分大型墓筑有 400 余平方米的方台，并有建筑遗迹，墓周围散布着大量汉代板瓦、筒瓦、残卷云纹瓦当、花纹砖和残空心砖等，大型墓前的方台都残存一个斜坡，延伸到墓前，可能是台阶部分。整个古墓区长满松树、灌木、野草，部分台上被村民种上果树。六曲山墓群对于研究汉代胶东国的历史及殡葬制度提供了重要佐证。

不其：汉武帝在青岛缔造的"东方秘境"

◎李魏

遥想公元前 93 年春夏之交的某日，汉武帝东巡到琅琊郡治所在的琅琊县，从那里乘楼船北上，穿越海上弥漫的仙云雾霭，抵达胶州湾东北部不其（fújī）城附近的某处海岸。华盖林立，帝王登岸，祭祀的盛典在一处叫作交门宫的宫殿开启，人、神，于此间交遇、礼拜……

这是《汉书·礼乐志》中所载的一首名为《赤蛟》的郊祀歌中描摹的情境，而它正与《汉书·武帝志》和《汉书·郊祀志》中提及的一次武帝东巡的情形相互映照："夏四月，幸不其，祠神人于交门宫，若有乡坐拜者，作《交门之歌》。"虽只有寥寥数语，却是汉武帝抵达 2000 多年前的"不其"，即以今天的城阳区为中心，涵盖胶州湾以东青岛各区及即墨区东南部的明证。

一直苦寻此交门之歌的青岛文史学者巩升起，经过众多比对与旁证，最终确认，名为《赤蛟》的郊祀歌，就是汉武帝为此次不其之行所作的交门之歌；而汉武帝与神交遇的"不其"一地，绝不仅仅是东巡路上偶然经历的"过客"，而是他一生心向往之，并一手打造的"东方秘境"。

自公元前 113—公元前 89 年的 24 年中，汉武帝曾先后 11 次东巡，其中 9 次抵达山东半岛，抵达不其的次数虽不确定，也有数

次。有关不其作为地名的最早记载，正在西汉时：汉代把秦时的即
墨县分成了三部分，胶东国、不其县和皋虞县，那时实行的是中央
以下州、郡、县三级行政体制，不其县属徐州刺史部琅琊郡。琅琊
郡治则在琅琊县，它的故城就在今天的西海岸新区琅琊镇。

　　不其，从汉初兴立县制，便以东方海标的形象矗立海岸，此
后绵延历朝历代竟有800年之久。今青岛名胜崂山汉时亦称不其山，
而不其山与不其县之名均源于东夷故族"嵎"族，隐含着神秘莫测
的东夷往事。

　　然而，真正为不其赋予了"神圣使命"，使之抵达文化巅峰的，
还是中国历史上的一代名君汉武帝。汉武之时，不其集结着诸多与
汉朝知识、思想和信仰相关的"秘迹"，其中最具文化史分量者有
三：明堂、太一祠和交门宫。学者巩升起称此三者为"汉代不其文
化的三大支柱"。即便今天已难寻其遗踪，它们却把一代帝王与不
其永久捆绑定位于青岛这片山海之间。从某种程度上说，汉武帝就
是汉代不其文化秘境的缔造者。

　　《汉书·地理志》有记："不其，有太一、仙人祠九所，及明堂。

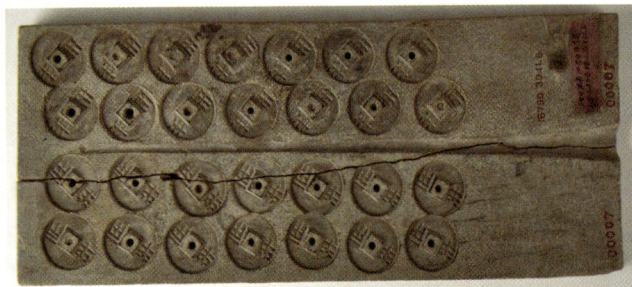

半两钱石范，1958年于李村楼山后出土，所在地汉代属于不其县

武帝所起。"在不其八百年的沧桑路上，明堂、太一祠和交门宫绕不过的是汉武帝的东巡海上求仙之路和其探寻海外世界、意图寻觅连接海陆的东方支点的"野心"。

何为太一祠？汉武帝时所拜祭的神仙名为太一神，所以祠堂名为太一。恰因汉武帝祭祀太一神之故，不其历史性地成为道教史前史的肇始之地。

何为明堂？简言之，它是中国古代等级最高的皇家礼制建筑，是帝王祭祀诸神、问政于天的场所。在《史记·孝武本纪》中有关于汉武帝与明堂的初遇故事。那是在公元前110年，汉武帝东巡在泰山之巅举行了封禅大典后，下山时在泰山东北麓偶然发现了周时的明堂遗址，遍询一干大臣，竟无人知其详。幸得济南一方士献上黄帝时的"明堂图"，方知明堂的形制。得图之后，汉武帝就下旨，在今天的泰安以东的汶水上建造明堂，名为泰山明堂；之后又下诏在不其县建造海上明堂，它们与在长安南郊的第三处汉时明堂基本处于同一纬度，自此汉武帝每次东临，他几乎都要置身其中，谛听天意，昭告天下。明堂似乎成为汉武帝东巡的驿站，他的精神家园，他的天人交互的秘府。

青岛历史学者巩升起推测，两千多年前的明堂、太一祠和交门宫，应当分布于胶州湾西北岸近海地带。他推断，今天的女姑山状若平台的山顶，极有可能就是昔日汉武帝敕建海上明堂的所在。而秘藏于胶州湾深处的红岛，初有荫岛之称，取帝王荫蔽之意，当与交门宫的选址有关，岛屿南端至今矗立的两根海蚀柱，又恰与秦始皇东巡时的碣石宫自然地貌颇为相似。

平度天柱山魏碑：孤峰秀峙 隶楷之极

◎ 胡相洋

截至目前，青岛全市共有全国重点文物保护单位 19 处，而仅平度大泽山镇就占了 3 席，分别为天柱山魏碑、岳石文化遗址、大泽山石刻及智藏寺墓塔林，更为耀眼的是，"天柱山魏碑"是青岛首个"国字号"文物保护单位。作为中国书法艺术的瑰宝，这一有"海鸥云鹤之致"的书镌，受到了近代海内外书家的敬仰与赞誉。

古人云："齐之山海天下冠，而东莱之间，山水形势雄深伟丽又为齐冠，而大泽之秀又为东莱之最。"天柱山属于东莱大泽山脉，这里不雨而润，青日生烟，历来被认为是人间仙境，有"神窟仙宅"之说。

而使天柱山更为显名的，则是山上留下的摩崖石刻。据相关文史研究者统计，天柱山上有东汉刻石 1 处，北魏郑道昭刻石 4 处，东魏石窟造像题记 1 处，北齐郑述祖刻石 2 处。其中，特别以郑道昭、郑述祖父子为代表的北朝刻石，连同莱州市云峰山、大基山和青州市玲珑山，共计 40 多处刻石，构成了北碑文人书法的重要体系。

这个以书法、石刻艺术闻名遐迩的石刻艺术群，是中国书法由隶到楷大变革体现之瑰宝，有"隶楷之极"的美誉，在书法史上具有重要地位。而使这座山青史留名的,正是得益于一代书法家——郑道昭。

"书圣"王羲之的名字,可谓无人不晓,但说起郑道昭,可能很多人比较陌生。在中国书法史上,王羲之与郑道昭被人称为"南王北郑",书法造诣相互比肩。魏晋南北朝特别重视世家大族,郑道昭家族累世公卿,"荥阳郑氏"自西汉时期就屡出高官,到北魏时期已经和博陵崔氏、陇西李氏、赵郡李氏、范阳卢氏、清河崔氏、太原王氏并称为"五姓七家"。

郑道昭(?—516)在北魏官至中书侍郎、国子监酒等职,早年深得孝文帝喜爱,但宣武帝时期失宠,出任光州(今莱州)刺史,后又任青州刺史。由于离天柱山很近,他便经常登临这仙域神乡,一改"崇儒敦学"的儒风,转而爱山乐道,在山上镌有多处刻石,留下传世瑰宝。

公元511年,郑道昭于天柱山半山腰上,选择了一块天然碑状巨石,稍加琢磨,篆刻了"魏故中书令秘书监郑文公之碑"。此碑碑体略微前倾,高3.5米,宽1.5米,文19行,每行50字左右,计881字,碑文内容记载其父——兖州刺史郑羲的生平事迹。通篇碑文格调高雅,文采华丽,书法宽博,笔力雄健,是不可多得的书法珍品。因郑道昭在莱州云峰山上镌有相似的一块碑,后人就把天柱山魏碑称之为《郑文公上碑》,把云峰山魏碑称之为《郑文公下碑》,这两块碑与青州玲珑山的魏碑石刻并称"魏碑三奇"。

据史家统计,由于年代久远,保存到现在的魏碑全国不到200种,其中自成流派的大概只有10家。而郑道昭的碑铭,现存

平度市大泽山镇天柱山摩崖石刻现状，胡相洋摄

有 40 余种，不论从数量还是艺术造诣来讲，都冠群家之首。郑道昭是"魏碑体"鼻祖，其书写的魏碑体突出体现了我国书法由隶书到楷书的转变，故受到古今书法家所推崇。

然而，在清代以前，《郑文公上碑》没有得到足够的重视，只是北宋金石学家赵明诚（李清照之夫），将郑道昭父子的刻石记入他的权威著作《金石录》中。到了清代，随着"尊碑、备魏、取隋、卑唐"之风兴起，沉闷麻木书法界，一改帖学一统天下的局面，"由碑入书"为书法艺术注入了一股活力，由此，《郑文公上碑》得到尊崇。清代著名书学理论家包世臣在《艺舟双楫》评说："北碑体多旁出，《郑文公上碑》字独真正，而篆势、分韵、草情毕具，真文苑奇珍也"；康有为说："刻石如阿房宫，楼阁锦密……体高气逸，密致而通理，如仙人啸树，海客泛槎，令人想象无尽。"康有为赞其有"十美"，即"魄力雄强、气象浑穆、笔法跳跃、点画峻厚、意态奇逸、精神飞动、兴趣酣足、骨法洞达、结构天成、血肉丰满"。1984年，著名艺术大师刘海粟在89岁高龄时专程登上天柱山，题写了"瑰玮博达，绝壁生辉"，以示敬仰。

山不在高，有文则名。天柱山因魏碑成中国书法名山，在经历了1500余年的风风雨雨后，保留至今实属不易。在近人评出的"平度八景"中，"天柱魏碑"名列其中（其他七景为大泽叠翠、即墨故城、现河水榭、云山烟波、龙湾垂钓、千佛飞阁、北台蟠松）。这个有"孤峰秀峙，高冠霄星""鹤岭横悬，云岩凌空"之誉的天柱山摩崖石刻，不仅在大泽山系石刻艺术群中独领风骚，也是中国书法史上一颗"耀眼明星"。

板桥镇："对话"千年海上丝路

◎ 胡相洋

从唐朝的板桥镇，到北宋的市舶司，估客骈集、千樯林立、贡艘浮云、轴舻千里。胶州人民从这里通达四方、走向世界。

板桥镇，"东方海上丝绸之路"起始点之一。北宋在全国共设 8 处市舶司，北方唯一一个即设置于此。

继德国地理学家李希霍芬在 1877 年提出"丝绸之路"概念后，1913 年，"海上丝绸之路"又被法国东方学家沙畹提及。学界认为，古"海上丝绸之路"可分为东海航线和南海航线，东海航线是春秋战国时期齐国在胶东半岛开辟的"循海岸水行"，经辽东半岛到达朝鲜半岛、日本列岛；南海航线是西汉时始发于广东徐闻港，到东南亚各国甚至后来延续到西亚、非洲和欧洲的海上贸易黄金通道。

作为"东方海上丝绸之路"的重要节点，板桥镇的辉煌出现在唐宋，但板桥镇与海洋、贸易、文化三个关键词产生关联，则经历了史前文明沉淀，萌芽于商周，发展于春秋战国，形成于秦汉的过程。在这一漫长的时期中，有三里河遗址所代表的大汶口文化和龙山文化；发生过琅琊海战；秦始皇三次巡幸，还派徐福去东海寻求长生不老之药；曾为胶东王的汉武帝刘彻，也多次巡幸琅琊、不其城，也先后派人入海求仙……这些事件，均标志着这条由胶东半岛经朝鲜半岛到达日本列岛的航线，成为名副其实的古"海上丝绸之路"了。

"板桥镇"于唐武德六年（623年）建置，属密州（治诸城）。虽然板桥镇在唐代正在悄悄兴起，但在北方海港中的地位尚不及登州和莱州。"东方海上丝绸之路"的辉煌，是以板桥镇古港口在宋朝时期成为北方唯一市舶司为标志的。

为更好地管理货物和对外贸易，宋元祐三年（1088年），在胶州板桥镇设置市舶司（市舶司是宋、元及明初在各海港设立的管理海上对外贸易的官府，相当于现在的海关），用来管理港航、征收税钞、鼓励贸易往来和保护外商外侨等。当时全国曾先后设有8处市舶司，分别设在广州、杭州、明州、泉州、温州、密州等地，北方唯一一个就设在密州板桥镇。其进出口货物量"必倍于杭、明二州"（《宋史·食货志下·互市舶法》）。同年，以"板桥镇为胶西县，兼临海军使"。金熙宗皇统二年（1142年），在胶西板桥镇设立板桥榷场，后改名为胶西榷场，与南宋互市贸易。

昔日的板桥镇有多繁盛？《宋史》有载："胶西当宁海之冲，百货辐辏……时互市始通，北人尤重南货，价增十倍。全诱商人至山阳，以舟浮其货而中分之，自淮转海，达于胶西。"清乾隆年间胶州知府周于智，写"少海连樯"有序云："每秋冬之交，估客骈集，千樯林立，与潮波上下，时而风正帆悬，中流箫鼓，转瞬在隐约间；又令人想蜃楼海市，咫尺云烟矣。""少海连樯"作为古"胶州八景"之一，描写的正是板桥镇昔日的繁盛景象。

　　经过了宋朝的隆盛，板桥镇作为"东方海上丝绸之路"的重要节点及枢纽，也没能逃脱式微的命运，尽管式微的过程比较漫长。元明以后，随着云溪河、胶莱河、大沽河等河流的淤积，海岸外移，板桥镇港口逐渐让位于它的外港塔埠头码头。尤其是明

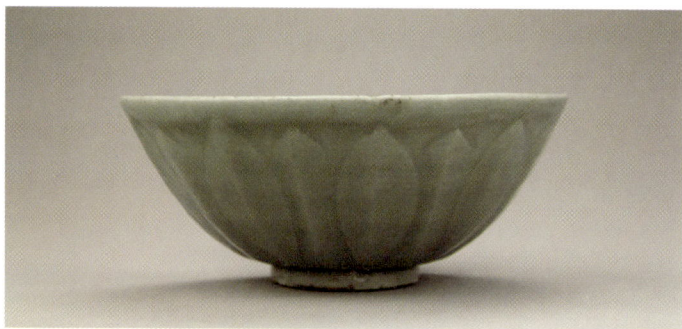

板桥镇遗址出土青釉莲瓣纹碗（资料图片）

板桥镇遗址发掘现场（资料图片）

末清初的海禁政策，导致胶东半岛诸海港被关，板桥镇作为北方重要古港的优势也逐步消失。

随着历史变迁与城市建设，文物部门多次对板桥镇遗址进行抢救性考古发掘和调查勘探。通过考古勘探，大致确认了宋金时期板桥镇遗址的分布范围，进一步确定了胶州市湖州路附近云溪河路段地下文化遗址分布状况及文化内涵，为青岛"海上丝绸之路"文化研究提供了有利的实物佐证。瓷器为板桥镇出土数量最多的器物，这些瓷器生产使用时代最早可上溯到唐、五代时期，晚则到清、民国时期，其中以宋、金、元三个时期为主，这也是板桥镇历史上最为繁盛的时期。此外，板桥镇遗址还有两组宋代大型建筑基址，包括砖、瓦当、脊兽、螭首等建筑构件以及夯具、碑刻残件等建筑用器。2013年3月5日，板桥镇遗址被国务院列为第七批全国重点文物保护单位。

大沽河博物馆馆长王磊曾参与板桥镇古遗址的挖掘及研究，他说，尽管现代化的巨轮取代了早先的艨艟帆樯，青岛港取代了早已落寞的板桥港，但是，无论基于何种判断，板桥镇作为古代海上金融、商贸以及文化交流的枢纽地位昭然可见。作为历史古港的板桥镇，见证了青岛海上丝绸之路的发展，它的存在与发现，使得以海洋为中心的青岛文化发展脉络愈加清晰。

胶莱运河：为什么不能再重修？

◎ 薛原

在山东省地图上，胶州与莱州之间，有一条蓝线，它就是长130千米的胶莱河。700多年前，该河曾是一条运河，即胶莱运河，后来因泥沙堵塞而长久废弃。

胶莱运河南起黄海的灵山海口，北抵渤海的三山岛，流经原胶南、胶州、平度、高密、昌邑和莱州等地，全长200千米，流域面积达5400平方千米，南北贯穿山东半岛，沟通黄渤两海。胶莱运河自平度姚家村东的分水岭南北分流。南流由麻湾口入胶州湾，为南胶莱河，长30千米。北流由海仓口入莱州湾，为北胶莱河，长100余千米。

胶莱运河开创于元代初期至元代中期，历史上又称运粮河。胶莱运河的开通主要用于服务南北航运，大大减少船只绕道胶东半岛的航程。明代中期以后至清代，由于沿海倭寇为乱，朝廷实行海禁，着力利用京杭大运河的漕运，对胶莱运河的浚治则采取轻视或搁置的态度，虽有人提起胶莱运河的疏浚攒运之事，但也屡议屡罢，逐渐废弃。

在元代，作为政治中心的京津地区，各类生活和生产物资大量依赖南方，特别是漕粮运输，成为元代一个非常突出的社会问

题。为了解决这一问题，元朝政府主要采取了两个办法，一个是
扩修运河，另一个是发展海运。就运河来说，隋朝创修的连通南
北的京杭大运河，到了元代，已经破败不堪使用，为了恢复其功能，
元朝政府开始了大规模的整修和取直，但由于自然条件限制，主
要是北方河段水量不够，黄河、淮河经常泛滥、改道，泥沙淤积
等原因，一直发挥不了很好的作用。于是，在扩修大运河的同时，
元代大力发展海运，同时这一时期造船技术和航海技术不断提高，
在此之后，形成了以海道为主，大运河为辅的南北运输线。在这
一过程中，元朝在至元十七年（1280 年）曾动议开通胶莱河，但
在至元二十六年（1289 年）又取消了利用胶莱河的运输动议。

　　元、明二代在关于胶莱河开通与否的问题上，经过多次的争

胶莱运河胶州段

论以及具体的实践，最终均归于失败，其中主要有两个问题一直无法解决：一个是泥沙极易淤积，前开后淤，虽花费巨大，但劳而无功，所谓"大潮一来，沙壅如故"；其二是水量不能得到充分保证，运河虽开但无充足水量，依然无法行船。

近年来，围绕胶莱运河是否重修，各种声音不绝。胶莱运河的开凿与否，不仅仅只是一项会对当地产生重大影响的工程，仅就工程本身可行性论证来讲就牵扯问题广泛，譬如胶州湾因胶莱运河的开通是否会影响到半封闭海湾的环境质量问题等，要做多方面的综合调查和科学评估。

雄崖所：青岛最后的明城堡残存

◎薛原

雄崖所始建于明洪武二十五年，位于青岛即墨田横镇丁字湾畔，历史上曾为海防要塞——因其对面白马岛上有一雄伟的赭色大断崖，故名为"雄崖守御千户所"，简称"雄崖所"。

雄崖所始建于明洪武二十五年（1393年），为一正方形城堡，周长2千米，占地0.25平方千米。城墙由土夯筑，外包青砖、石块，高5米，顶宽3米，十分坚固。墙上用青砖砌成垛口，墙外有护城河环绕，建有奉恩、迎薰、镇威等城门，门上均筑城楼。城内有十字大街道通往各门，街道用石条铺地，商号林立，市井繁荣。雄崖所是当时防御倭寇的滨海重镇。清雍正十二年（1734年）雄崖所被裁撤废置。城池日渐衰败，大部分被毁，现南门及南门楼保存尚好，西门仍保留明代初建时的原貌，门洞上方匾额的"镇威"二字仍可辨认。

元末明初，我国东南沿海一带屡遭倭寇入侵，沿海居民深受其害。据清《即墨县志》载：明洪武六年（1373年），倭夷入寇，即墨、诸城、莱阳沿海居民多被害。于是，明政府便在东南沿海择要设戍，广建卫所，以抵御倭寇之入侵，保境安民。即墨境内的鳌山卫，雄崖、浮山二守御千户所就是于明初设置的。

雄崖所老街现状

当年莱州府辖区内沿海一线共设有三卫八所、七巡检司、16寨、142墩堡。即墨的鳌山卫，以及"浮山前守御千户所"（即今青岛市南区浮山所）、"雄崖守御千户所"就在其列。按明代卫所兵员的编制，每卫设前后中左右5000户所，大率5600人为卫，1120人为千户所，120人为百户所。实际上，鳌山卫内辖的右、前、后三个千户所与浮山、雄崖两个守御千户所共有边操军、京操军、守城军、屯田军3000多名，设指挥使、指挥佥事、千户、百户、镇抚等武官50多员，配备有大船、哨船、快船、火炮等武器装备。卫所之间的沿海一线设立烽火墩堡58座，并分兵把守，遇有敌警即以烽火为号，互相支援接应，从而构成了一个严密的防御体系。

清雍正十二年（公元1734年），雄崖所随同鳌山卫并归于即墨县治，但仍设巡检、把总各1员，统领30名马步军在此驻防。乾隆年间，雄崖所巡检移驻福山县海口。至此，这个担负着两朝海防重任达300多年的雄崖所城完成了使命。随着官兵的撤离，所城逐渐变成了村落，即丰城镇的南、北雄崖所。

所城的东北两门已于乾隆年间颓塌，村东南尚有一段城墙残基依稀可辨。所城的南门经历了近600年的风雨，其门洞和城门楼仍保存尚好，门外题额为"奉恩"，门内题额为"迎熏"。西门的城门楼已不存在，但其夯土包砖结构的拱券门洞仍保留着原来式样。门洞上方石额镌有"镇威"二字，字迹仍清晰可辨。

雄崖所城，现为山东省仅存的一处明代城堡式古建筑，被列为山东省文物保护单位。

金口古港：被湮灭的辉煌

◎ 薛原

金口古港位于即墨金口镇，开港于明万历七年（1579年）之后，至清乾隆年间出现繁荣景象。

青岛即墨的金口镇历史悠久，辖地内南阡遗址、北阡遗址、东演堤遗址、姜家马坪遗址、孙家周疃遗址等一系列新石器时代遗址证明，至少在6500年以前，金口一带即有人类生活，此地已具有较高发展水平的文明存在。

金口古镇的金口村（原称金家口）在清代已经是繁荣的商港，是南北商贸进出口集散地。金口港位于丁字湾西岸——这里是山东半岛的南海岸，黄海在此内伸，形成一个十分显眼的丁字形港湾，人称"丁字湾"。丁字湾两岸夹峙，港湾状如江河，水深浪平，形成天然的避风港——金口港。

金口港开港时间最早应在明万历七年之后。明万历《即墨志》中载：（本县）僻居一隅，与海为邻。即非车毂辐辏之地，绝无商贾往来之踪。可见明万历七年时即墨沿海一带尚无商贾问津。明启年间金口开埠后，经过100多年的发展，至清乾隆年间，金口港出现了繁荣景象：蚁舟盈港，商舶辐辏，南客北旅，往来不暇，行商坐贾，肩踵接摩，每天进出港的船只上百只，成为山东著名的通商

墀头

现今的凤凰古村

口岸。

金口港的逐渐被取代始于清末民初。1858 年清政府与英美法签订《天津条约》，烟台成为通商口岸。1898 年德国强占胶澳，威海、青岛先后辟为商埠。青岛港的吞吐量急剧增长。1915 年胶济铁路通车，也给金口港带来了重大影响。另外，丁字湾曲折深邃，本是停泊避风的良港，但由于沿岸河流两岸植被的破坏，泥沙俱下，涌入湾内，日积月累，码头日渐淤浅，影响大吨位船舶停靠。1949 年后，连小舢板也要等高潮位时才能进出。金口港逐渐被邻近的烟台港、青岛港所取代。

金口古镇的李氏庄园是胶东半岛最大的庄园之一——该庄园是一座典型的古城堡式庄园。整个庄园圩墙环围，东宽西窄，略呈梯形，占地总面积 10 公顷。其式样仿即墨县城的城楼而建，青砖绿瓦，雕梁画栋，气势宏大。现被列为山东省文物保护单位。

金口古镇的凤凰古村现存明清古建筑 60 余处。村庄内 80% 的古建筑保存完好。村内古建筑的结构系传统木榫卯结构，屋顶一般有梁柱支撑，斗拱来平衡协调；建筑材料为紫杉木、青砖、绿瓦，整个村落，形成独特的古建筑群景观。

天后宫：老青岛的城市记忆

◎ 杨琪琪

　　青岛天后宫西临栈桥，斜对小青岛灯塔，背靠信号山，面朝大海。如今，这一极具传统风格的古建筑群，俨然成为青岛前海风景线上一道独特风景，历经500余年风雨淘洗，见证着这座城市的沧桑岁月和历史变迁。

　　关于天后宫，老青岛人有句话，叫"先有天后宫，后有青岛市"。天后宫，旧时称"天妃宫"，老百姓称之为"中国大庙"，始建于明成化三年（1467年），是青岛市区现存最古老的明清砖木结构建筑群，也是省级重点文物保护单位。500多年前初建成时，天后宫由三间圣母殿和龙王、财神两配殿构成。后历经明、清、民国等7次维修扩建，规模不断扩大。

　　1897年，德国占领青岛后欲拆天后宫，后慑于民众的愤怒未果。1936年，青岛商民集资，对天后宫再次扩建，临太平路扩建为重檐琉璃瓦大戏楼，新中国成立后曾维修。"文革"期间，天后宫遭严重破坏，戏楼、大殿、配殿以及东西厢房尚存。1997年，青岛市民俗博物馆在天后宫内成立，1998年12月26日正式对外开放。

　　如今，当我们步入天后宫，可以看到琉璃瓦盖顶的戏楼颇有意韵，清水墙、小灰瓦，加之苏式彩绘点染的建筑物金碧辉煌，可以说，无论是建筑艺术和彩绘艺术价值，天后宫在整个青岛地区的古代建筑中都是首屈一指的。

而在天后宫门内，立有两块石碑，记载了清同治四年（1865 年）和清同治十三年（1874 年）重修天后宫的情景，正是基于这两次规模较大的重修，天后宫成为具有较大规模的建筑群。同时，透过碑刻记载，青岛"市镇史"与"港口贸易"，成为了解青岛历史的重要资料及青岛乃东方海上丝绸之路重要节点的重要物证。

天后宫建筑布局采取中国古典的轴线式，天后宫后院正殿即天后殿，供奉着妈祖娘娘像，坐像高 2.8 米，是目前世界上最大的木雕神像之一，也是国内最大的整棵树香樟木雕。

现在的天后宫正殿门匾书"慈云常护"，王雷摄

　　位于前院正中的戏楼是青岛历史上最早的演出场所。据考证，戏楼最早有记载是明崇祯十七年（1644年）。据现存的同治年间石碑记载："天后宫殿前旧有戏楼遗址，而栋宇全无，不堪适观……"1865年6月，天后宫获得修缮并重建戏楼，胡存约的《海云堂随记》对戏楼有如下描述：坐南朝北，与正殿相靠连为一体，中间有过路台，屋顶为重檐歇山顶，履以琉璃瓦。重修之后的天后宫，"敞之以庭堂，峻之以阶级，节棁耀彩，金碧辉煌，可威震四海……"

　　天后宫内，古木成荫绿草茂盛，是典型庙宇与园林风格的有机结合。后院大殿前的两株巨大的银杏树，一雌一雄，已有550年的树龄，是国家一级保护树木，也是天后宫历史的见证者。

徐福东渡：神秘虚幻的星辰大海

◎ 胡相洋

　　徐福东渡的故事很简单，即这位秦代的方士，两次上书秦始皇，入海为其寻求神山仙药，最后一次竟一去不复返了。这一事件为何最终成为"传说"，且在两千多年的历史长河中，以故事、诗歌等民间文学的形式世世代代口耳相传？

　　我们都有这样一个共识，即越简单的事件，后人的记载越容易添枝加叶，况且秦始皇威名太大，再加上"方士"本身就弥漫的神秘色彩，这更为后人提供了无限想象的空间。于是，历代的徐福研究者就有了各种争论：徐福到底有没有其人？徐福是从哪里启航的？他一去不复返到底去了哪里？有没有达到日本？而抛出这些谜团的，多集中在山东的青岛、烟台，江苏的赣榆以及浙江的慈溪、象山一带，这是秦始皇东巡的"旅游线路"，也是民间关于徐福传说流传最兴盛的地方。

　　历史上对徐福这样记载：徐福，字君房，齐地琅琊（今江苏赣榆）人。仕途不通，学习针灸、炼丹等医术，成为秦时的著名方士。一般的史学观点，把方士的起源归为周季思潮中的燕齐派，鲁迅《汉文学史纲要》指出，"燕齐派，多作空疏迂怪之谈，齐之驺衍、驺奭、田骈、接子等，皆其卓者，亦秦汉方士所从出也"。战国时代，方士主要流行于燕齐滨海之地，是神仙学说及方术，与道家、阴阳五行学说的糅合，其法依于鬼神，其质求仙长生，逐步形成中国最古老的本土宗教——方仙道，亦是道教的前身和起源。

　　徐福的事迹，最早记载于司马迁的《史记》，具体提到徐福事迹的篇目分别是《始皇本纪》《封禅书》与《淮南衡山列传》。汉代东方朔在《海内十州记》中，也记载了徐福带童男童女坐楼船去"三神山"寻求长生不老药的故事。五代后周时，开元寺和尚义楚在《义楚六帖》中称："日本国亦名倭国，东海中。秦时，徐福将五百童男五百童女止此国。"不过，司马迁时距徐福东渡约有100年，以太史公制史的严谨，人物对话纵有艺术加工，时间、地点、情节脉络却多为可信，这也历来被认为是研究徐福最准确、可依据的资料。

　　公元前219年，秦始皇到泰山封禅，又从胶东郡芝罘（今烟台）山南下琅琊台，一路看到海湾内出现海市蜃楼，认为是仙人所显，遂在琅琊逗留三个月。恰逢齐人徐福上表，言渤海外有仙山，可取长生之药。始皇大悦，于是百工造船，出海寻仙。《史记·秦始皇本记》这样记载："齐人徐福等上书，言海中有三仙山，名曰蓬莱、方丈、瀛州。仙人居之。请得斋戒，与童男女求之。于是遣徐福发童男女数千人，入海求仙人。"需要提一句的是，徐福东渡求仙，需要抗风浪的大型海船、较先进的航海技术及远航能力，这在秦代已经具备。据文献记载，秦统一中国后，融合越、吴、齐三国造船航海技术，使秦朝造船业与航海业获得大发展，这也是古代海上丝绸之路的一个佐证。

可是，徐福这次扬帆东渡，并没有找到仙山神药，秦始皇只好继续派方士寻求仙人及长生不死药。据《史记·秦始皇本纪》记载，秦始皇先后派遣卢生、韩终、侯公、石生等齐燕方士入海求仙人不死药，折腾几年"费以巨万计，终不得药"。

公元前 210 年，秦始皇第三次东巡来到琅琊，徐福"入海求神药，数岁不得，费多，恐谴"，但不得不拜见秦始皇，解释说："蓬莱药可得，然常为大鲛鱼所苦，故不得至。"徐福见秦始皇信以为真，便提出拨派一些善射弓弩手随船出海，遇到大鱼时"则以连弩射之"。秦始皇求仙心切，也就答应了徐福。据《史记·淮南衡山列传》记载，徐福第二次东渡时，秦始皇拨给童男女 3000 人，还有各种百工匠人及大量五谷种子及农具等。就这样，徐福第二次

位于青岛西海岸新区的徐福东渡启航处

东渡求仙，一去不复返了。

关于徐福东渡最后的去处，《史记·淮南衡山列传》的说法是：徐福"得平原广泽，止王不来"。由于史料语焉不详，徐福到底去了哪里，也就如他的"方士"身份一样，成了一个解不开的谜。有人说他遇到大风浪，掉海里了；有人说他先去了韩国，留下一部分人，又去了日本。后期尤其是唐代中日韩文化、经贸往来密切，有人干脆将徐福奉为三国友好往来的"大使"。更为有趣的是，日本佐贺县至今仍留有"徐福上陆地"的标柱，因徐福东渡带去了各种百工匠人及大量五谷种子及农具等，当地人将其奉为"司农耕神"和"医药神"，每年都隆重祭祀。青岛的西海岸新区，连云港的赣榆，宁波的慈溪、象山等地，关于徐福东渡的传说，也均成功入选"国家级非物质文化遗产"。

一个"方士"的传说，神秘又虚幻。能流传两千年且不衰的背后，是海纳百川的精神内核。我们纪念徐福，其实是纪念一代一代向海图强的探索精神，因为我们的征途是星辰大海。

田横五百士：中国史上最大规模的自杀殉国事件

◎李魏

捍卫自认崇高的价值与尊严，回响山海两千年不绝——公元前202年的某一日，位于今天青岛即墨区东部横门湾中的一座海岛激荡着一股悲凉之气。末代齐王田横即将启程，诀别同他甘苦与共、生死相随的五百将士，离开这处守备数年的最后的故国家园，奔赴自己的宿命之地洛阳。在那里，新近登基的汉王刘邦，正期待着"拔除"心头这根随时可能爆发的最锋利的刺。

2200多年前的这一方齐国故地，这片名不见经传的海岸究竟发生了什么？秦末汉初的历史图景，以这处后来被称作"田横"的微不足道的小岛，作为时空坐标重新加以演绎之时，不再只是故纸堆里不动声色的行文，而被赋予了更具个性的动人意象。

最初，齐王田儋为秦将章邯所杀，项梁解田儋的堂弟田荣之困，却为其所累，也被章邯所杀。项羽因此怨恨田荣，讨伐齐国。已自立齐王的田荣败走平原（今山东德州），被平原人所杀。此后齐国的历史进入田荣的弟弟田横时间，直至汉王刘邦派遣谋士郦食其赴齐。

《史记·田儋列传》中，司马迁着力铺陈了这段"前情提要"。郦食其游说齐王田荣的儿子田广和身为相国、大权在握的田横，欲联合破楚。原本一切顺利，偏偏此时汉将韩信率军突袭毫无防备的齐国都城，田横误以为郦食其背信弃义，怒而将其残忍烹杀……齐国没能逃出韩信的掌心，不肯归顺刘邦的田横也进入个人命运的转轮，余部 500 余人被迫退隐海岛。

此去经年，西汉王朝的建立者、初登帝位的刘邦又想起了田横，那个总是能够将齐国贤者聚为己用的落魄齐王，执意见他，招其前往都城洛阳……遗世独立的日子终将过去，人性耀目的高光时刻终将来临。无法背离自己的信念与良知的田横自刎于距离洛阳城 30 里处的今河南偃师，留给两位同行门客的遗言铿锵："我与刘邦同为王者，今却沦为逃亡的俘虏。做他的臣子已是莫大的耻辱，而更重要的是，我残杀了郦食其，却要与他的弟弟共事一主，这让我如何能不愧对自己的良心……"生命的最后时刻，田横所思考的依然是尊严与良知。他恳请门客捧其头颅骑马去见刘邦，料想 30 里地的距离刘邦理应能够看到自己活生生的样子，也算信守了见面的承诺。

而海岛之上，听闻田横的死讯，五百将士随即集体慨然赴死，追随历史上最后一位齐王而去。田横与五百士，共同捍卫了自己所认定的无比崇高的尊严与价值，远比死亡本身更加重要。自古以来，成王败寇，但对于田横和五百义士而言是个例外。2200 多年来，人们从未忘记过他们。今天在这处面积仅有 1.46 平方千米的岛屿的制高点——田横顶上，依然高高矗立着田横的塑像，于周围的一片葱茏山野间探出伟岸身躯，远眺这一片山海。与之相邻的，是至今仍不时有人前往敬拜的五百义士冢。在义士冢还没有被精心修葺

田横岛鸟瞰

田横雕像

的 20 世纪 80 年代，这里仍有来自各地的朝拜者。

不过，即便是当年初拟田横雕像背面碑文的耄耋之年的即墨历史学者孙鹏，也无法确切考证五百义士的墓冢的确切纪年，它长久存在于即墨的民间记忆中，久而久之，便与田横的历史故事一起，成为一种不屈与义勇的精神气节的象征。

在孙鹏老先生看来，即墨田横五百士之所以在今天仍为人们铭记，很大程度上还要归功于画家徐悲鸿。20 世纪 20 年代末，徐悲鸿曾登岛寻访太史公笔下的历史现场，历时两年创作《田横五百士》。抗战中，这幅描摹 2200 年前的田横与五百义士永诀瞬间的杰作，让人们再度记起这些不屈与无畏的忠魂。义勇的决绝，生死与共的信与义，激励危亡中的人们无所畏惧，去实现救亡图存的目标。"田横之高节，宾客慕义而从横死，岂非至贤！"司马迁给予了田横至高的评价，而徐悲鸿，也圆满回应了"太史公曰"中的那句感慨："无不善画者，莫能图，何哉？"

皋虞王氏：一个望族迁徙的起点

◎ 胡相洋

中国历史上历次的人口大迁徙，多是由于战乱、灾害、瘟疫引起，如永嘉之乱、安史之乱、靖康之耻、大槐树移民、湖广填川、闯关东、走西口等，而文学史上最富故事性，又最容易让今人引以为羡的，莫过于永嘉之乱中的晋室南迁（又称"衣冠南渡"）。

有关这段历史的作品中，刘禹锡的《乌衣巷》流传最广。诗曰："朱雀桥边野草花，乌衣巷口夕阳斜。旧时王谢堂前燕，飞入寻常百姓家。"这"旧时王谢"，指的即北方贵胄王家与谢家，因战乱避居金陵（今南京），同住秦淮河乌衣巷的故事。

无论时光怎么迭代流转，不能否认，今人对历史上的"王氏"印象一直都不错，这当然不仅仅是因为刘禹锡的一首怀古诗。魏晋是一个"尚神""尚韵"的时代，围绕"王氏"所氤氲的种种"自由""放浪""洒脱"，是人们对这个家族的一种"符号"式记忆。除却南朝刘义庆编写的笔记小说《世说新语》，这种"符号"记忆的产生，则离不开"王家"的一个关键人物——王羲之。

我们通常这样介绍这位影响了千年书坛的艺术家：王羲之，字逸少，东晋时期著名书法家，有"书圣"之称。祖籍琅琊（今属山东临沂）人，后迁会稽山阴（今浙江绍兴），行书《兰亭序》为

位于即墨皋虞的"羲之祖居"牌坊

"天下第一"。王羲之虽然生在琅琊临沂，但有趣的是，他的家族却和即墨有着很深的渊源，因为他的祖先从西汉起就生活在当时的琅琊皋虞。从王羲之的九世祖西汉博士谏议大夫王吉开始，王氏族人名士辈出，文堪风雅绝代，武能安邦定国，王羲之和他的先人们在西汉至晋朝的数百年间，以不同的方式影响着中国历史。

王氏祖居即墨，这曾是个一再被怀疑的事实。因为在正史中，王氏迁居临沂的原因一直语焉不详，而世人在介绍王羲之时，也均是说他祖居"琅琊临沂"，确实没提他之前的老祖宗的事儿。幸运的是，有学者从清同治版的《即墨县志》中，发现了关于"王氏"的一些记载。"人物·王崇"篇记："崇祖孙父子世居于墨，数传至祥、览，居临沂为晋名臣，……琅琊诸王所从出也。"王崇是王吉的孙子，王骏（西汉丞相）的儿子，官职西汉大司空，封抚平侯。《晋书·王祥传》："王祥，字休微，琅琊临沂人也，汉谏议大夫王吉之后也。"王览则是王祥同父异母的兄弟。尽管这一记载十分简略，但对于皋虞王氏和临沂王氏来说，这座谱系传承"桥"也就搭起来了。这清楚地表明，王吉就是琅琊临沂王氏的先祖。

今天，从青岛市区乘坐地铁11号线到即墨，有一站保留了"皋虞"这一地名，出地铁口，一座书写着"羲之祖居"的仿古牌坊，在村口静静地诉说着这片区域曾经的辉煌。距村庄西北约1000米，是王吉古墓群，1982年被列为青岛市政府文物保护单位，2016年被列为山东省文物保护单位。

黄尘古道，虽然古墓横陈阡陌，然而琅琊王氏自此发迹，经汉，又历魏、晋、南北朝至今已有2100余年。这2100余年里，王吉的子孙们从即墨到临沂，从临沂到南京，从南京到杭州，再到绍兴，绘就了一幅气势恢宏的"南迁图"。尤其是经过汉朝和魏晋几百年时间的积累与发展，"王氏"到东晋时期得到全盛的展现。西晋末年永嘉之乱，王氏家族也衣冠南渡。后助力司马睿建都建康（今南京），史称东晋，中兴了晋室，并与王家共享天下，史称"王与马，共天下"。

历史中的王氏家族，不仅掌握兵权，政治地位悍然不动，能在朝堂上"弹冠"，而且在文化艺术上，"二王"也是极尽魏晋风流，在亭台上各自"酬唱"。"南迁图"中的"画眼"固然在晋，但迁徙的起点——皋虞，这个王氏家族发迹的"原点"，不应该被遗忘。永和九年，不知道王羲之于暮春之初的兰亭暖风微醺时，是否意识到先祖自琅琊临沂动身南下时，就离他们的祖居皋虞城越来越远了。

郑玄：书带草与青岛书风

◎ 薛原

　　《三国演义》里，周瑜和诸葛亮之间最终以周瑜发出"既生瑜，何生亮"之叹分出了胜负。最后周瑜向孙权推荐代替自己的就是鲁肃，之所以推荐鲁肃，缘由在于"鲁肃曾在不其山随郑康成习学"。

　　这个郑康成就是东汉经学家郑玄。郑玄，字康成，东汉北海郡高密人，生于公元 127 年，卒于公元 200 年。据《后汉书·郑玄传》记载：郑玄自幼聪慧好学，被北海郡太守举荐到京师太学深造。郑玄 34 岁时去长安扶风，拜古文经学大家马融为师。在马融门下自学三年多，一直没有得到面授机会。一次，马融与看重的弟子研讨学问，需要计算，听说郑玄精通《九章算术》，便叫他前来计算。郑玄见到马融之后，借机请教了古文经学上的几个疑难问题，马融一一作答，并惊奇郑玄研究古文经学如此深入。郑玄听到马融的回答后遂向马融告辞。马融感慨道："郑生今去，吾道东矣。"离开马融后，郑玄又游学十余年回到家乡。

　　《世说新语》文学篇的前三则文人轶事都是关于郑玄的，可见他的博学、智慧、谦虚。第三则轶事中，连他家的婢女都出口成章。原文为："尝使一婢，不称旨，将挞之。方自陈说，玄怒，使人曳著泥中。须臾，复有一婢来，问曰：'胡为乎泥中？'答曰：

'薄言往愬，逢彼之怒。'"

公元188年，黄巾起义军攻破北海郡，郑玄和弟子避于不其山，设帐筑庐授徒讲学约一年，后人将郑玄授徒处称为康成书院。不其山，也就是今天青岛城阳的铁骑山。康成书院位于铁骑山下，明万历《即墨志·人物志》记载：明正德七年（1512年），即墨知县高允中在书院原址加以扩建。扩建后的康成书院坐北朝南，东西略呈长方形，占地亩余，围以院墙。有正房三间，门南向，木门平开，雕以云图。房屋高丈余，重梁起架，檐下四根木柱撑顶，木柱基座为青石鼓形；另有东西厢房各数间不等。明清两朝曾经数次修缮康成书院，后来还是因失修而坍塌。现在铁骑山下的书院村即因此得名。

现新建的坐落于城阳国学公园旁的康成书院

　　自西晋以后，"康成书带"的典故一直在读书人中相传。"郑玄教授不其山，山下生草大如薤，叶长一尺余，坚韧异常，土人名曰'康成书带'。"这种草叶长尺许，极富韧性，传说当年郑玄用此草捆绑书籍，后人称为"书带草"或"康成书带"。李白写有"书带留青草，琴堂幂素尘"诗句，苏轼留下"庭下已生书带草，使君疑是郑康成"诗句，明清之际写有《日知录》的大学者顾炎武到康成书院寻访后也留下《不其山》："荒山书院有人耕，不记山名与县名。为问黄巾满天下，可能容得郑康成？"书带草之外，这里还零散生长一种乔木，其叶脉网络宛如圆长多变的篆纹，郑玄称之"篆叶楸"。

　　《三国志》记载："玄与门人到不其山避难。时谷籴县乏，玄罢谢诸生。"郑玄来不其山讲学的时间虽然不长，但其影响深远，尤其是书带草和篆叶楸在读书人中广为流传，为古代青岛文风的盛行有潜移默化之功。另外，青岛一带流传的许多关于郑玄的传说，也往往与青岛历史上的名人苦读成才的故事有关。现在，在青岛城阳区的国学公园里建有康成书院，以弘扬中华传统文化。

法显：意外照亮青岛的东晋佛光

◎ 李魏

东晋时的长广郡不其县，一艘来自遥远印度半岛的商船满载着风暴中惊魂未定、饥渴难耐的商客，在今天青岛崂山南岸的沙子口湾栲栳岛靠岸。沿岸葱郁蔓长的野菜藜藿菜，令船上一位名为法显的老僧喜出望外。这熟悉的植被正来自他阔别 14 年、朝思暮想的汉地家园。

1600 多年前的青岛，即将因为这位年过七旬的西行取经第一人的意外抵达填补古代史中的时空空白，而高僧法显和他据实以述的游记《佛国记》（又名《法显传》），也将为青岛兴立于东方古海上丝绸之路的独特地位与人文面貌再添佐证。

已是古稀之年的法显公元 399 年从长安出发，过河西走廊抵西域，经中亚赴印度求学取经，再由斯里兰卡入海，经苏门达腊岛，绕南洋，在崂山登陆归来——去国 14 载、游 20 余国，由陆路西行，海路返回，遍尝艰辛磨砺与考验。然而，比之 200 多年后更为世人熟知的取经人玄奘，法显却并不为世人所熟知。这或许与他的西行之旅并无官方认证，亦没有一部如《西游记》般的文学名著渲染演绎有关。而法显所著《佛国记》中写实记述的沿途风物、风土民情，作为弥足珍贵的历史文献，却同样泽被后世。

　　《佛国记》中描述了促使其与崂山不期而遇的海上风暴。作为佛门弟子，法显几乎要被同船者以不祥之名弃置海上，幸得信佛的施主挺身而出，为其辩护才免于劫难。2016年，青岛市歌舞剧院创演的舞剧《法显》以此危急时刻情节作为开场，法显与青岛的邂逅由此展开：风暴过后的清晨，望见海岸的高山，除了熟悉的藜藿菜，却不见人影，商船上的人们遂换乘小船，进入与海相通的河道入口，寻找当地人。他们遇到了两个猎人。法显作为翻译上前询问："你们是什么人？"答："我们是佛陀的弟子。"又问："进山做什么？"答："明天就是七月十五，要摘些鲜桃来祭祀佛祖。"又问："这里是什么地方？"答："这里是青州长广郡，属于晋朝。"这段问答后来被众多学者引述，用以明确佛教在中国传播的时间节点。

　　无论猎人对自己进山目的的作答是否属实，有一点可以肯定：

2016年青岛出品的大型舞剧《法显》剧照

在法显到来之前，佛教对于青岛崂山南岸这片区域的居民来说，并
不陌生。后来，法显被同样信奉佛法的太守李嶷接入不其城，并在
那里展示了他历经千辛万苦、死里逃生从印度携来的经卷与佛像。
有专家推断：在法显携回的经像中，可能有一件是描摹弥勒龙华树
下成道主题的龙华图，应当是弥勒信仰传入我国的最早的记录。

　　而猎人提到的七月十五，正是重要的礼佛仪式盂兰盆会的日
子。学者巩升起在《不其文化研究》中提出："从官员到普通民众，
都知礼佛，显然佛教在青岛的不其这一地域，东晋之时已有了较为
深入的传播……法显在青岛的登陆，在佛教中国化和海上丝绸之路
的时空中打下了深深的不其烙印。"

坐落于崂山区栲栳岛的潮海院

　　今天到达青岛崂山区沙子口街道枯桲岛南岸的人们，会在那里发现一座名为潮海院的清幽寺院，始建于南北朝时，原名石佛寺，想是与东晋法显在此岸一带登陆有关。潮海院对面有一片桃林，青岛书法名家高小岩生前曾题写桃花源碑记。对于风暴过后九死一生的法显而言，彼时的崂山沙子口枯桲岛正形同一处世外桃源，潜藏着先于南朝的鲜为人知的佛教香火鼎盛的私密记忆，作为记忆传导载体的青岛古海上丝绸之路，被法显这束意外到来的佛光再度照亮。

王邦直：琴声凤鸣的《律吕正声》

◎杨琪琪

在青岛坊间，流传着这样一个传说。明朝时，即墨城墨水河边有座镜镕山，半山腰住着一位会吹拉弹唱的老人，每月十五月圆之时，附近村民就会听到老人住所旁的梧桐树上有凤凰的叫声，凤鸣和着琴音，传出几里远。

恰逢一年八月十五，县官顺着声音走向镜镕山，只见琴声凤鸣应和下，远处梧桐树上闪耀着五色光环。县官立刻将此奇事上报给朝廷。皇帝派出一队人马到镜镕山请老人进京。到了一看，早已人去室空，只有书案上留有一部书。皇帝让宫廷乐师按照书中方法演奏乐曲，果然美妙动听。可惜的是，不管乐师们下多大功夫演练，再也没能把凤凰引来。

这位老人，就是王邦直，留在书案上的书，便是《律吕正声》。虽然这个故事充满传奇色彩，但王邦直同其律学思想深深镌刻在青岛的历史之中。

王邦直（1513—1600），字子鱼，号东溟，即墨人，生于莱州府即墨县（今属青岛市即墨区）。据资料记载，王氏家族在即墨是名门望族，王邦直祖父王佐是明成化年间举人，曾任山西忻州学正，王邦直父王镐曾任山西临县教谕。

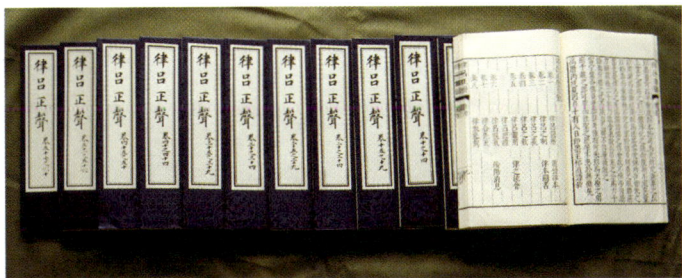

2011年影印版《律吕正声》全集

王邦直自幼聪慧过人。嘉靖年间，40岁的王邦直以优异的成绩被推荐为岁贡，直升入京师的国子监读书。嘉靖三十四年（1555年）王邦直出任直隶盐山（今属河北省）县丞。为官期间，王邦直耿直廉洁，忧国忧民，但因得罪权臣而遭排挤，后被罢官返回故乡。

回乡后的王邦直并未因仕途不顺而一蹶不振，他于自家院中筑一书阁，号"镜镕山房"，嘉靖三十七年（1558年）开始专心编撰《律吕正声》。关于此书编写的出发点，王邦直在《律吕总叙》写道："忧律吕之失传，伤诸儒之附会，故不惮劳苦，竭力研究几二十年，乃敢会众说而折衷之。"

二十载岁月之中，王邦直广泛收集阅读历代音乐著述，进行探索辨误，并阐述自己对律吕等音乐理论的见解，提出了自己较为完整的律学思想体系。万历六年（1578年），《律吕正声》书稿终于完成，全书共12册60卷，洋洋27万言，不仅收录了"伯牙学琴""武王出师""洛阳僧人"等音乐故事，还记录下珍贵的古代琴谱和民谣等，对研究古代文化有着重要的价值。该书"有图、有解、有制、有义、有体用、有统会、有经纬"，涵盖律政关系、律历关系、律吕新说等 8 个部分。

"律吕"即古代礼乐中的说法，有规则、标准的意思。"正声"则意为符合音律的标准乐声。王邦直在《律吕总叙》中表述了他的学术观点，即在综合《吕氏春秋》《周礼》《太玄经》《唐史》《河图》《洛书》等文献的基础上，阐述黄钟是三寸九分，认为"四清声可去"，主张遵古制归雅正。

对于《律吕正声》，即墨乡贤周如砥如此评价，"班固《律历志》载即墨徐万且氏治太初历第一，而子鱼追配之于千载之后"，将该

城阳王邦直文化馆内的王邦直塑像

书藏于国史馆。康熙年间刑部尚书王士祯称其为"殚精声律之学"。康熙十八年，纪晓岚将其编入《四库全书》，属"内府藏本"。《明史》将其载入"艺文志"乐类书目。

青岛古琴文化学者蔺学杰认为，王邦直律学思想体系对世界的贡献是巨大的，他严谨科学的理念和非凡卓著的成就得到了同道和社会的认同。遗憾的是，他的律学思想和音乐教化理想都无法得以施行，更多地停留在了理论层面。

尽管如此，王邦直的律学思想还是产生了一定影响，推动了中国古代律学的发展。同时他的著作为后世留下了丰富翔实的古代音乐资料。

"周黄蓝杨郭"：即墨五大家族的"风云往事"

◎杨琪琪

　　位于即墨区东关街上的即墨古城，如今凭借古色古香的造型，成为不少游客的休闲目的地。而即墨古城的一大特色，就是伫立于古城内外的 19 座牌坊，父子御史坊、湖广总督坊、总督三边坊……每座牌坊背后，都"藏"着一段关于即墨望族的"风云往事"。

　　即墨历史上从不乏名门望族。远在西汉，王吉家族兴起于即墨皋虞，东汉王吉家族后人迁居琅琊，在临沂发展成为全国著名的名门望族——琅琊王氏。西汉皇族刘寄被封康王于胶东国，国都即墨，传八代；其子刘建封皋虞侯，传六代。

　　明清期间，即墨"周黄蓝杨郭"五大家族兴起，他们或以学识扬名宇内，或以官职显名于世，每个家族都留有许多脍炙人口的故事。

　　那么，即墨五大家族缘何而来？即墨区委党史研究中心周长风介绍，这还要从清末《即墨县乡土志》的编修说起。

　　清代末年，列强入侵，朝廷腐朽，国人积贫积弱，一些有识之士积极推动朝廷维新图强。清光绪三十一年（1905 年），维新官员张百熙任学部尚书，奏请天下郡县纂修乡土志，"用备小学课本"，其宗旨为"务使人人由爱乡以知爱国"。

受命编修《即墨县乡土志》的即墨知县陈毓崧，聘请即墨乡贤周铭旗、黄象辕、杨孝辕等组成编修班子，由时退养在家的周铭旗任总纂。众人经过紧锣密鼓的编写，于光绪三十四年（1908年）志书完稿，为手抄本。

《即墨县乡土志》按《乡土志例目》编纂统一规定的15门类，设历史、人类、户口、大姓氏等。其中"大姓氏"篇，对即墨名门望族周、黄、蓝、杨、郭、江六大姓氏原籍及迁徙来墨之时间做了专门记述。

原文大意是，墨邑无大姓。皋虞王氏为琅琊王氏所从出，自抚平侯王崇之后早经移徙他乡。明代以来，群以周、黄、蓝、杨四姓相推；清代郭氏崛起，至今诗礼世家；其他如江氏，阅今几代，家族传世可考，也是著名大姓。

即墨古城乡贤祠里供奉的先贤画像

不过后来，也许是便于民间口口相传的缘故，后人均称"周黄蓝杨郭"而没有了江姓，加之作为官书和乡土教材浅显易懂便于诵读，"周黄蓝杨郭"这一说法也就妇孺皆知、传之久远了。

可以说，即墨五大家族曾经深刻地影响了他们所处的那个时代，在国计民生和文化方面做出了卓越贡献。而家族中那些优秀的代表人物，也成为一笔宝贵财富，滋养了他们各自家族的根脉。

周家代表人物周如砥，明万历十七年（1589年）中进士，在任20年，官至国子监祭酒，成为明朝最高学府掌门人，赠礼部右侍郎，以文章名天下。

黄家代表人物黄嘉善，官至兵部尚书，明万历五年中进士，历任叶县知县、大同知府、宁夏巡抚、陕西三边总督等职，后累升至兵部尚书。

蓝家代表人物蓝田，官至监察御史。弘治五年乡试中举，年仅16岁，明嘉靖二年中进士，后来官至河南道监察御史。蓝田的父亲蓝章，是蓝氏家族第一个通过科举走上仕途的人，也是蓝氏家族仕宦成就最卓著的一个，官至南京刑部右侍郎。由于父子二人都在陕西执政，当地人赞曰："一按一抚，一子一父，虏不犯边，民得安堵。"

杨家代表人物杨良臣，明弘治十二年考中戊午科举人。初授山西太平县令，后调任山西泽州黎城县令，后因平复叛乱有功，提升为太原府通判。

郭家的代表人物郭琇，十七补秀才，三十二成举人，三十三中进士，初任江南吴江知县，后为江南道监察御史，最后官至清湖广总督从一品大员，成为康熙王朝著名的"骨鲠大臣"。

据清同治《即墨县志》记载，明清两朝，即墨五大家族共考中进士35人。除进士之外，五大家族人才辈出，所中举人、贡士、武举等有数百人之多，秀才更是不计其数。

五大家族的著述、诗文繁多。其中《北泉集》《华野疏稿》等5部著作被收入《四库全书》或存目。此外，他们重视教育，创办了华阳书院、东厓书院、崂山上书院、下书院、上庄书院等，人才辈出。

高凤翰：从一幅画看他的人生转折

◎薛原

　　"高西园，胶州人，初号南村，此幅是其少作，后病废用左手，书画益奇。人但羡其末年老笔，不知规矩准绳，自然秀异绝俗于少时已压倒一切矣。西园为晚峰先生画，余不及见晚峰，而西园见之。后人不见西园，予得友之。由此而上推，何古人之不可见。由此下推，何后人之不可传，即一画有千秋遐想焉。"这是"板桥郑燮"在高凤翰《寒林鸦阵图》画轴绫边上的一则题跋，从中可看出郑板桥对高凤翰的推崇和激赏。

　　高凤翰（1683—1749），青岛胶州三里河村人，清"扬州八怪"之一。又名翰，字西园，号南村，又号南阜、云阜，晚因病风痹，用左手作书画，又号尚左生。精书画，亦工诗，尤嗜砚，藏砚千，皆自为铭词手镌之。著有《砚史》《南阜集》。

　　现藏青岛博物馆的这幅《寒林鸦阵图》（纵 62.5cm，横35cm，纸本）在高凤翰传世作品中有标志性意义：其一，该画作于清雍正六年（1728 年），当时高凤翰 46 岁，正是他人生和艺术的盛年，无论是生活状况、艺术把握还是精神境界都是"南村居士"的鼎盛时节。前一年，他被胶州知州推荐应"贤良方正科"，这一年赴京应试，考列一等，被雍正皇帝接见于圆明园。对于乡野文人

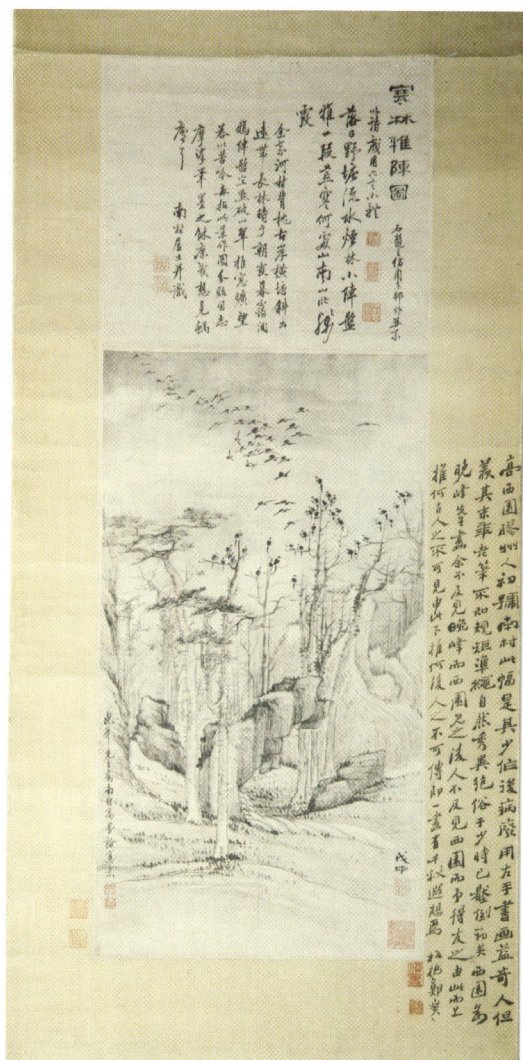

青岛市博物馆收藏的《寒林鸦阵图》，作者为高凤翰

胶州高凤翰故居内"西亭"，晚年他多在此会友、创作

来说，这无疑是跳过了龙门。之后一年，他便离开胶州开始了"县丞小吏"沉浮江南，最终漂泊江湖的生活，这是后话。其鼎盛时期的"寒林鸦阵"与"丁巳残人"后左手画的"寒木鸦阵"在意境和情趣上迥然不同。

其二，高凤翰的诗、书、画、印独树一帜，诗与画相映成趣，寄兴深远。在"扬州八怪"中，并非江南人的高凤翰之所以能列名"扬州八怪"，是因他47岁后宦游南方尤其是病废右手后主要在扬州卖画售字为生，直到乾隆六年（1741年）才返回故乡。

其三，对于"扬州八怪"这一群体来说，追求性灵自由和不落俗套是他们的共性，常常以鸦阵为创作主题的高凤翰在这幅寻常"田园风光"的描绘上更是体现了这一点。而年轻他十岁的郑板桥的题跋不仅仅表达了同时代这群"离经叛道"文人对高凤翰的欣赏，也反映了郑板桥对传统的继承和发扬的态度。

高凤翰晚年回故乡后的生活贫病交加，他死后墓碑为郑板桥所书："高南阜先生之墓"。

咸丰帝师匡源：宦海书院"两浮沉"

◎ 胡相洋

匡源活了 66 岁：前 46 年，他从胶州开始，经过科举，一路宦海浮沉，成为咸丰帝的老师和辅政大臣；后 20 年，绝大部分时间他是在济南泺源书院做山长，以育人遣余生。而让他人生轨迹发生骤变的，则是慈禧太后发动的"辛酉政变"。

1861 年农历七月十七清晨，咸丰皇帝在走完了 31 年的短暂生命后，于热河行宫（即避暑山庄）驾崩。他将风雨飘摇中的大清王朝扔给了年仅 6 岁的儿子载淳，这是他的"独苗"，由叶赫那拉氏慈禧太后所生。

寻常人家，儿子尚且是父亲的牵挂，何况帝王将相。因事关江山继承，所以，即使是到了命不保夕，即将"西去"的境地，咸丰皇帝仍在七月十六"回光返照"时，念着如何为他的儿子"垫石铺路"。这日，在烟波致爽殿寝宫，他召见了怡亲王载垣、郑亲王端华、肃顺、景寿、穆荫、匡源、杜翰、焦佑瀛等，并下谕有三：其一，立皇长子载淳为皇太子；其二，著派上述 8 位大臣尽心辅弼，赞襄一切政务；其三，赐给慈安、慈禧两枚印章，所有旨意，必须盖上这两枚印章，才可以生效。

这是咸丰帝的托孤之举，自此也可看出，匡源是咸丰帝龙榻之旁的近臣，已经入大清朝的中央权力中心，此时的他，已经在宦海浮沉了 20 年。

匡源，嘉庆二十年（1815 年）生于胶州郭家庄，自幼聪慧好学，13 岁即中秀才。道光十九年（1839 年），24 岁的匡源赴济南府参加乡试，考中举人。第二年进京参加恩科会试，考中了进士。25 岁的他在同榜进士中最为年轻，颇受朝廷重视，当年即被选入翰林院。从此，年轻有为的胶州进士匡源开始了他的宦海生涯。

1848 年 2 月，道光帝派翰林院编修匡源为皇子奕詝讲经。匡源深知此任重大，不敢懈怠，全身心投入，以报效皇帝的信任。不幸的是，第二年，匡源母、父二老相继逝世，他只好丁忧故里。道光皇帝辞世后，那位曾听受匡源讲经的皇太子奕詝登基，即位后，他没有忘了曾经的这位老师，并下诏丁忧期满的匡源入宫，先后让他出任兵部右侍郎、吏部左侍郎、礼部尚书，并任军机大臣，赐紫禁城骑马。短短几年，匡源由皇子师连升数级，进入朝廷中央权力中心，并在 1861 年成为咸丰帝的"托孤之臣"。

然而，世事变数总是让人捉摸不定。1861 年 10 月，就在咸丰帝尸骨未寒、灵柩回京之时，慈禧暗中联络恭亲王，发动了一场宫廷政变公式，以迅雷不及掩耳之势，扳倒了赞襄政务八大臣集团，史称"辛酉政变"。

在咸丰任命的 8 位辅政大臣中，载垣、端华赐令自尽，肃顺被判斩立决。其余 5 人，景寿因是额驸（咸丰的姐夫），被革职但保留公爵；军机大臣穆荫、匡源、杜翰、焦祐瀛均革职，尚属从宽处理。自此，27 岁的慈禧太后开始"垂帘听政"。

胶州大沽河博物馆内的匡源塑像

被革职之后的匡源，开启了人生的另一种选择。这时，他的一位门生帮了他，这就是当时的山东巡抚阎敬铭，他冒险聘任"失意之人"匡源为泺源书院山长。

泺源书院是一所什么学校？杜甫有诗句"海右此亭古，济南名士多"，这是描述济南文风兴盛、弦歌不断。清代大书法家何绍基写下此句，镌刻于大明湖历下亭。泺源书院的前身是明代的白雪书院，到清雍正十一年（1733 年）改为省会书院，更名为"泺源书院"，后经乾隆、嘉庆、道光、光绪各朝多次重修扩建，逐渐发展成为山东最大的书院。光绪二十七年（1901 年），山东巡抚袁世凯上奏《山东试办大学堂暂行章程折稿》，将泺源书院改为官立山东大学堂（山东大学前身）。因此，泺源书院与山东大学的关系，相当于岳麓书院与湖南大学的关系。

匡源在济南，除了担任泺源书院的山长，还兼主持尚志书院。到 1881 年病逝时，曾任帝师、担任山长 17 年的匡源，以"得天下英才而教育之"为志，从学弟子达到 3000 人，并培养出了状元曹鸿勋、甲骨文发现和收藏第一人王懿荣、历史学家柯劭忞等一批得意门生，门下弟子中举及举荐进入太学读书者更是多达 400 余人，成果之盛在清朝历史上少有。

"春江浩波涛，烟树日欲眠。霏雨江上来，萧萧不堪听。疎声入幽梦，凉意惬清泳。何处俟归人，猿啼隔西岭。"如今，匡源亲自书写的这首诗，被镌刻在他少时胶州的老家郭家庄社区。这或许是匡源少小离家、老大不能回的"思乡曲"，抑或是宦海苍苍、人生浮沉的"沉思录"。

柯劭忞：空庭落尽紫丁香

◎ 胡相洋

在清代不到 300 年的时间，胶州共出了两位皇帝的老师，一位是匡源，在 33 岁时为皇子奕詝讲经，并最终成为咸丰帝的"顾命八大臣"之一；另一位是柯劭忞，在 60 多岁时教 4 岁的皇帝溥仪读书。而传为历史佳话的是，匡源掌印济南泺源书院时，柯劭忞是他的得意门生。两位帝师均以学问名世，这也成为胶州文脉兴盛的骄傲。

柯劭忞一生历清代道光、咸丰、同治、光绪、宣统五朝，清朝覆亡后又活了 22 年，寿享 85 岁，不可不谓高寿。他的"履历"很单纯，一辈子只做"学官"。在清朝，他历任翰林院编修、京师大学堂总监督；清亡后，他以前清遗老自居，北洋政府请他主持学术机构，除了接受纂修《清史稿》，其余都不肯承担。他治学广博，尤精元史，独自编著《新元史》，并负责总成《清史稿》，学术成绩为人肯定。

这位满清末代帝师、史学大家有着怎样的人生经历？一般来说，人一旦成名，后世对他少年往事的"追寻"，多少都含有一些神秘想象的意味。作为学问家的柯劭忞，早年的生活，也没能跳出"书香门第"加"埋头苦读"的逻辑。但是，由于他的人生轨迹行

胶州大沽河博物馆内的柯劭忞塑像

走在清末民初，距今百余年，一些史料、笔记记载多为可信。

清道光二十八年（1848年），柯劭忞生于书香门第。其祖父柯培元是清嘉庆、道光年间有名诗人，通晓天文、地理；其父柯蘅对史学、文学、音韵等传统学问多有见解；其母李长霞在国学、诗作方面不让须眉。在这种良好的家庭环境熏陶下，柯劭忞自幼就显露出一定的文才，7岁时写下了颇有意境的诗句"燕子不来春已晚，空庭落尽紫丁香"。当然，柯劭忞父母对子女的教育培养也很重视。咸丰十一年（1861年），为避捻军之乱，他们从原籍迁潍县，在流离变乱中，其父母仍教子女经史文章，朝夕不间断。

清光绪十二年（1886年），柯劭忞考中进士，遂入翰林院为庶吉士，不久任编修，开始从事学术研究和著述。之后，他做过湖南省学正，担任过国子监司业，去过日本考察教育，还在京师大学堂任过职。1910年，风雨飘摇的清王朝成立了资政院，声望甚高的柯劭忞出任了资政院议员一职。同年10月，柯劭忞出任宣慰使兼督办山东团练大臣。不久，他又被调回北京，被赐"紫禁城骑马"，主要职责是教4岁的皇帝溥仪读书。柯劭忞是继匡源之后，清代时胶州出的第二位皇帝的老师。1911年10月10日，辛亥革命爆发。1912年2月12日，清朝末代皇帝溥仪逊位。至此，柯劭忞像是无根的浮萍野草，失去了"家园"的依靠，连同郑孝胥、罗振玉、王国维、沈曾植、劳乃宣、辜鸿铭等人，构成了清朝的遗老群体。

"国可灭，史不可灭。"这是中国古代修史的传统。辛亥革命之后，以袁世凯为首的北洋军阀政府开始着手编纂清史。

1914年9月，清史馆正式开馆，避居青岛的赵尔巽入京就任馆长。他履新后，"近取翰苑名流，远征文章名宿"。在纂修的知名专家学者中，史坛名笔柯劭忞在清末即致力于蒙古史和元史研究，历经30年努力，撰成《新元史》257卷。此次修史，柯劭忞仍是领衔人物。期间政坛风云变幻，清史的编纂也几起波澜，到1927年，风烛残年的赵尔巽病入膏肓，并于当年9月以84岁高龄撒手人寰。之后，柯劭忞代理清史馆馆长职务，他前后参与编修《清史稿》14年，为此付出了大量心血。

除了史学领域的卓越建树，柯劭忞还致力于经学、诗词文章。他出版了《春秋谷梁传注》等书，并有《蓼园诗钞》传世。20世纪20年代，近代著名学者和诗论家王国维对柯劭忞评价很高，认为"今世之诗，当推柯凤老为第一，以其为正宗，且所造甚高也"。

刘子山：大时代中命运流转的城市传奇

◎李魏

曾经，刘子山的房产几乎遍及青岛主城的黄金地段，"刘半城"之名由此得来——今天从湖南路39号的院落前经过的人们忍不住对这座体量方正气派的花岗岩贴面建筑多看上两眼。20世纪20年代，恐怕除了当时早已停业的德国德华银行旧址，这里就是青岛地区最为现代的金融业建筑了。而这幢楼宇最初的主人刘子山，和他所经历的与青岛开埠同步展开的波澜壮阔的变革大时代，似乎都与这座昔日繁华的东莱银行营业大楼兼住宅一同静默，已鲜为人知了。

刘子山

提起刘子山，今天不少上了年纪的青岛人会说，"我们家住的房子原先就是刘子山的"。在20世纪50年代中期之前，如果在青岛的市南区和市北区两个中心城区租房子，很可能业主就是刘子山，他的房产几乎遍及青岛主城区的所有黄金地段。"刘半城"之名由此得来，名副其实。

如同每一部戏剧的开场，主

人公的际遇总是充满了偶然的变数。1891 年，14 岁的贫困少年刘子山第一次离开山东掖县的湾头村，来到胶州湾畔的一处渔村讨生活，此时正值清廷下达批准驻防的命令。在青岛开埠的标志性年份，刘子山贩卖杂货生意失败，与尚不足以称之为城市的青岛擦肩而过，而他的下一次到来，则要等到七年后。没有人会想到，那时的渔村已成为德国皇帝威廉二世命名的新城区，在大规模的城市化建设之初，刘子山等来了他命运的转折。

　　一位德国传教士家中的服务工作，让这位 20 岁出头的年轻人获得了进入德语教堂学校学习德语的机会。因为成绩优秀，他提前毕业，获荐成为正在修建中的胶济铁路德国工程师的专职翻译；之后他又去过湖北，担任张之洞的德语翻译……新世界的大门向这个年轻人敞开。

　　他的创业经历了晚清、北洋政府、国民政府等不同的历史阶段，

湖南路东莱银行旧址

对应了青岛自进入城市化以来几乎所有的华人事务：城市开发，商贸，金融，教育，慈善……刘子山的个人命运，与青岛早期城市化的命运走向彼此交融。毫不夸张地说，在20世纪至少前30年时间里，这座城市的发展都和作为青岛首批新移民代表的刘子山的野心、智慧和行为息息相关。

1918年，东莱银行正式开业，它成为改写青岛近代金融史的转折点，而刘子山，成为中国近代华商银行传奇史中一个永远无法绕过的名字。那一年刘子山41岁，在国内共有银行65家。

虽然没有当时职业银行家普遍拥有的海外留学背景，这位草根出身的实业家，却凭借自己早年的西化见识，自带创新的特质。青岛学者贺伟在他所著的《风雨半城山——刘子山传奇》中讲述：他坚决不把家人、乡亲、故旧引入银行，不办家族企业，而是引入了超现代的职业经理人制度。擅于识人、用人，同时拥有对于资本市场的敏感度和魄力，刘子山很快便集聚英才，当时政府银行的三名骨干，青岛最优秀的华商银行人才——成兰圃、吴蔚如、吕月塘，在同一年加入东莱银行的筹建。20世纪30年代东莱银行的一位练习生晚年曾回忆：当时东莱银行中午吃饭免费，一桌有8个菜。年轻的练习生们每月工资有8个大洋，不必为生计操心。

刘子山的外孙刘植说："历史给了外祖父一个机会，外祖父抓住了机会，让他自己和我们这个普通的北方农民家庭，最终成为民族革新和家族命运转变的一个具有醒目时代特征的符号。"

从1898年到1948年，刘子山从一个来自掖县（今莱州市）的无名之辈，成长为叱咤风云的金融巨子，一个行业的开创者与规范制定者。据贺伟考证，到 1948 年，刘子山个人所拥有的资产总和折合成黄金计算，相当于今天的 900 亿人民币。

不论是作为前台操盘还是幕后推波助澜者，东莱银行创始人刘子山对新都市文明的建立以及影响力的扩大居功至伟。青岛历史学者李明在《青岛城市文化形成史》中评述：作为民国平民奇迹的象征，刘子山没有辜负文明期待，也没有辜负他所生活的时代。"如同一座飘摇的纪念碑，凝聚了他和他的同时代人共同筑造的热情与活力，社会之变，文明之变，须臾不曾离弃。"

罗竹风：我国辞书编纂与出版史的"一盏明灯"

◎ 胡相洋

修订《辞海》之后，他又致力于《汉语大词典》的编纂——1996 年 11 月，罗竹风像一叶深秋的丹枫，安详地飘落在异乡故处。

20 余年过去了，这位著名的语言学家、宗教学家、出版家、辞书编纂家、杂文家，或许早已淡出了今人的记忆，但是，学人书架上离不开的《辞海》《汉语大词典》等书目，像是无言的告白，静静地"述说"着从平度市蟠桃镇（现为李园街道）七里河子村飞出的这只"金凤凰"的故事。

罗竹风的前半生与国家命运紧密相连。1911 年 11 月，罗竹风出生在一个教员家庭，在家乡小学毕业后，他考入平度知务中学，即现在的平度一中。1931 年，21 岁的罗竹风同时考上了北京大学、清华大学，因自己的爱好，最终投入了北京大学的怀抱，而这一年北京大学只录取了 6 名中文生，他是故乡的骄傲。不久，九·一八事变爆发，罗竹风积极参加北京大学爱国学生抗日救亡活动，并先后加入"反帝大同盟"和"左翼作家联盟"。1935 年，25 岁的罗竹风从北京大学中文系、哲学系毕业后，返回故乡山东，在烟台中学任教。1937 年 7 月，抗日战争全面爆发。为响应中央北方局"脱

下长衫，参加游击队"的号召，罗竹风放弃教师职业，回到家乡同
乔天华一起，组建了一支抗日游击队，开辟大泽山抗日根据地。
1940 年 9 月 12 日，平度县抗日民主政府成立，罗竹风担任第一任
县长。

1949 年 6 月 2 日，解放军进入青岛，罗竹风以军代表身份接
管山东大学。2021 年已经 95 岁的青岛文坛"老将"刘禹轩也是接
管山东大学的一员，那年，他刚从南京中央大学毕业。他在《缅怀
罗竹风同志》一文中回忆道："我当时二十二岁，是其中最年轻的
小干部。我们坐火车到潍坊后改乘汽车，一路随着炮声前进，直到
午后才到山东大学，师生员工早在鱼山路大门内外列队欢迎，高呼
'中国共产党万岁''毛主席万岁''热烈庆祝青岛解放'。"就
是在这里，短短两年多时间，罗竹风和华岗一道创造了继 20 世纪
30 年代之后，山东大学历史上的第二个"黄金时代"。

1951 年 8 月，罗竹风调往上海。自此开始，经过革命、离开
山东大学后的罗竹风，又开启了人生的另一个阶段。在上海，他是
享誉当代的政治活动家（任上海宗教事务处处长、上海市出版局局
长），宗教学家，语言学家，辞书编纂家（编纂《辞海》《汉语大
词典》《中国人名大词典》《中国大百科全书（宗教卷）》等），
上海市哲学社会科学学会联合会党组书记、主席，他还是出色的杂
文家。而在后半生与他相伴时间最长、投入精力最多的却是《辞海》，
这也是最为后人所称道的。

曾经与罗竹风并肩战斗在修订《辞海》一线的巢峰，在《罗
老与〈辞海〉》这篇文章中回忆："罗老几乎参加了历次《辞海》

修订的全过程。1957年秋，毛主席把修订《辞海》的任务交给上海。
1958年，中华书局辞海编辑所成立。此时罗竹风同志已任上海市
出版局局长，并兼任《辞海》副主编。从那时起，一直到他逝世，
前后三十八年，他始终是《辞海》的主要决策者、组织者、审定者
之一。"

巢峰说："罗老治学，一丝不苟，精益求精。修订《辞海》，
他除了运筹帷幄之外，还逐条审读稿件。夏日炎炎，罗老赤膊上阵、
挥汗如雨看稿的情景，老辞海的同仁，至今记忆犹新。从头到尾通
读《辞海》（未定稿）全书者，唯罗老一人。"

继修订《辞海》之后，罗竹风于1979年致力于《汉语大词典》
的编纂。1981年，他又担任我国第一部规模最大的《中国人名大
词典》主编之一。罗竹风主持编纂的几部规模最大、在读者中最有
影响的骨干型工具书，在我国辞书编纂史和出版史上，树立起了一

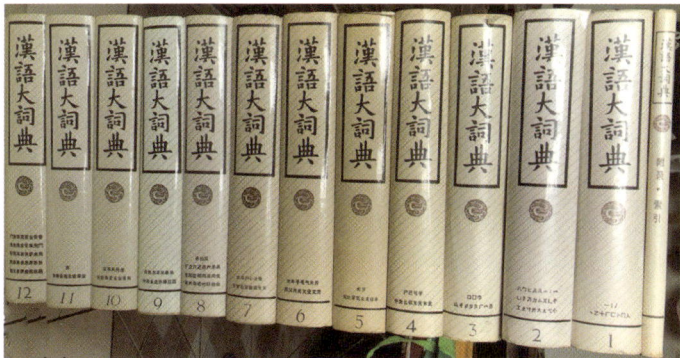

由罗竹风主编，汉语大辞典出版社1986年出版的全套《汉语大词典》

座座巍峨的丰碑。

虽然新中国成立后一直在上海工作，但是罗竹风并没有忘记家乡平度。1982年9月初，罗竹风回到大泽山时，乡亲们夹道欢迎老县长归来；1987年，当时的平度县着手编纂新中国成立后的第一部方志，罗竹风不辞劳苦，欣然应允，并从上海聘请了相关专家，一起为家乡志尽力；1995年，正值抗日战争胜利50周年，当病榻上的罗竹风得知家乡要建抗日纪念馆时，当即捐款题词，并撰写了长篇纪念文章。如今，平度一中校园内，矗立着校友罗竹风的塑像。这位青年时期曾在这里求学的先辈，以革命的一生、奋斗的一生，深受师生们的爱戴与景仰。

崂山道士：穿墙而过的山海仙机

◎ 李魏

蒲松龄的《聊斋志异》中，"崂山道士"高隐山巅清幽处，剪纸成月、化箸为美人，法术奇诡、形容扑朔迷离……在慕道凡人王七的亲历印证之下，崂山道士连同他的归隐之山，就如同高人亲授的穿墙之术，集仙家之奥义，展露这一片山海的灵动仙机，让人心向往之。

志怪小说中仙风道骨的崂山道士，历史上有着真实的映照。昔日秦皇、汉武，唐宗、宋祖，都曾与崂山道士结下不解之缘。

秦始皇曾在崂山脚下与高隐者安期生长谈，引发徐福东渡的壮举；史书载汉武帝两次到达不其（今天以城阳区为中心、包括东部崂山区和即墨区南部），"祀神人，建明堂"；崂山华严寺风景区的唐代摩崖刻石上，有唐玄宗派道士赴这里采药炼丹的刻录；宋太祖赵匡胤敕封崂山道士、华盖真人刘若拙，敕建上清、太清二宫的刻石纪事，还留在太清宫的"逢仙桥"旁……千百年来，崂山先后有道观百余处，道士数千人，得到最高统治者赏识并获得敕封者就有9位，其中最负盛名者当属道号长春子的丘处机和被明代皇帝封为"真人"的张三丰。

今天在崂山寻迹历史上真实的崂山道士"仙踪"，并不困难。

民国时所编写的《崂山太清宫志》载：金明昌六年（1195年）"七真降临太清宫，讲道传玄，宏阐教义，道众大悟，各受戒律"。丘处机崂山首秀，即获拥趸无数，当他再踏入这片山海之时，便选择了大崂村南、峭壁危崖下一处洞窟，潜心修道，这就是后世"长春洞"的由来。据说，他曾在洞旁建一处名为神清宫的道观，今不复存，唯留下其题写的刻石——"访道山"。

丘处机与青岛崂山的渊源并不止于修道传玄，正是他将当时崂山之名"牢山"改作"鳌山"，只因见其地处海滨，如一巨鳌伏于海上。也正源于此，明代崂山旁所修"卫城"获名"鳌山卫"。

青岛历史学者鲁海生前所书"鲁海说青岛"丛书中，提及昔日丘处机从崂山出发，经甘陇、西域，得见成吉思汗，所行正是陆上丝绸之路的路线。今天在鄂尔多斯的成吉思汗陵和崂山的太清宫，均留有这位草原王者对丘处机颁布的两道圣谕的刻石。丘处机往返两地的沿途见闻，也由他的弟子写成了一部"西游记"——《长春真人西游记》。

另一位崂山道士张三丰的行事则更似达摩老祖，他一身旧布衲，人称张邋遢，寻洞面壁清修。崂山今有邋遢石，传说即为张三丰修行之地。还有一玄真洞，洞口镌刻的"重建玄妙真吸将乌兔口中吞"等残存的12字，传为据张三丰手书所刻，在崂山还能找到专为纪念他而建的张仙塔。

高隐之士的云集，历代帝王的青睐，愈发使崂山成为悟道修身、游历归隐的胜地，而其自然山水之界亦在仙机造化下更添人文意境。"我昔东海上，崂山餐紫霞"，早在蒲松龄的"崂山道士"声动四方之前，大诗人李白既已纵情山海，直抒胸臆。从东汉学者逄蒙、郑玄在此建立书院开始，道士与士的相互浸染再塑崂山的人文盛景。

清康熙年（1672 年）间，蒲松龄初游崂山，于雨后的返岭见海市蜃楼，即兴赋诗《崂山观海市作歌》："山外水光连天碧，烟涛万顷玻璃色。"在这首诗的末尾，作者描摹了眼前突变的视界："飙然风动尘埃起，境界全空幻亦止。"他还心生感慨："人生眼底尽空花，见少怪多勿须尔。"他为崂山奇异变幻的景致所动而悟道，在太清宫深夜的月影摇曳中，恍见高人穿墙而过，挥笔写就节奏轻灵的名篇《崂山道士》。

传说太清宫内的关岳祠就是当年蒲松龄借住的地方，如今院内仍能找到蒲松龄的写书亭和小说中那面神奇的墙壁。

2019 年由青岛市话剧院创作的儿童话剧《崂山道士》剧照

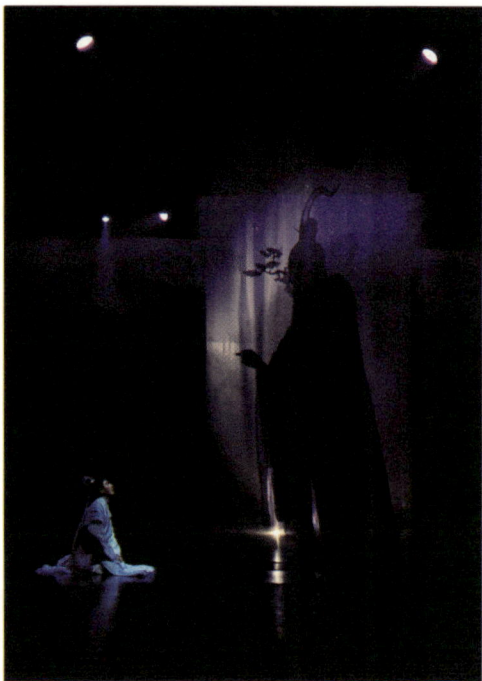

2019 年由青岛市话剧院创作的儿童话剧《崂山道士》剧照

　　2019 年，青岛市话剧院以时尚而戏谑的演绎方式还原了这个经典的短故事。在本土原创儿童话剧《崂山道士》的故事结尾，穿墙而过的崂山道士仍神秘地隐于高山，而撞墙踣地的投机取巧者最终悟道于日常。古往今来，"崂山道士"已从缥缈的传奇归于一个地理意义上的符号坐标，不变的是永久漂荡在这片山海之上的不容破解的仙机，随时静待悟道者穿墙而过，去寻获。

石老人：潮涨潮歇处石化的传说

◎杨琪琪

"当石老人的身影被晚霞夕照，有多少情话已留在海滨木栈道，这是我可爱的家，名字叫青岛……"如今，石老人已然成为外地游客认识青岛的一处文化地标，而对于"海边生、海边长"的青岛人来说，这位足有 17 米高、弯腰凝视远方的"老人"，便是对于家乡最美好的记忆。

正如歌词中写的那样，时光不停流转，它屹立在那里，潮涨潮歇处，迎接属于这座城市的朝阳和晚霞。

石老人的形成，实际上缘于千百万年的风浪侵蚀和冲击。崂山脚下的基岩海岸不断崩塌后退，大多石柱被研磨成细沙沉积在平缓的大江口海湾，唯独这块坚固的石柱残留下来，在海浪淘洗之下成今日之形状，从西北方向望去，像极了一位老人，伫立于碧波之中，故称"石老人"。

关于石老人的传说，坊间流传着各种各样的版本，其中流传最广的是一位老人和他女儿的动人故事。传说几百年前，在崂山上有一个以打鱼为生的村落。村里有一位勤劳善良的老汉，和他聪明美丽的女儿海花相依为命。由于老汉年老体弱，海花便肩负起养家糊口的重担。不料，一天海花出海打鱼时，深海之下的龙王太子

笼罩在海雾中的石老人

设计将她抢进龙宫。老汉在家左等右等，仍不见女儿的踪影，便日夜在海边呼唤，望眼欲穿。

一日，正当老汉凝神，龙王施展法术，将他化为一块海中礁石。在海中遥望父亲的海花伤心欲绝，她拼命挣脱束缚，向父亲跑去。当父女二人相遇之际，龙王又再次施展法术，将海花化为悬崖之下的一块巨礁，从此父女俩只能隔海相望，永难相聚。

如今，我们已经无法考证这位"石老人"在海里伫立了多久，对于生长于此的人来说，石老人就像是这座城市中不可或缺的符号，让山、海有了更加丰富的色彩。

正是基于这种无法言状的情感，若七珠宝文化艺术博物馆馆长钟峰在创作饰品《崂山！崂山！》的过程中，首先想到了石老人这一元素。"我从小在石老人海边长大，即便后来离开这里外出求学、工作，只要一提到石老人，我都可以在脑海中迅速勾勒出它的轮廓，可以说它的形象早已扎根在我的脑海里。所以这次创作崂山味道系列作品时，我首先想到了这里。在我看来，石老人并不是海中一块孤零零的石头或一处单独的景点，它是整个崂山地貌特征的代表，是'海上仙山'形象的重要组成，也是我们对于这座城市深深的情感和眷恋。"

八仙墩：八仙过海，崂山起步

◎ 胡相洋

数不尽的诗文佳作，道不完的风物传说。有"海上道教第一
名山"美誉的崂山，自古便被称为"神窟仙宅""洞天福地"。历
代文人墨客无不为此处的仙山圣境所倾倒，南燕地理家晏谟在《齐
记》中称"泰山虽云高，不如东海劳"，唐代诗人李白也留下了"我
昔东海上，劳山餐紫霞"的千古诗篇。而在诸多的崂山故事中，著
名崂山十二景之一的"海桥仙墩"最接近"仙"。八仙墩也像是一
个神秘的存在，只见仙踪，难见仙颜。

八仙墩位于崂山太清游览区，由太清宫东去六七千米，为
崂山尽头，峰峦突兀，名为覆盂峰，俗称"崂山头"。此地海拔
372.8米，三面海浪冲击，悬崖峭拔如削，上筑灯塔。登其上，海
阔天空，一望无际，临崖俯视，但见巨浪翻腾，却不见山根水岸，
身如凌虚，魄随浪摇。而那处被明代大学士高弘图赞誉为崂山"第
一奇、第一丽"之景观的八仙墩，即位于崂山头西南侧悬崖之下。

八仙墩在崂山相当有名，但由于此处山势险峻，没有被划入景
区游览范围内，因此，别说是外地游客，就是大多数青岛本地人都很
少抵达。"无限风光在险峰"，正是崎岖山路的跋涉艰难，反倒让这
处景观倍增仙家灵域的神秘色彩。

　　《崂山志》中这样记载八仙墩："有石坡广数亩，东下斜插入海，海水汹涌，山势若动，其北则峭壁千仞，险峨逼天，下纳上覆，其势欲倾，石层作五色斑驳如锈，处其下者，仙墩也。大石错布，面平可坐，海涛冲涌直上与墩相击，搏浪花倒卷数丈，飞舞空际，如玉树，如银花，如琉璃，如珠矶，可喜可腭，洵山海奇险之极观也。"崂山头是由海蚀岩层组成的奇特自然风貌，蜿蜒起伏的峰峦到此戛然而止，山峰直插入海，形成一道高约 60 米、长约 200 米的崖壁，石色褐黄，五彩斑斓。此处巨浪排空，状如鼎沸，怒涛撞壁，声若惊雷，山摇摇欲动，岩岌岌欲倾，扣人心弦，惊险万分。

　　因其壮观瑰丽的景色，八仙墩也衍生许多神奇的传说，并与历史上的众多人物结缘，最出名的莫过于"八仙过海"。

　　自古以来，昆仑山是玉洁冰清的世界，那里一片冰雪，传说是八仙修炼的地方。有年春天，韩湘子在仙界看了一眼人间，说：

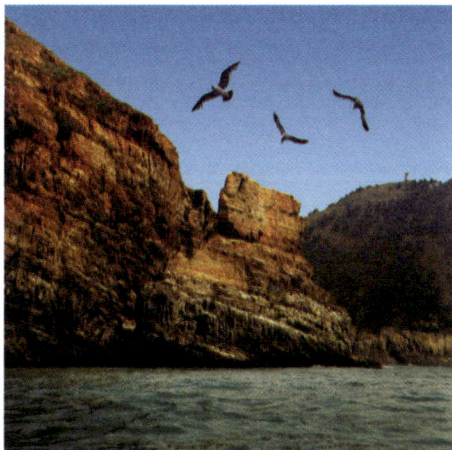

八仙墩

"众位大仙，大事不好，人间有了灾难，遍地乌烟瘴气，我们该下去普度众生了！"铁拐李一听，说："东海瀛洲仙草多，咱们到那里采来百药，解除人间瘟疫也是一件美事，要过海，最好还是从山明水秀的崂山起步。"而这，就是民间关于"八仙过海，崂山起步"这一传说的精简版。

具体到传说与现实的关联上，在崂山头悬崖下方，有十多方大石散布，高约3米，长阔5米至6米，上平如削，高低方圆不一，石色与壁同，光彩耀目，如锦似绣。传说汉钟离、张果老、铁拐李、曹国舅、吕洞宾、蓝采和、韩湘子、何仙姑过海时，曾在此休息过，一人坐一个石墩，故得名"八仙墩"。除了此处，多位仙人还在崂山其他地方留下足迹，如九水有吕祖庙，传为吕洞宾所留；七水有小丹邱，又称小梳洗台，传为仙姑梳洗所用，并有照影壁、仙姑洞等遗迹；仰口仙人桥有张果老毛驴蹄印。相公帽、靴子石等景观也是仙人来到崂山的印记。

对于八仙墩，明代高僧憨山有诗赞曰："混沌何年凿，神功此地开。势吞沧海尽，潮压万山回。洞宇今何在，仙人去不来。蓬莱应浪藉，身世重堪哀。"即墨文人周思旋诗曰："五色错仙墩，女娲遗石存。云浮蒸海气，涛怒啮山根。应有鱼龙啸，但闻风水吞。渔樵闲话久，来往自朝昏。"

另外，此处附近还有驱虎庵、张仙塔、试金湾、晒钱石等景观，尤其是从太清码头乘船在海上远观八仙墩时，还途经钓鱼台，享有盛名的"一字诗"——一蓑一笠一髯叟，一丈长竿一寸钩，一山一水一明月，一人独钓一海秋，也可谓道尽了此处秀景的真谛。

绛雪：今世耐冬 我行我素

◎李魏

青岛人最为熟悉的花树耐冬，总以鲜明的红色盛放于萧索冬日，仿佛万物从沉寂中苏醒的号角，明明有超长的花期却偏偏缺席于盛夏竞艳的热闹。

不过在青岛众多特色风物中，耐冬却不是什么遗世独立的存在。作为山茶花的一种，它最先广布于青岛周遭的海岛，相传明永乐二年（1404年），高隐崂山的道士张三丰由青州至崂山，浮海至各海岛，"发现北国海岛有南国山茶，不仅生长，且隆冬开花，冬日下雪，皑皑白雪中，花开艳丽，命名为'耐冬'"。

据说北方的气候本不适宜种植山茶，可偏偏崂山是个例外。从这里再往北，恐怕就看不到自然生长的茶花了，这也算大自然对这座海上仙山的意外垂青吧。

青岛生态美文作家厚朴曾经描述自己对耐冬的初印象："大雪初霁，厚厚地压在浓绿的叶片上，枝叶间探出几朵娇红怒放着，恣意得一塌糊涂……不知道为什么不太喜欢，总觉得那花开在雪中太过张扬，甚至让人感到有些假，不合天理。"不过，这逆时而动的耐冬却自有其自然所赋予的天姿与禀赋，绝不是世人眼中孤芳自赏的冷傲角色。

　　蒲松龄的《聊斋志异》中有一篇《香玉》，以崂山的太清宫为背景，描写一个住在太清宫中的胶州书生黄生与白牡丹花仙香玉的爱情故事。不过故事中还有一位不可或缺的"女二号"，名为绛雪，由太清宫中的一棵耐冬树幻化而成。正是她的坚韧与耐心，使白牡丹花仙香玉复活，有情人终成眷属，也是在她的陪伴下，黄生走过人生最低落的日子，堪为知己。

　　在西方，茶花花语为可爱、谦让、理想之爱；在宋代张翊的《花经》中，山茶之美也被赋予了雅致而不清高的治愈系品格，身为贵族高岭之花而总能温和融入人间花事：众人热闹，她添一分喜庆；筵席散去，她于尾声中自处，无论冰雪与阳光如何变化，始终我行我素。

在青岛雕塑园内，由青年雕塑家谈强专门为家乡青岛创作的玻璃钢雕塑作品《绛雪》

    如今在太清宫三官殿能看到的"绛雪"已然不是蒲松龄看到的那一株，据说那株在进入 21 世纪之后才终于走到生命尽头，香消玉殒。前世的"绛雪"，今世以耐冬之名，当选了青岛这座城市的市花。1988 年 3 月 8 日，青岛市十届人大常委会二次会议确定耐冬和月季为青岛市市花。

    青岛雕塑园里有一件名为"绛雪"的玻璃钢雕塑，是从青岛走出去的青年雕塑家谈强专门为青岛所作，铸铜材质的原作曾亮相青岛世园会。雕塑整体为一棵耐冬花树的造型，绛雪与香玉两位花神绕树而舞，姿态翩然。儿时曾不止一次在太清宫玩耍见到过"绛雪"真身，并为蒲松龄笔下的花神着迷的谈强，在绛雪身上找到了自己与这座城市的连接点：那是一种蓬勃向上、温和中透着坚韧、重情重义、我行我素的个性与姿态，应该就是青岛人的映照吧。这或许也正是耐冬能够成为青岛市市花的缘由所在。

    陆游曾形容耐冬："雪里开花到春晚，世间耐久孰如君。"有人评价这一描摹倒比苏轼的"细雨无人我独来"境界高许多：耐冬并非为了显示自己耐寒的特质而选择严冬盛放，而是如蒲松龄笔下的"绛雪"一般，出于心中一句"我喜欢"率性而为，她甘愿在严冬为挚友忍耐，期待春天。

    据说青岛民间建有众多花圃基地培育耐冬，花开红白，瓣分单复，加之花期长，在百花凋零的寒冬开放，又恰处元旦春节的隆重节日气氛中，因此更具观赏性。在青岛的植物园和中山公园，都开辟有专门的市花园。这朵城市之花，经由南来，历海岛与高山，正走进越来越多的青岛人的美好生活和精神世界中。

北九水：一水一风情

◎杨琪琪

"不到九水，不算进崂山。"一直以来，有"海上仙山"之称的崂山都是青岛的象征。与高耸入云的奇峰秀石不同，从高处倾泻而下的涓涓细流更像是崂山仙境的生命力所在，春去秋来，在奔腾与跳跃之中绘就一幅绝美的秀丽山水图。

而在崂山之水中，尤以九水最为奇绝。

九水之水源于崂山巨峰之阴的凉清河，下游汇入白沙河，自胶州湾入海，是崂山流域最长的河流。以柳树台为界，九水分为南九水与北九水两个区域。北九水在白沙河上游，又分为外九水和内九水，外九水自大崂至太和观（即北九水村），内九水自太和观至靛缸湾（鱼鳞口、潮音瀑）。内九水和外九水以北九水村为分界点。

九水十八弯。入北九水，很多游客为水而来。那么"九水"之名缘何而来？原来是因为水从深山峡谷中流过，穿山越涧，遇阻便折道绕行，拐了很多弯儿，每拐一道弯，人们就称其为"一水"。

传说，很久以前一对母子住在崂山深处。一日，儿子大龙像往常一样，在吃完早饭后上山砍柴，翻山越岭来到崂顶北坡密林中。砍了一会儿，他觉得口干舌燥，便停下手上的活儿准备找水喝。正当这时，他看见不远处的草丛中红光一闪，走近一看是一个红色怪蛋。当大龙想要弯腰拾起仔细看时，那怪蛋却钻进他嘴里顺着嗓子滚进肚子里去了。大龙只觉像是有一团火钻心挖骨地在肚子里燃烧，一时间，浑身上下从里到外火烧火燎，只想喝水。在山上没有寻到水源，大龙只得匆忙下山。

回家后母亲上前询问，大龙便把在山上遇到的怪事一五一十地讲述了一遍。母亲听说大龙口渴，急忙去屋后泉眼打了一桶水。大龙见后，拿过水桶喝了个底朝天。随后，他又来到屋后的泉眼边，大口大口地猛喝起来，一转眼的工夫，泉眼里流的水已被他喝干了。为了解渴，大龙转身蹿下了山坡，钻进山涧下一个大水湾中，一边打着水花，一边喝起水来。等到大龙母亲追下山坡，大龙早已变了模样，身子又粗又长，眼睛又大又亮，口又宽又阔，牙齿又长又尖，胳膊和腿变成了四只大而锋利的爪子，头顶上还长出两只角。

大龙母亲见儿子变成一条粗长的怪龙带着一涧清水下了山，一边跟在后头撵，一边放声大叫着："大龙，回来啊！大龙，回来啊！"大龙带着山水前头走，母亲跟在后面追，叫一声，大龙停下来回头看一眼，他身后的水也围着大龙的身子转一圈，漩出一个湾，存下一湾水。就这样，母亲走了十八里，喊了十八声；大龙也停了十八停，转头看了十八眼；这山涧里的水，也围着大龙转了十八转，漩出十八个大湾，蓄下了十八湾水。

当大龙母亲跟着龙走出深山，来到山下时，累得走不动了，便一屁股坐在涧水边，再也没起来。大龙出了山，再也听不见娘的喊叫声了，便头也不回地带着一涧清水进了西海，成了西海的

北九水

龙王。

水在山中转，人在画中游。北九水的美景，吸引了不少文人墨客前来"画中游"。外九水处，有因山峰形似猛虎而得名的"黑虎山"，有泉水倾泻而下宛如珍珠壁帘的"三水垂帘"，还有传说当年何仙姑在此修炼的"仙姑洞"等风景。内九水因泉多、潭多，景色更胜一等，在长长的深山峡谷间，水流时缓时急，奔腾而下。又配以两侧群峰耸峙，山水交映，用"五步一换景，十步一重天"来形容毫不夸张。

由于外九水、内九水在长长的峡谷中拐了整整十八道弯，十八个潭水大小不一、深浅不等，画家范曾便根据每一个泉、潭的方位和形状、特点以及周围的环境关系，为九水十八潭逐一命名。"上善""抱一""大方"等，满是天人合一、奔流不息的灵动之意。范曾在所书《崂泉铭》中对崂山之水有一段这样的评价："海上第一名山，非徒高摩重霄，更缘周流群岫。崂山之泉，穷碧落而临无地。险岚云腾，幽谷烟笼，泉得神助，山随泉活，普天之下，未有如斯奇绝者。"

太清水月：玉壶冰镜云山中

◎ 胡相洋

在中国古代文学史的发展中，月亮，是一个特殊的存在。因为月寄人间无限情，所以古人与月亮，在这个诗人的国度中，能够千载此情同皎洁。古代的咏月诗，也都带有一种幽远、清寂的色彩。

我们不妨勾勒这样一个场景：月圆时分，东山之上，海天之间，玉琼当悬。万籁俱寂时，溶溶月色倾洒海面，岸边，清风掠竹，细浪轻拍；回首，楼阁缥缈，山影参差；纵目，浮光潋滟，玉壶冰镜。水生光，月更明，景色幽奇，恍若置身仙境。而这便是冠绝"崂山十二景"之一的"太清水月"，也是"崂山十二景"中唯一的夜景。

月，天下同此月，为何有人喜欢泛舟望月，有人喜欢登山邀月，有人喜欢桥边待月，还有人独宠海上赏月？"月点波心一颗珠""洞庭湖月两澄明""峨眉山月半轮秋""二十四桥明月夜""海上生明月"……美好的月色一定有美好的人文背景，是西湖，是洞庭湖，是峨眉山，是二十四桥，是无边无际的大海，沉淀了历史精华的人文元素，丰盈了"此处"月色的精神内涵。而"太清水月"能引起无数文人的情感共鸣，也同样离不开其背后的人文背景——太清宫。

云山道家，碧海仙居。崂山素有"九宫八观七十二名庵"之说，其中规模最大、历史最悠久的当属始建于西汉建元元年（公元前140年）的太清宫，明代以来又被誉为"道教全真天下第二丛林"。崂山太清宫是全国最大的海滨道观，襟山面海，风景独特。冬天朔风不临，温润如春，盛夏酷暑不至，海风送爽，植物繁茂，顾炎武谓其"山深多生草药，而地暖能发南花"，被誉为"北国小江南"。蒲松龄在《西江月·崂山太清宫》中，介绍了它绝佳的地理位置优势："独坐松林深处，遥望夕阳归舟。激浪阵阵打滩头，惊醒烟波钓叟。苍松遮蔽古洞，白云霭岫山幽。逍遥竹毫拿在手，描写幻变苍狗。"太清的月，正是得益于太清的"道"，太清的"宫"。

月圆之日，尤其是传统中秋佳节，自古便有临水赏月的习俗。作为滨海城市的青岛，临水赏月具有得天独厚的地理优势，自西及东，前海一线的赏月胜地数不胜数，"太清水月"便是其中颇具特色的一景。太清宫位于太清湾北，背倚的居中主峰名为老君峰，左为桃园峰、望海峰、东华峰，依次而东，右为重阳峰、蟠桃峰、王母峰，依次而西，宫在峰下，大海当前。三面环山一面临海，有效隔绝了外界的喧嚣，更重要的是避开了城区的灯火，保证了"宝镜升"的清幽、从容。

"太清水月"在古籍与传说中亮相，据说和刘墉有很大关系。相传刘墉丢官后，来到崂山青山村小住，被这里的山海风光所吸引，并与太清宫的道长结为挚友。在被道长留宿太清宫饮酒赏月时，刘墉触景生情，挥笔写下了"太清水月"四字。从此，赏月胜景以"太清水月"为名，逐渐为世人熟知。如今，太清湾入口的悬崖上刻有"太清水月"四字，为青岛著名书法家杜颂琴于1982年所书。凡到太清宫游览，导游均会娓娓道来这段历史。清代文人林绍言有诗

太清水月

赞曰："相约访仙界，今宵宿太清。烟澄山月小，夜静海潮平。微雨五更冷，新秋一叶惊。悄然成独坐，细数晓钟声。"

　　"太清水月"主要观赏地点是太清宫的"步月廊"，但也有资深山友推荐太清宫东面的钓鱼台。沿海边小道东南行 1 千米处，群礁迭起，海潮汹涌，礁石中有一巨石伸入海中。上平如削，坡向海水，背倚青山，是垂钓的好地方，更是赏月的绝佳去处。这里刻有署名宋绩臣、道号大谷子的诗一首，意蕴深远："一蓑一笠一髯叟，一丈长竿一寸钩，一山一水一明月，一人独钓一海秋。"如今，太清码头有客船可供游客"海上看崂山"，从太清湾向东，游船徐徐行进，左手"青山掩楼台"，右边"明月共潮生"，海波浪碧，天宇横青，上下空明，如置身玉壶冰镜中，也颇具风情。

大珠山：一道清风相连的半岛风景

◎杨琪琪

对于不少市民和游客来说，提起大珠山，最先想到的便是璨若紫色烟霞的杜鹃花海。每逢三、四月份，漫山杜鹃竞相开放，美若仙境。

在青岛坊间，流传着这样一段传说，西天瑶池的一位仙女，在游玩时把自己戴的手链弄断了线，手链的珠子散落到人间，其中有两颗落到了黄海岸边。时间一长，珠子变成了山，一颗是大珠山，一颗是小珠山。

大珠山坐落于西海岸新区，呈西北东南走向，三面临海，突出于灵山、古镇口两湾之间，南北长 20 多千米，直插入海，宽约 5 千米，总面积约 65 平方千米。大珠山山体庞大而集中，支脉很少。主峰大寨顶，海拔 486 米。它枕沧海波涛，挂高天风云，铺大地葱绿，是一道与清风相连的半岛风景。据清乾隆十七年（1752 年）纂修的《胶州志》载："小珠山，千岩攒空，两峰特起，万山皆在其下；大珠山绵亘百余里，东插入海，势如巨鳌，二山错立，天表。云气，出没不绝，夏尤溢蔚，望之累累若珠，真奇观也。"大珠山自古素有"岸海名山"美誉，古《胶州志》称它为"州中第一胜地"，还把大珠山和小珠山披云裹雾的景象誉为"双珠嵌云"，列当地八景之首。

据史料记载，大珠山所处原胶南市境，古为琅琊。春秋时期，齐桓公在这里置琅琊邑，称"东境上邑"，当时人们赞誉这里为"东方胜地"。

关于大珠山一名的由来，唐代《封氏闻见记》称："密州之东，临海有二山。南曰大珠，北曰小珠。相传云仙人朱仲所居也。"后来雅传为大珠山。

1994年，大珠山风景区正式对外开放。如今当我们登高远眺，便可看到形状多样的奇峰怪石。山南峰面海，状如楼，为望海楼。望海楼东南有帽子峰。帽子峰南有小帽子峰，再南为湘子门。帽子峰西北临海处，岸陡水深，有小口子港，再北有古镇口炮台遗址。主峰大寨顶东北有阔落山、金把顶，再西北有玉泉山。临公路屹立

每年春季，漫山杜鹃花在大珠山竞相开放，美若仙境

者为黄石坎，坎东北有崆峒山，亦名崆峒寨。崆峒寨西北有松山，东北山岭逶迤直抵市区西南之峰山……

当然，大珠山不仅有风姿独秀、景致迷人的自然风景，还有由众多文物古迹汇聚而成的人文景观。据青岛西海岸新区非物质文化遗产保护中心介绍，大珠山景区文旅资源丰富，有建于隋唐时期的佛教造像石窟，重修于金大定年间的石门古寺，山中还有墓塔林、麻衣庵、朱朝洞、吟诗台、珠山石室等古代名士隐居和文人墨客探幽的遗迹；景区奇峰异石众多，其中尤以天然大佛、神龟望月、双豚戏珠、高山蛙鸣、巨鳄下山、壁虎觅食等最为著名，它们栩栩如生地展示着大自然的鬼斧神工，向世人讲述着许多美丽的传说。

此外，大珠山独特的风貌特征吸引了众多文人墨客。据《胶州志》载，胶州王倜，诸城刘子羽、李澄中等人都到过大珠山。历代游人络绎不绝，还给大珠山留下了不少诗句、刻石和名人手迹。其中，位于石门寺南的"赛诗台"便是其中之一。"赛诗台"东西向，北侧高约5米，东西长5米，南北宽2.8米，磨石面积长1.6米，宽0.9米，上面镌刻隶书五言绝句，"苍霭寒山深，有人乃在此。一杯复一炉，煮茗溪光里"。据传，刘子羽、李澄中、王倜等曾在此石上赏景品茶吟诗，故名"赛诗台"。诗乃胶州名士王无竟所留。

小珠山：齐长城 穿越古今

◎杨琪琪

山谷空幽，草木葱郁，泉水潺潺……这便是与大珠山遥相呼应的另一颗明珠，小珠山。

小珠山坐落于青岛西海岸新区，古代隶属胶州沽化乡，清宣统三年（1911 年）为朱仲区。其属崂山山系，为燕山期形成的花岗岩山地，是西海岸最高的山体。山脉呈东南、西北走向，长约 13 千米，宽约 8 千米，境内有名称的山峰就有 40 余座，主峰大顶海拔 724.9 米。整个地形南高北低。境内东、北部低洼地为山间盆地和小平原。

小珠山之高，在不少资料中有所记载。《胶州志》云，小珠千岩赞空，两峰特起，万山皆在其下。清乾隆抄本《灵山卫志·山川》中这样描述："小珠山，近卫诸山之总名也。在卫城西北，距城三里余，势压沧溟，气通霄汉。云岚覆掩，则雨候也。峰峦翘出者，远眺二百余里，其最高者为大顶，朝望日出，赤光万道，状如光球，摩荡于宏涛巨浪之上。"

小珠山名胜古迹众多，春秋战国时期修筑的齐长城就穿越小珠山主峰。此外，小珠山也是佛教文化的圣地，始建于唐代的朝阳寺、明代白云寺、全真教华山派的太平庵等寺观庙宇，丰富了小珠山的文化内涵。

其中，朝阳寺遗址 2005 年被公布为青岛市第七批文物保护单位。文献记载，朝阳寺建于唐代，寺内殿台楼阁、雕梁画栋，蔚为壮观。如今，寺庙早已圮废，第三次全国文物普查时仅存高 2 米余的寺院南墙以及观音阁基台，基台砖石砌。山门面南，拱形，高宽各 2.5 米，进深 5 米，门券上方嵌长方形石板，镌刻楷书，上款"时大明崇祯四年建"，中款"观音阁"。遗址内有座泉名"龙泉"，泉水甘洌，常年不涸。门前山洞上有石板桥可通南岸。

石钟楼位于小珠山西麓崮岭西南，古有庙宇，现仅存一座石钟楼，钟楼为亭式建筑，通体石质建材，高 4 米，四根方形石柱，石基正方形，长宽各 3 米。亭顶由两块巨石雕啄而成，飞檐，四角攒顶，角檐如翼，亭顶每面雕 12 条瓦楞，每面檐下雕 12 条檐椽。

太平庵位于小珠山西麓，博胜苑景区东北隅。庵中碑文记载，太平庵几经圮废，现在的太平庵是清末重修而成。太平庵包括门楼、钟楼、三官殿、道士住房和门口 600 余年树龄的银杏树。其中，三官殿和钟楼仅剩残垣。院中西侧并排竖立清嘉庆四年（1799 年）、嘉庆十九年（1814 年）"重修太平庵碑"和光绪八年（1822 年）立"庵产四至碑"。此外，门口东侧有一通清代石碑，碑文磨泐不清，另有一通碑已作供桌。

除了历史文化资源，小珠山还拥有众多造型奇特的山石，以主峰大顶、九道梁子、大黑涧等分布最多，其中金鸡石、望夫石、姜公背姜婆、釜台筒等惟妙惟肖、形象逼真。主峰大顶与白石顶南北对峙，上有天门、天桥，其后有垂背石、船石、直楼；其前有万

小珠山太平庵遗址

人井（清泉）、石角石、瀑布石、穿心石、纱帽石、尖顶洞、仙人迹；大顶之东有卧单石、黄牙口、五顶山。山东坡腰间有天然洞两处，一是东距杨七岭村三公里的"白云洞"，洞口不易攀登，洞顶常年滴水不止；另一处是东南距杨七岭村二公理半的鬼子石洞，洞口窄小，斜向伸入，高约 2 米，宽约 5 米，长约 10 米。在白石顶前还有一天然石洞，名"白石洞"，洞口向东南，洞分上、中、下三层，可容纳二百多人左右，但洞口仅可一人进出。

胡峄阳：民间学者亦真亦幻的民间记忆

◎李魏

　　"大歉不歉，大难不难，千难万难，不离崂山"，流传300多年的这句老话，在今天青岛即墨、崂山、城阳一带的老人们口中还会念叨，而它最初却出自一位当地的民间学者胡峄阳之口。

　　胡峄阳是何许人？清代《即墨县志》有载，胡峄阳生有异禀，精研《周易》，于书无所不读。传说他上知天文，下知地理，在民间流传着许多神奇的故事。县志中有一篇极为动人。清乾隆二十三年冬，有海上打鱼者数人到流亭拜访胡峄阳的儿子胡映藜，说日下遇海风，木筏随海浪漂了一昼夜，不知有几千里，后漂到了一处海岛。岛上百花盛开，温暖如春，有天然洞穴，但是没有室。只见一块丈余见方石板上，晒满了大如鸡蛋的红枣。一位老者坐在石旁，相貌清古。打鱼者主动与老者说话，老者却不作答。只是见他们饥饿难耐，就分给每人一个大红枣，让他们充饥。说来也怪，只吃了一个大红枣竟然饱了。老者随后对他们说："东南风已经起了，赶快回去吧。"打鱼者询问老者姓名籍贯，老者问："你们知道即墨流亭这个地方吗？"老者说："那就是我的故里。你们到流亭后对胡映藜说，好好为人。他的老父在仙岛上很快乐。"

　　众人乘着东南风返航，第二天中午便登岸回家了，虽然在海上漂泊了一天多没有吃东西，但是谁也不饿。三天后，他们来到流亭找到胡峄阳的家，这时才知道胡峄阳先生已去世 40 年了……

类似有关胡峄阳的传说，或帮穷扶贫，济世救人；或优化物产，造福百姓；或扶正祛邪，劝人向善；或显灵济世，逢险化夷；或惩恶扬善，匡扶正义……有超过 200 个之多，至今在以城阳区为中心的老青岛人口中口耳相传，流传不息，甚至演化为区域性的民间信仰，形成独特的地方民俗文化。2014 年，胡峄阳传说被纳入国家级非物质文化遗产名录中。那些传说本身所具有的朴素美好的"真实性"，让讲述者感觉自己不是在讲故事，而是在讲"真人事迹"；听的人也自认不是在听神话，是在听"真事儿"。

然而现实中的胡峄阳究竟做了哪些惊天动地的伟业，以受到世人如此笃信绵长的尊敬？

1639 年，胡峄阳生于即墨县仁化乡流亭村的一个书香世家。幼年时，由于他就读的流亭家塾靠近大集，其父如孟母三迁一般将他转至僻静的洼里塾馆。这个生性倔强、叛逆的少年，16 岁时便做了一件让乡里人刮目的事儿，也从此改变了自己的人生轨迹。那一年他赴莱州府参加科举考试复试，为防夹带材料作弊，考生要经过监场者搜身后才能进入考场。原本就对清初的剃发留辫、易装政策极为抵触的胡峄阳将脱衣搜身视作侮辱，忍无可忍，拂袖而去，并发誓终身不仕。

著书立说，教书育人，成为胡峄阳此后的人生主题。他留下超过 10 部学术著作，秉持儒家"修身、持家、治国、平天下"的宗旨，贯穿理学思想，涵纳诸子百家。其所著的《易经征实》收入

城阳胡峄阳文化馆内的胡公祠

续修的《四库全书》。作为清初山东著名的《周易》研究者，他对山川地理气象环境的研究极其精深，也因此说出了广传后世的喻世名言"大歉不歉，大难不难，千难万难，不离崂山"，成为300年来青岛一地民众的爱乡之语。

而在这些著书立说之中，对于当地民间影响最为深远的则是家训《竹庐家聒》和《女闲》。其中《竹庐家聒》以乡间用语讲"家庭之常"；主张"教先急务"，把严防子弟沾染恶习放在首位；注重培养平淡踏实的生活态度。地域化的平民家训，反映出的是清初青岛地区的民风与礼治。

如今在青岛城阳、即墨两区仍有胡氏家族的后裔绵延生息。胡维村是胡氏家族第19代后人，对于胡氏家训，他总结了四个字：孝、忠、义、睦。在后辈心目中，这位老祖宗一生并没有做过惊天

城阳白沙河运动公园内的胡峄阳雕塑

动地的大事，做的就是读书、著书和教育后代的平常事。

从小听着胡峄阳故事长大的青岛学者刘世杰，将这位当地知识分子的民间超级影响力归于他所生所长、一生都不曾远离的这一方土地。"流亭自古为人文繁盛之地。这一带有城子、西宅子头、半阡子等龙山文化，冷家沙沟岳石文化；商周以来则留有霸王台、西窑顶、财贝沟等古遗址。西北三公里处是汉代的不其城；今天的铁骑山下还有汉代大儒郑玄讲学的康成书院遗址；流经流亭域内的白沙河两岸曾经有华阳书院、下书院、上书院、崂山书院、青峪书院、北投书院、玉蕊楼、镜缘楼、太古堂等书院学馆。另外，形成于明代的流亭市集是胶东半岛著名的大集之一，附近的女姑口则是千年古码头，带来海陆文化交流的便捷……"

深厚的文化积淀和氛围都为并没有走出故土的胡峄阳提供了文化积累和视野，而对于知识的崇敬与仰望也使之最终完成了神人的交互。

如今，生活在今天青岛流亭地区的胡氏宗族已有600年的历史，这个从外来移民发展而成的平民宗族，依托宗祠、族谱、合族公议、家训的传统，维系着存在和运行，由此构成胡氏特有的宗族文化。他们修建的胡峄阳文化产业园也在继续挖掘、整理、保护、利用和光大着祖先胡峄阳传承的文化遗产，丰盈着一地民众的物质与精神生活。

胶州秧歌：舞姿里藏着青岛人的"精气神"

◎李魏

　　女子时而大方泼辣，天真烂漫，时而温柔娴静；男子时而潇洒诙谐，时而英武矫健……胶州秧歌之所以能够跻身国家级非物质文化遗产，或许正源于它传神地刻画了青岛人共有的品格气质：灵动达观，刚柔相济。

　　胶州秧歌，又名地秧歌，最早诞生于200多年前青岛胶州的村庄，以"男刚女柔，螺旋摆动，三弯九动十八态"的独特风格倾倒众人。"三道弯""扭断腰"的民间称呼亲切生动，还带有一丝戏谑，也是与海阳秧歌、商河鼓子秧歌并称山东三大秧歌的胶州秧歌的独到之处。青岛人自成一格的"精气神"，似乎就在那一摆、一态、一动、一弯的秧歌舞姿里时隐时现，韧劲儿十足，传承至今。

　　民间有关胶州秧歌诞生的故事异常素朴，却道不尽200多年前胶州一地的人生之艰，命运多舛。乾隆二十九年（1764年），胶州包烟屯村，今天的马店东小屯村，有赵姓和马姓两家人，结伴前往关东逃荒，一路上迫于生计乞讨卖唱，后来干脆改为更加活跃现场气氛的载歌载舞。他们的演出总是先由一位演员用几句话作为开场白，紧接着便是热闹的走场，舞蹈的部分后来逐渐演化为一些简单的程式，这便是后来舞蹈秧歌的雏形。

时至今日，胶州秧歌女角的舞蹈中还保留着长途跋涉背包袱的日常动作，源于生活的民间艺术总是具有生生不息的生命力。

1999年出版的《青岛百科全书》有载：至清同治年间，胶州秧歌的舞蹈、唱腔、伴奏均具有了一定的程式。演员多为10人，4男6女。分5个行当：男分鼓子、棒槌；女分翠花、扇女、小嫚。舞蹈程式则有十字梅、大摆队、正挖心、反挖心等，听上去已是花样繁多。

伴奏的乐器也与舞姿所传递的蓬勃欢乐的印象相得益彰：唢呐、大锣、堂鼓、铙钹、小钗和手锣，旋律优美、音调多变、节奏明快，是乡土气息浓郁的羽调式民间吹打乐。唱腔曲牌则有扣腔、锯缸、打灶、迭断桥、上庙、南锣、东坡、男西腔、女西腔、小腔等。单是后来不断发掘整理的唢呐音乐曲牌，就有得胜令、打灶、小白马、斗鹌鹑、水浪音、扇簸箕……

这些丰富驳杂、源于民间的专业术语词汇集合成感染力超群的民间艺术表现形式，彰显青岛人的真性情，透露着接地气的民间智慧，也是数辈民间艺术家和艺术爱好者不拘一格、求新求变的共同成果。

1864年被看作胶州秧歌的定型之年，源于两大标志性事件。这一年，秧歌艺人刘彩在胶州的楼子埠村创立了第一个"秧歌班"，开始坐科招生；同一年，秧歌爱好者纪鸣珂与殷洪琴创作了第一个秧歌小戏《裂裹脚》，标志着"胶州秧歌剧"作为民间小戏之一种，在胶州秧歌的基础上兴起。这部根据胶州马店村一个赌鬼怕老婆的故事口头创作的秧歌小戏，经由刘彩的秧歌班排练演唱，顿时传遍了十里八乡。

另一位秧歌爱好者陈銮增大胆地在刘彩以温柔见长的文秧歌中融入了武功，使 20 世纪 20 年代的胶州秧歌遂有了派别之分。而今新派秧歌兼容并蓄，观众在新派秧歌里看到的是刚柔并济的身姿。

胶州秧歌在 1957 年走出青岛、进京首演后，全国有 150 多家专业文艺团体先后到胶州学习秧歌，北京民族舞蹈学院还将其列入了必修课程。而胶州秧歌的复兴则要等到 2006 年——被列入国务院批准的首批国家级非物质文化遗产名录，胶州获评"中国秧歌之乡"。2017 年新组建的胶州市茂腔秧歌艺术传承保护中心见证了胶州秧歌再度舞进京城舞台的盛况，秧歌依然没有停止求新的脚步，中心创作的茂腔戏《秧歌乡的故事》将秧歌与茂腔两项国家级非遗项目合璧于舞台。秧歌舞蹈节目《喜洋洋》《豪情鞭鼓俏秧歌》荣

"胶州秧歌"作为最具特色的青岛舞蹈之一，经常出现在一些重要活动开幕式上

获群星奖等诸多奖项。近年来,胶州秧歌受邀参加了上合组织青岛峰会、上海世博会、意大利中国文化年等多项国际文化交流展示活动,胶州秧歌绽放于世界舞台。

    如今,胶州有65个村庄(社区)建起了传统文化传承基地;在每个镇或街道,至少都拥有一支由老艺人和各级传承人领衔的传统秧歌队和庄户剧团。秧歌之乡胶州不仅已成为中国传统民族民间舞蹈的"朝圣之地",同时也成功地将这笔青岛人共有的文化遗产,再度转化为青岛人现代时尚生活的日常。

莱西木偶：传承有序 2000 年

◎ 马晓婷

"莱西的甜瓜、火烧、蒜香鸡，都是俺老猪爱吃的，俺可得好好享受享受。"熟悉的《西游记》音乐刚一响起，摇头晃脑的八戒就一路小跑着来到师父和悟空中间，一手抓着耙子，一手兴奋地拉着悟空的衣裳，眉飞色舞地说起莱西美食，听声像是口水都流下来了。一场活灵活现的创意木偶戏，一开场就抓住了观众的眼球。

对于很多莱西人来说，看木偶戏已经融入了生活。位于莱西城东南角的月湖公园，不定时会有莱西木偶的表演。莱西地处山东半岛几何中心，地理优势明显。从新石器时代开始，莱夷人就在这一带繁衍生息，并曾创造了灿烂的文化和辉煌的文明。这里交通便利、经济发达、文化繁荣，发现了不少古文化遗址、古墓葬群。1978 年，莱西县出土了一件体长 1.93 米的西汉时期大木偶，坐、立、跪、卧自如，为迄今所发现年代最早、个头最大的木质偶实物。经专家考证，这件距今 2000 多年的西汉大木偶，是我国古代机关木偶之祖，莱西因此被认为是木偶戏的重要发源地。

莱西木偶属杖头木偶，体型高大，木偶身高 0.6 至 1.2 米不等。艺人通过托举木偶的一根命杆和捻动两根手杆实现操控，命杆与头部相接，隐藏在体内，手杆与手腕相接。头、眼、嘴、手指皆有机关，表演生动灵活，形象逼真，个性鲜明，偶味十足。莱西木偶戏又称"头子戏"，唱腔以吕剧、京剧、胶东大鼓、柳腔为主，伴奏的乐器有京胡、二胡、鼓、锣、钹子等，演出剧目有《西游记》《大报国》《三娘教子》《小姑贤》《空城计》等。

莱西木偶戏历经六代传承和发展。1983年以前，莱西属莱阳。第一代传承人倪明福在清朝同治年间就开始表演木偶戏。倪明福之子倪尚宽系第二代传承人，除了在莱阳本地演出，还到过即墨、蓬莱等地，深受百姓喜爱。至今，莱西木偶艺术馆仍保存有老一辈传承人继承下来的清朝时期的木偶头，实木雕刻，刀法明快，面部表情刻画入微。1897—1965年，莱西木偶戏第三代传承人李德安、李德明、周之佐、李玉章等人组成了后周格庄木偶剧团，与第四代传承人倪奉先、李恒文、李殿文、李山文、倪秀芳、罗淑花等人相继演出了近70年，名噪胶东。《莱阳县志》1933年版第九册中有清末民初时期木偶戏记录："若帷簿张幕，傀儡出场，金革丝竹毕具，谓之大头子戏。"

然而，莱西木偶戏的发展并不顺利，一度中断了50多年。2006年，莱西博物馆馆长柳香奎在青岛做民间文化普查时找到倪奉先，木偶戏在莱西文化部门的帮助下开始尝试恢复。2008年，在莱西文化部门的支持下，倪奉先组织人员恢复木偶戏演出，并将莱西木偶制作和表演技艺传授给姜玉涛、吕旭东、张文贤、李文学、封杰等人。

2010年5月，从小喜欢戏曲艺术和木工技艺的姜玉涛接棒成为莱西木偶的第五代传承人。姜玉涛成立了莱西木偶艺术团，专业

演员在舞台上用莱西木偶表演

青岛市博物馆里陈列的 1978 年出土的汉代莱西木偶

从事木偶戏的传承与发展工作。经过数年努力，姜玉涛研发出了"打磨成型—油彩定妆—控制机关组装"等生产工艺，并以纸浆等为原材料制作木偶。此外，莱西木偶率先在全国采用了桁架搭建舞台，在一些创意表演中，木偶艺人也走到台前，提高了莱西木偶的互动性和观赏性，艺术团创新排演了《三打白骨精》《罗成拜师》《农夫与蛇新传》《燕子报恩》等多部百姓喜闻乐见的木偶戏作品，平均每年演出50场，累计受众约100万人次。作为齐鲁文化的重要代表，莱西木偶先后到瑞典、日本、美国、新西兰等国家进行了文化交流。

莱西木偶戏历经百余年传承与积累，其独特的木偶造型、古老的剧本和唱腔、精致的木偶服饰，对中国木偶艺术的研究与发展有着重要的艺术价值。如今姜玉涛80后、90后、00后的徒弟们作为第六代传承人活跃在舞台，他们刻苦练习莱西木偶艺人的举功、捻功和步功，在一次次表演中感悟着传统文化的魅力，更为这项古老的艺术注入年轻的活力，让这项跨越2000多年的中华文化瑰宝历久弥新。

柳腔：四京八记，乡音醉人

◎ 米荆玉

"杯接田单饮老酒，醉人乡音听柳腔。"即墨的文化信物，一是黄酒，二是柳腔。据国家非物质文化遗产代表性项目目录介绍，柳腔形成于即墨西部大沽河流域，在山东半岛广泛流传，至今已有200多年的历史。它系由民间说唱"本肘鼓"演变而成，早期没有曲谱，使用"溜腔"演唱，后即以同音的"柳"字代替"溜"，称为"柳腔"。在漫长的传播历史里，柳腔逐渐形成了46个曲牌、33个锣鼓点、"花调""悲调"两大母曲组成的曲艺系统。而对于本地戏迷来说，以"四大京"（《东京》《西京》《南京》《北京》）、"八大记"（《金簪记》《玉杯记》《丝兰记》《火龙记》《风筝记》《钥匙记》《罗衫记》《绣鞋记》）为代表的传统剧目堪称即墨的曲艺特产，余音绕梁，百年不歇。

地方曲艺与地方风土人情密不可分。1900年前后，由即墨民间小调发展而来的柳腔逐渐成熟、定型，而它的代表剧目也寄托着强烈的民间好恶。"四大京"里，《东京》说的是富家翁悔婚，《西京》唱的是负心人另娶；《南京》《北京》讲的都是奸相严嵩破坏婚姻自由的故事。"八大记"里也不乏对喜新厌旧的批评、对女性爱情自由的赞美以及对力挽狂澜的包公的讴歌。从角色到主题，柳腔清新质朴，风趣生动，贴近女性心理，因而也受到即墨女性观众的热爱。柳腔名角"四刘"走红的时期，民间戏称柳腔为"拴老婆橛子戏"，妇女听起来往往是"针尖扎在手指上，饼子贴在锅盖上，枕头当成孩子抱"。

即墨在历史上属于齐国大地，孟子曰"齐人善讴"。即墨柳腔将"善讴"与"乡音"结合，诞生了柳腔特有的两大母曲："花调"和"悲调"。"花调"适用于青衣、花旦、小生，慢板旋律委婉缠绵，原板节奏欢快流畅，快慢结合、急缓相济，使得角色形象鲜明。"悲调"则是柳腔最有特色的唱腔，适用于青衣、花旦、小生抒发悲伤之情的唱段，往往令观众落泪。柳腔在表达悲伤情绪时有着极强大的阐发能力，在众多由肘鼓子发展而来的地方曲艺里，柳腔被称为"拉魂"，指的正是它让观众"醉心销魂"的感染力。

作为地方曲艺，柳腔的乐器配置也经历了逐渐丰富的过程。

国家级非遗传承人袁玲在学校传授柳腔的唱功唱法

据国家非遗传承人、柳腔艺术家袁玲介绍："早期，民间管柳腔叫
'盘凳子'，三两个演员围着凳子，没有乐器，就是伴着呱嗒板儿
演唱。"随着柳腔影响力的扩展，乐器配置也从手鼓、手锣、呱嗒
板儿演变成了以柳腔胡琴（四胡）为主弦、唢呐帮腔的模式，文场
还配以二胡、琵琶、三弦等乐器，武场则主打板鼓、大小锣、吊钹
等乐器，极大丰富了柳腔的板腔。

即墨人沉迷柳腔，柳腔也吸收了即墨的方言土语，从念白到
唱词都有浓郁的地方特色。《东京·赵美蓉观灯》里有一段著名的
观灯戏份，720句唱词环环相扣，贴切比拟了元宵节各种特色灯笼
的景象，"庄稼灯"一段唱曰：

> 往前走，往前行
> 眼前闪过庄稼灯。
> 高粱窜芯骑烈马，
> 黍子秀穗使枪拧。
> 麦子盘腿打下坐，
> 谷子去穗哭嚎声。
> 地瓜撒下绊马索，
> 要害荞麦百万兵。
> 秋天来个镰元帅，
> 不分糙好全扫平。

一段唱词把各种农作物的形态习性描摹得活灵活现、个性十

足。这段唱词也出现在多部文学作品里，足见它在胶东大地上流传之广。

20世纪20年代，柳腔艺人纷纷赴青岛搭班献艺，活跃在东镇、四方、沧口等民间小戏院。这期间，青岛演艺市场活跃着京剧、评剧、梆子、茂腔等众多戏种。柳腔在接触兄弟戏种的同时也促进了自身发展，诞生了刘作廉、刘洪石、刘永华、刘德昌为代表的"柳腔四刘"，甚至评剧名家新凤霞在青岛演出时也对柳腔产生了兴趣，只是碍于方言差异未能搭班。

新中国成立后，刘作廉、刘永华和毛秀美于1951年加入柳腔业余宣传队，宣传《土地改革法》《婚姻法》。三年后，他们成立了"即墨县民艺柳腔剧团"，与柳腔名家张秀云创立的"青岛金星柳腔剧团"等一道推动柳腔艺术发展。

柳腔要发展，不仅要靠发掘传统剧目，还要创作新曲目吸引观众。据袁玲回忆，"20世纪80年代初期，是柳腔发展的高峰期，剧团排演了多出柳腔传统戏和移植戏，并在山东省级、青岛市级等多项比赛中取得了好成绩"。当时的黑白片子已成为柳腔发展史上珍贵的影像资料。

随着社会发展、娱乐方式的丰富，柳腔也逐渐从发展低谷中走出，寻找自己的艺术新天地。2010年，即墨柳腔剧团招收了20名学员，由袁玲传授柳腔的唱功唱法。2018年，柳腔正式列入第二批国家级非物质文化遗产代表性项目。传承200多年后，即墨柳腔余韵不绝，醉心乡音再度唱响齐鲁大地。

茂腔：戏曲之花，开在文学之巅

◎ 米荆玉

自清代以来，京剧在传统戏曲里被称为"大戏"，占据剧场主流，相对应的地方小戏在赶集、赶会、平民剧场等场合表演，也得到了长足发展。茂腔就是山东地方小戏的代表，根据"中国非遗数字博物馆"记载，茂腔是流行于青岛、潍坊、日照等地的地方戏曲，最初为民间哼唱的小调，称为"周姑调"，传说系因一周姓尼姑演唱而得名。又称"肘子鼓"，据说是因民间艺人肘悬小鼓拍击节奏演唱而得名。"肘子鼓"发展出一系列地方小戏，茂腔在其中影响力较大，被誉为"胶东之花"。

茂腔大约在清代道光年间已广泛流传于山东半岛一带，流传过程中吸收本地花鼓秧歌等唱腔和形式形成"本肘鼓"，意指本来的肘鼓子调，也可理解为本地流行的肘鼓子调。1865年左右，苏北人"老满洲"沿临沂向北演唱，将柳琴戏唱腔融合到"本肘鼓"中，形成了尾音翻高八度的新唱法。这种唱腔，当地群众称之为"打冒"或"打鸣"，取其谐音，"本肘鼓"逐步衍变成"茂肘鼓"。1949年新中国成立后，胶东文协进入青岛，在整理规范民间戏曲时把"茂肘鼓"定名为"茂腔"，这一名称被各地接受，出现了十多个茂腔剧团。

茂腔在发展过程中融合了多个戏种的特点。茂腔在本肘鼓时期只有鼓、钹、锣等打击乐伴奏，茂肘鼓时期开始使用柳琴伴奏，后来受京剧、梆子等的影响，采用京胡为主奏乐器，按京剧二簧定弦，并用二胡、月琴配合，陆续增添了唢呐、笛、笙、低胡、扬琴等民族乐器。在行当方面，茂腔起初只分生、旦、丑，后来根据京剧行当划分角色，分工更加细致齐全。

据《茂腔发展概述》介绍，茂腔吸收了胶州大秧歌、胶州八角戏、诸城秧歌等唱腔特点，适合演绎大喜、大悲的剧目。

茂腔曲调质朴自然，唱腔委婉幽怨，通俗易懂，深受山东半岛居民的喜爱。茂腔中女腔特点尤为明显，给人以悲凉哀怨之感，最能引起妇女们的共鸣，和柳腔对妇女们的吸引力类似，茂腔也被俗称为"拴老婆橛子戏"。在茂腔140多个剧目里，以《东京》《西京》《南京》《北京》《罗衫记》《玉杯记》《风筝记》《钥匙记》《火龙记》《丝兰记》《绒线记》《蜜蜂记》等"四大京""八大记"最为知名。一出好戏，往往吸引四里八乡的爱好者观赏，出现"村村皆有茂腔声"的盛况。胶州一位秀才曾为茂腔撰写对联：咋来一听，酥一阵、麻一阵、难受一阵，速速拔腿就走；听上两天，生也好、旦也好、唱得也好，问问哪里接台 [1]。对联虽不甚工稳，却传神地描摹出乡村士子对茂腔从惊异、疏远到接受的过程。

从乡村到城市，从村头到剧场，新中国成立后，茂腔迎来了新的发展，李玉香、李兰香、宿艳琴、曾金凤等著名艺人在舞台上大放异彩，光明剧团、金光剧团等专业剧团也把茂腔带到了全国多个城市。百年来茂腔深植民间，也深深影响了民间。著名作家莫言

---

1 接台，即下一场演出的场所。

茂腔精品剧目《秧歌乡的故事》

把茂腔化为"猫腔",写入了他的代表作《檀香刑》里。《檀香刑》以1900年德国人在山东修建胶济铁路、袁世凯镇压山东义和团运动为故事背景。这一年代背景恰好与茂腔的发展黄金时期相重合,因而在《檀香刑》里"猫腔"的戏份特别重,因得罪德国人而惨遭檀香刑的孙丙,本身就是个"猫腔"艺人。莫言在《檀香刑》后记里写道:"我在这部小说里写的其实是声音。"小说中的重要角色往往本身自带"戏份",如书中的大清第一刽子手赵甲,他唱着茂腔《走马调》登场,而女儿孙眉娘哀悼亲爹孙丙,唱的是茂腔《大悲调》。茂腔与小说剧情的融合丝丝入扣。茂腔这朵曲艺之花,在莫言的笔下登上了文学之巅。

随着社会经济的发展,茂腔与其他地方戏种一样也经历了20世纪90年代的低谷和新世纪的事业焕发期。如今,对于茂腔的整理、传承工作正在多个茂腔流传地展开,茂腔博物馆、茂腔艺术节的出现也让茂腔艺术得到了多方面、多角度的发扬光大。从胶州、黄岛到日照、高密等地,茂腔韵传四方,源远流长。

李村大集：集市历史的"活化石"

◎ 马晓婷

　　跟着家里人去赶李村大集，在几代青岛人童年里意味着一把糖果、又香又大的瓜子、热气腾腾的脂渣火烧、吱吱冒油的戳子肉、酸甜可口的糖葫芦、琳琅满目的橘子苹果……在物质不那么充裕的年代，赶李村大集，尤其是腊月里赶李村大集，是青岛人的一种生活仪式。那种朴素的生活情结一直延续至今，成为平淡日子里一种温暖的慰藉。

　　李村河的河床上，流淌着一部小商品贸易的发展史。李村河发源于石门山，属季节河，李村在它的中游。旱季时，河水退去后裸露出的河滩，聚得起吆喝叫卖声，拢得住土特烟火气，正好用于举办集市。李村大集具体出现的时间无法考证，同治版《即墨县志》所附的即墨县地图上面已出现了"李村集"的标注。近代的李村大集已颇具规模，据《胶澳志》记载，"乡民张幕设店，米粮、布匹、木器、农具及家畜应有尽有，临时营业恒得千数百家，集会人数二三万"。李村大集的兴盛，也吸引了外国人的注意。德国人海因里希曾在《山东德邑村镇志》中描述旧时李村大集的热闹景象："人们去赶集不仅仅是买卖货物，而是过节，与朋友数人一起吃顿饭、聊聊天、谈谈新闻。在集市上可以听到各种事。甚至还有说书人，讲述长久在民间流传的故事和神话。"

　　"只有你想不到，没有你买不到"，李村大集是公认的"青岛第一集"。李村大集逢农历二、七为集，1916年出版的《李村要览》记载，李村大集上有日本产棉纱，潍县茶叶，海州豌豆，大连玉黍，上海运来的火柴、粗纸、棉花，泰安、莱芜的芝麻，以及城阳的小麦、即墨的黄酒、崂山的松柴、平度的鸡蛋以及李村高粱、地瓜干等售卖。肉市、菜市、面食市、山货市、海货市、中医药市、瓜果市、鞋袜市、布匹市、农具市、旧货市、牲口市……李村大集逐渐构建起了自己的秩序，成为李沧交易和经济的中心。曾经，李村大集更是汇聚了天南地北的"当家货"，栖霞苹果、眉县猕猴桃、潍坊萝卜、东北冻豆腐、临沂杜鹃花、沙子口鲅鱼、王哥庄鲍鱼、红岛牡蛎、鳌山卫海参……据统计，李村大集商品一度超过10万余种，小到针头线脑，大到二手汽车，可以说涵盖了人们生活的方方面面。

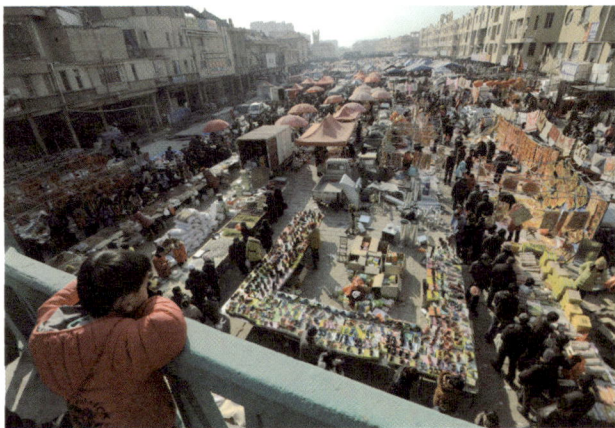

李村河的河床上，流淌着一部小商品贸易的发展史

李村大集已经不仅仅是一个简单的商品交易场所，历史与文化在这里交汇，形成了一种特殊的群体记忆。2008年12月，李村大集入选青岛市级非物质文化遗产代表性名录。在李沧区老照片上，留着辫发的乡人在大集河滩上围着戏台看戏的情景今日看起来仍那样生动。在文字记载的史料中，李村集市上即有各种民间文艺活动与演出，柳腔戏是这里群众喜爱的小戏，拉洋片、说山东快书、变戏法、打渔鼓、打莲花落、练把式卖艺的也可偶见。李村大集是中国集市历史的"活化石"，见证着青岛的城市变迁，记录着青岛人的民俗风情，是传承与发扬非物质文化遗产文化的根据地。

不过，李村河一直以来都是泄洪通道，也正是因为这个原因，20世纪50年代至70年代，李村大集曾进行过三次搬迁。每到汛期，大集都要面临严峻考验。为了彻底解决一系列安全隐患和食品安全等问题，同时也将李村河中游打造成绿色产业带和城市居民休闲旅游观光带，李沧区最终决定对李村大集进行搬迁。李村大集于2015年4月正式启动搬迁工程，2016年7月1日正式开业。新李村大集位于重庆中路与青山路交叉口，主要分为农贸市场区、文化交易市场区、赶集区和停车区。其中，赶集区1.2万余平方米，用于逢二、逢七赶集，让老传统得以保留。

几经搬迁、改造的李村大集，与它所在的这片土地紧紧相连。作为非物质文化遗产代表性项目，李村大集形成了传统商贸与文化融合发展的良好形态，带有浓厚青岛印记，不仅折射出青岛商业的发展史，更是青岛文化的一种独特表达。青岛人特有的文化性格，在热闹与喧嚣中，有了最生动的注解。

泊里红席：千年技艺织就地道民俗

◎李魏

"炕上没有席，脸上没有皮"，这句流传于青岛西海岸新区泊里镇一带的民谚，反映的正是当地延续 2000 余年的一项特殊的年节旧俗——铺红席。

至今，泊里、大场一带的老席匠还流传着有关当地红席的最古老的传说：距今 2000 多年前，战国孙膑遭庞涓陷害，曾漂泊寓居于泊里一带，身无长物，生活穷困，见当地百姓广泛种植高粱，秫秸（秫秸）弃之无用，便将其劈成篾子，编成席子铺在地上做炕当被。秫秸原为白色，因孙膑被施膑刑后膝伤未愈，编席时血流入席的纹理，遂染成了红白相间的颜色……

红席之名的由来，当然与孙膑的膝伤无关。通常用作原材料的高粱秆都会取红白两色，交叉编织出不同的花纹，自然就具有了红的色泽。红色，不仅指代花样之丰富，也寓意红火和喜庆。不过，为纪念这位名冠中西的军事家和思想家，泊里人习得并传承孙膑的方法编席铺炕，编织红席的手艺和在炕上铺席的风俗，由此流转绵延 2000 年。

可别小瞧这种传统的纯手工编织的秫秸席，它的制作工艺独一无二，制作工序从去根、剔稍、捆坯子到破刮篾子、编隔子，多达 20 余道。

青岛手工艺协会会长鲁汉曾专门去到泊里采风，对泊里红席的技艺和民俗了然于心。"先将红、白高粱秸秆在水中浸泡 8 个小时，再劈成 3 至 4 毫米宽，这一环节俗称打半子，把里面的瓤刮净、刮平，修成平滑、光亮的篾子，白色的篾子还要用硫黄熏；编席时要用比席子宽度长 40 厘米左右的篾子起头，以经纬为基础，按照一定规律挑上压下，构成花纹，编制成席。一领普通规格的红席，从起头到编成，一个好手从早编到晚也要 5 天时间才能完成……"

据鲁汉说，为了保持高粱秸的柔软度，编席子的屋子必须保持湿度，所以，要在一种半地下的房子里进行，还要时不时往地面洒水，屋里的炉子也不敢太旺。冬季潮湿阴冷的环境和长期蹲坐在地上编席，许多老艺人都因此患上了风湿性关节炎。

一领红席，凝结的是勤劳坚忍的青岛人的智慧巧思，也保有了一份青岛人对老祖宗民风民意的恪守之心。

青岛西海岸新区泊里镇，起伏连绵的丘陵土层薄，多砾石，土壤质地粗松、微酸性，让这里非常适合高粱这种高秆作物生长，泊里红席编织用的高粱茎秆就取自人们日日耕作的田野。擅于在身边日常生活中就地取材、获取灵感，这是老祖宗传下来的大智慧，拥有此等大智慧的民间老席匠也习得了化腐朽为神奇的巧技。20 道工序后，高粱茎秆终于"脱胎换骨"，变身色艺俱佳的民间特色手工艺品。如今泊里红席在泊里镇及其周边的张家楼、琅琊、大场、海青、藏马、大村等镇均有生产。泊里因为编席人员众多，又是著名的红席集散中心，而被冠以"红席之乡"。

红白两色高粱秆儿，经纬分明，编织绵延 2000 年

编织的过程让人眼花缭乱

　　新中国成立初期，泊里红席作为名优特产品，进京参展。《胶南县志》记载，1958年，泊里红席年产20万领，此前的1955年高产时，年产51万领。到了1986年，泊里镇种席高粱8000亩，全镇除少数沿海村外，几乎村村从事编席业，投入劳力1.5万余名，只编席一项，镇人均收入达到100元。1987年，原胶南市在泊里镇建立了"红席市场"，使这项传统手艺以家庭为单位得到进一步推广。

　　如今，泊里镇相继成立了泊里红席协会和青岛泊里红席生产专业合作社，组织了编席技艺大赛，选拔出了红席技艺传承人，专项扶持奖励，还成立了红席专业推广公司，不断引进高水平工艺美术公司，辅导提升红席品质，实行个性化定制……越来越多的匠人重拾这一古老技艺，使泊里红席这一省级非物质文化遗产获得新的传承和新生。

　　在位于新区泊里一路西段的"泊里民俗博物馆"，有超过600平方米的研学体验馆，供市民游客与编织匠人们面对面交流学艺。穿越2000年，红席织就的这一老青岛的地道民俗从未真正远离青岛人，尤其是泊里镇周边老青岛人的生活。

宗家庄年画 传统之美，万变不离其"宗"

◎李魏

　　民间有许多关于年画的习俗或称呼：汉代有"贴桃符"驱邪纳祥之习，宋朝把年画叫作"纸画"，明朝叫"画贴"，清朝改叫"画片"。直至清道光年间，文人李光庭写下："扫舍之后，便贴年画，稚子之戏耳。"才算为"年画"落名。恰恰是在年画获此正名的同时，青岛平度宗家庄一位有头脑的生意人，名叫宗有明，将潍县杨家埠的木版年画带回了庄里，由此开启了这一地域特色年画的青岛嬗变史。

　　大红大绿、艳紫明黄，色彩强烈沉着，造型粗犷夸张，这是宗家庄木版年画的风格，尤其是"线版"，以线条的流畅、工细、刚劲、挺拔见长，令它在诸种木版年画中独树一帜。清光绪年间宗有明在宗家庄率先开起了号为"公兴义"的年画作坊，至其子一代，又从潍县杨家埠请来师傅教授刻版、印制技术，三个儿子分别创立了"北公义""元吉""悦来东栈"画店字号，每当秋种结束，进入腊月，作坊里日夜赶工。那时节，年画在宗家庄颇为盛行，逢年节不论贫富，家家户户贴年画，成为年俗标配。

　　这一木版套色印刷的年画，完整地保存了杨家埠年画早期的精髓和神韵，却不拘泥于此。随着本地画师的逐渐成熟，宗家庄木版年画在逛买、移植中又添创新，至清光绪初年，它的"线版"雕

市民在青岛市博物馆体验制作宗家庄年画　王雷摄

刻技艺和画面的装饰性，远远超过了昔日"宗师"杨家埠，可谓"青出蓝而胜于蓝"。

在宗家庄年画鼎盛的时期，"新盛元""公顺义""公盛义""东新成""北新成""东增盛""西增盛"等30余家字号聚集，附近的村庄也纷纷仿效，办起年画作坊。当时年画的品种约有300余种，画版1500余套，产品销往胶东各县及东北三省，甚至朝鲜等国。民国初期，"公兴义"画店的画师宗学珍用年画创作观时事，反映日德战争的《日本攻打青岛》、反映辛亥革命的《攻打南京》和《湖北军事图》等作品，因其重要的历史价值和艺术价值而被当时的中央博物馆收藏。

正当宗家庄木版年画走向繁荣之际，潍县木版年画却出现了生存危机。《山东民间年画》一书中有载：国民党统治时期，潍县年画式微，老一辈画家去世，新的创作减少。这时相继出现的年画体裁却有从平度年画中移植而来的带故事情节的"窗旁"。在原有的"横批"年画上也出现了带花边和锦地图案的富有装饰性的年画样式。年画的历史上，戏剧性地上演了"徒弟"反哺"师傅"的一幕。

2008年，山东省非物质文化遗产传承人宗成云接待了一群特殊的访客，来自中央美术学院的师生们。正是他们的造访，让平度宗家庄木版年画这一民间艺术遗产声名再度大振。在这些专业人士给予宗家庄年画的描述中，它"多饰有底纹，或为横线，或为波纹，这不仅需要多刻一块木版，在印制时还要多印一遍"。同时，它"既有杨家埠年画的古朴纯真，又吸收了天津杨柳青年画的细致文雅"。这或许正是青岛人兼收并蓄的个性显现。

青岛手工艺博物馆内展出的宗家庄年画

  年画的命运随时势而动："文革"中大量的年画刻版及画样被当成"四旧"付之一炬；在 1979 年改革开放之初，90 余幅年画作品在中国美术馆公开展销，宗家庄木版年画受到中外客商的青睐，成为青岛地方传统特色的代名词。

  1997 年，宗成云发起成立了"宗家庄木版年画研究会"，着力于宗家庄木版年画的保护、研究和开发。利用所藏清代原版，在年画原有制作工艺基础上，他再度大胆改进：将光纸印刷改为宣纸印刷，品色颜料改为国画颜料，精致装裱，高档包装，以焕然一新的品貌推向市场……在保留传统年画的同时，宗成云与专业艺术院校合作，创作开发了半刻半绘的《二十四孝》《一百单八将》年画。许多外国专家、学者闻声而至，求购、收藏。如今的宗家庄木版年画系列产品，不仅作为政府礼品赠送来宾，更销往日本、韩国、新加坡等国。

三里河黑陶：四美并臻，风韵传千年

◎ 米荆玉

一幅古画，牵出埋藏千年的胶州三里河黑陶文化；失传多年，"蛋壳陶"绝活在胶州艺术家手里重现辉煌。三里河黑陶自 20 世纪 70 年代重现世间以来引发了文化界关注，尤其遗址出土的一件黑陶高柄杯，以其"黑似漆、亮可鉴、薄如纸、轻若纱"四美并臻被考古学界命名为"蛋壳陶"，定为国家一级文物，长期陈列于国家博物馆。黑陶既是新石器时代晚期龙山文化的代表性器物，也是胶州三里河的文化符号，它凝聚着先民们的智慧和心血，韵传千年。

三里河黑陶面世，为胶州黑陶工艺找到了历史传承，也让胶州坐实了"黑陶之都"的美名。4000 多年来，黑陶工艺在当地匠人手里代代相传，形成了叶氏黑陶等品牌。黑陶选用胶州当地泥材，手工拉坯，经过起土、碾泥、揉土、捏边、成形等环节罐坯成型，再经过整理、晾晒、润水、烧制等多个制造环节。黑陶上的花纹需要在罐坯晾晒硬度合格后纯手工雕刻，一件普通的黑陶花瓶大约要刻 6000 刀，而完成一件黑陶制品至少要 30 天。

绰号"蛋壳陶"的薄胎高柄杯原件被收藏于国家博物馆，对于胶州黑陶传人来说，如何复原蛋壳陶、如何发掘尘封已久的蛋壳陶工艺成了一大课题。黑陶名家刘锦波出身陶瓷世家，从 1989 年开始做黑陶，逐渐从实用型黑陶转向工艺型黑陶领域。

"我从2000年接触蛋壳陶，当年三里河一共出土了68件蛋壳陶，最薄的地方0.3毫米，最厚的地方也不过一毫米。在原始工艺模具水平下，古人怎么能造出这么精美的东西？我从查资料、去博物馆看实物开始，反复试验，花了六年时间才做出第一件达到出土薄度的黑陶。"

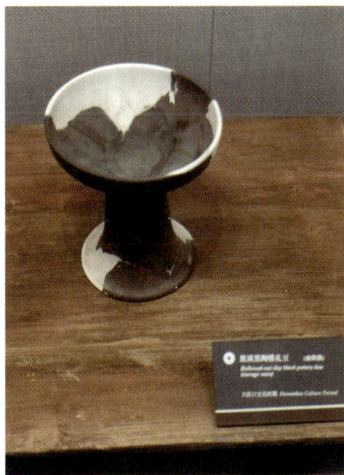

青岛市博物馆展出的大汶口文化时期泥质黑陶镂孔豆

刘锦波介绍，蛋壳陶的制作有三大难点："一是拉坯，二是修坯，三是烧制。"拉坯时陶坯要厚，防备晒干过程中变形，坯的大小比例决定器型，而修坯时要修得足够薄。"坯是软的，修到最薄的地方不敢上手了，最后一刀，修了可能戳破，不修坯就厚了。"制坯成型后的烧制，最是考验匠人的经验和手感。温度高低、烧制时间的长短都会影响成品品相；火候不到，成品青中带红；火候过了，陶器容易开裂破损；窑温不稳，热胀冷缩会让陶器破裂。经过25小时950度高温烧制，出品的陶器通体乌黑透亮，质地细密坚硬。成品经过两天的自然降温，掂之飘忽若无，敲之铮铮有声，才是正宗的三里河黑陶。"蛋壳陶代表着黑陶的最高难度，我做蛋壳陶这么多年了，成功率还不到10%。"

失传 4000 多年的蛋壳陶工艺，如今在刘锦波手上重现。"一路研究过来，我一直对古人有一种敬畏。古人工具那么原始，都能做出来蛋壳瓷。我很多次想放弃，最终还是坚持了下来。三里河出土的蛋壳陶厚 0.3 毫米，最轻的黑陶重量 40 克。我们现在做到了最薄 0.1 毫米，最轻能达到 32 克。"如今，刘锦波在胶州孔子六艺文化园

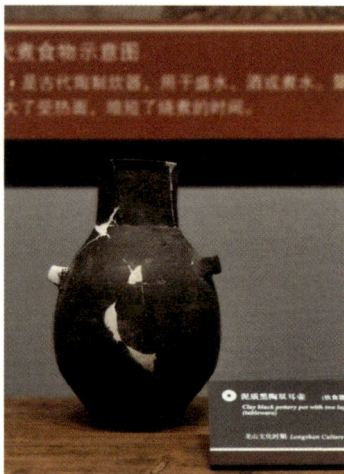

青岛市博物馆展出的龙山文化时期泥质黑陶双耳壶

开设了自己的黑陶艺术馆，让更多的艺术爱好者来欣赏黑陶"四美"、体验黑陶制作、传承陶瓷文化。

螳螂拳：要想地面走，学会螳螂手

◎ 臧婷

    在中国近现代历史上，青岛曾有过"武术之乡"的称号。那时候，武术圈内流传着一种说法：全国武术看山东，山东武术看青岛。而在20世纪的青岛，"要想地面走，学会螳螂手"这句俗语可以说是妇孺皆知。

    相传，螳螂拳于明末清初由王郎在崂山华严寺一带所创。王郎本名于七，自幼酷好武术，曾投万贯家资往少林习艺。适逢清兵入关，报国无门的他愤然返回山东，组织义军与清廷作对。无奈寡不敌众，义军几乎致覆没之绝境。为了躲避清兵追捕，于七削发更衣，甚至不惜毁容佯装患上天花病，才侥幸在崂山华严寺隐匿下来。为了方便义军旧部秘密与其联络，于七对外自称王郎。

    相传，王郎一次访友比武落败，却在堂前偶见螳螂捕蝉之灵巧而激烈。有所启发的王郎开始大量捕捉螳螂，观察研究它们戏斗时每个细微的神态动作：两个前臂勾、搂、卦、劈，快速灵巧；腰身仰、俯、拧、旋，灵活多变；步法踏实、稳固，闪展腾挪；精神层面则是意念高度集中、刚毅机智。很快，王郎便模仿、编制出一些拳术攻防组合，并在之后的访友比武中连连获胜。

    此后数百年间，历代武术行家将毕生所长凝结于对螳螂拳的总结提炼和创新发展中，仅依拳谱所载就有"十八家拳祖姓名"之说。螳螂拳流派辨识歌诀云："太极螳螂辟阴阳、梅花运柔而成刚、五峰两点是七星、五毒俱全为光板、心意源出六合拳、混元一气精手传。"太极螳螂、梅花螳螂、七星螳螂、六合螳螂、小架螳螂……单从这些名字便足以窥见螳螂拳不同流派所具有的鲜明特色。

清末民初，传授螳螂拳的国术馆遍布胶东，习练者众多。而螳螂拳也与孙膑拳、四通捶、文圣拳并称为"山东四大名拳"，并被国家体育总局武术运动管理中心列为首批系统研究整理的传统武术九大流派之一。20世纪80年代，国际武打巨星李连杰领衔主演的电影《少林寺》轰动全球，螳螂拳迅速成为社会大众追捧的对象。在这部电影中担任重要角色以及武术指导的于海，12岁时便拜于七星螳螂拳大师林景山先生门下，被中国武术学界奉为"武学字典"。

资料记载，林景山的徒孙辈中有一位大师长期在青岛传教七星螳螂拳，名叫李占元。2011年，青岛螳螂拳被批为第三批国家级非物质文化遗产。七星螳螂拳陈乐平获得螳螂拳传承人称号，此人正是李占元最得意的入门弟子之一。"但凡修习武艺，必须吃得起苦。"陈乐平自称年幼刚入师门时，先是站桩站了整整3年，又两手轮流练习抓坛子，20多斤的坛子一抓又是3年。半个多世纪的研究和习练，让陈乐平早已成为螳螂拳门的翘楚。自从20世纪90年代在李家下庄开馆传艺以来，其门下弟子不计其数且不乏海外人士。陈乐平2014年在崂山举办的首届螳螂拳比武大赛，吸引了国内外上百名螳螂拳高手前来参与。陈乐平的入室弟子、意大利人达利·安吉罗，在米兰、威尼斯等地开设了十余间武馆，让螳螂拳这一中华文化瑰宝在海外扎下根基。

　　螳螂拳虽然被归类为"象形拳"，但真核是"重意"不"重形"，它有着鲜明的技击和实战特点。许多人误以为螳螂拳既以螳螂命名，其主要拳法必定以螳螂为范本，一招一式都体现着螳螂的动作特点。这个观点在陈乐平看来是有失偏颇的，因为过分追求视觉效果，容易令传统的螳螂拳失了武艺精髓，多了花拳绣腿，沦为"失真的舞台艺术"。

　　螳螂生来手带双戈，螳螂拳则是中华民族"尚武精神"的综合体现。然而，上面永远打着"止戈为武"的烙印。古代农业文明摇篮里的中国，早在远古仓颉造字之时就有"止戈为武"的战争观，那亦是中国人的和平观。

　　非物质文化遗产的非物质性、传承性和无形性，决定了它的

国家级非物质文化遗产项目鸳鸯螳螂拳的展示

长盛不衰只有靠人。据青岛市武术协会有关人士介绍，现如今在协会注册的武术俱乐部已有多达 40 家，近万人长期从事螳螂拳的练习与研究。

太极梅花螳螂拳第四代传人、青岛市武术协会常委孙德龙年近八旬仍在广收门徒，不遗余力地推广太极梅花螳螂拳。作为鸳鸯螳螂拳国家级非遗项目的代表性传承人，孙日成通过成立专门机构，以文字、录音、录像等方式对鸳鸯螳螂拳的技术内容进行记录与文献保护。同时，鸳鸯螳螂拳还是青岛市第一个走进校园的武术类非遗项目。十余年间，孙日成在岛城 20 多所高校及中小学开设螳螂拳公益传习班，在青少年群体中掀起学习武术的热潮。

栈桥：打开青岛百年的钥匙

◎ 马晓婷

栈桥，是与青岛同龄的地标建筑。它是青岛最早期的地标，它是游子心中的乡愁，它是啤酒标签上的风景，它是惊艳世界的时尚秀场……100多年来，无论是洪流奔袭，还是浪花缱绻，栈桥与青岛这座城市紧紧交织在一起。形如钥匙般的栈桥，也是打开青岛这座城市的钥匙。

栈桥，是青岛历史的见证者。1891年,清政府决议在胶澳设防，这被认为是青岛建置的开始。青岛栈桥建于清光绪十七年（1891年），据1928年出版的《胶澳志·沿革》栏记载："清光绪十七年总兵章高元，为便于军用物资起卸上下，以旅顺船厂之铁材筹建此桥。"当时的栈桥为铁木结构，以木铺面，长约200米，宽10米，专供海军装卸军用物资使用，成为青岛港最早兴建的码头。称谓也不统一，有海军栈桥、前海栈桥、南海栈桥、李鸿章栈桥、大码头等叫法。1897年德国侵占胶州湾后，对栈桥又加以改建，北段为石砌，南端仍为钢架木面，桥身延长至350米，上铺轻便铁轨，用以装卸由欧洲运来的军需物资。1904年大港一号码头建成后，栈桥逐渐失去它作为军用码头的历史使命，开始向游人开放。

100 多年来，栈桥见证了青岛这座城市的发展

　　提起栈桥，不得不说的就是回澜阁。栈桥似长虹卧波，回澜
阁熠熠生辉，所谓"长虹远引""飞阁回澜"即出于此。1931 年 9 月，
为适应旅游需要，栈桥由德商信利洋行承包重建，投资 25.8 万元，
桥身延长至 440 米，桥南端增建一个半圆形防波堤，并在其上修
建一座中国传统风格的双层飞檐八角亭阁——"回澜阁"，造就
了今日栈桥的雏形。"回澜阁"建筑面积 151 平方米，阁顶为金
黄琉璃瓦覆盖，阁柱朱红，雕梁画栋，精巧细致，阁内布局巧雅，
中央设螺旋式梯级，楼上四周为玻璃窗，有"一窗一景，一景一画"
之说。1936 年首度评选"青岛十景"时，"飞阁回澜"列为十景
之首。当时牌匾上的"回澜阁"三个字由沈鸿烈题写，现在"回
澜阁"三字为著名书法家舒同所写。1950 年，回澜阁曾改为由郭

沫若题匾的"中苏友好阁"。

　　除了用作军事码头和游览胜地，栈桥还有一段特别的往事。1933 年 7 月，轰动全国的华北运动会在青岛举行，栈桥水域曾是水上赛场。为了便于观摩赛况，整座栈桥桥面朝西搭起数层露天看台，观摩的人群在看台上排出长达半里。桥下，成排的浮船作为起点和终点，围成距离 50 米的泳道。水上竞赛重返大海，在国内游泳史上是空前的，栈桥也借此声名远播。

　　1984 年 11 月，青岛市政府对栈桥进行了大修。桥南端采用 16 榀排架取代了原桥的 34 排桩，桥北端东侧新建一座螺旋眺望台，原桥入口处的 6 根挡车石柱，也被彩色花岗岩宽台阶取代。整座栈桥在保持原有风格的基础上，显得更加雄伟壮丽。1998 年底至 1999 年 6 月，市政府对栈桥进行了历史上最大规模的一次整修。整修后的栈桥以花岗岩砌造桥体，桥面上 12 对桥灯亭亭而立，于碧海银波之上。游人登桥游览，能体会到步入大海怀抱之感。凭栏听涛，巨浪奔涌，浪花如碎玉四散，远眺岸边的红瓦绿树，整座城市的欧陆风情扑面袭来。1994 年，青岛在全国沿海城市中率先开展"挽留海鸥"行动，到青岛湾过冬的海鸥逐年增多，由 20 多年前的千余只增加到目前的十余万只。翩飞的鸥鸟，让冬日的青岛湾充满了勃勃生机。2013 年 5 月，栈桥再遭风暴潮袭击受损，修葺如旧后，于 2014 年 4 月重新对游客开放，这是栈桥距今最近的一次修整。

　　经风历浪，历久弥新，如今的栈桥，越发呈现出青岛"开放、现代、活力、时尚"的城市气质。2018 年、2019 年，世界大学生时尚设计大赛在青岛举行，百年栈桥变身时尚秀场。当模特身穿新锐设计师们的作品依次走过栈桥时，那些光阴的故事如电影般重现，在百年时光的流转中，栈桥走入大海，青岛迈向未来。

中山路：在百年摩登老街凝望青岛的过往与未来

◎李魏

外婆健在时，时常讲起中山路上的"邂逅"，隔着熙攘的人群和宽阔的街道，那个后来成为她终生依托的高大男人，身影定格在街边的树影里，也定格于她的人生……中山路之于20世纪30年代一位青岛平民女孩儿的故事，正如同这条与城市生命几乎等长的老街之于青岛的意义——命中注定，满目憧憬。

宛如脉搏跳动，老街的每一次"扩张"与"收缩"，都与这座城市的发展息息相关，城市每一次进步，每一次革新，每一次突破，几乎都能够在其形容的嬗变中找到映照。一条经历百年兴衰的老街，几经开发和"轮回"，连接着这座城市的过往与未来，得失与创造。

1898年对于青岛是一个特别的年份。这一年，德国海军部派驻青岛的管理当局修建了这座城市中最早的要道，此时距德国占领青岛仅数月。修路的目的是为当时尚未建设的小港码头运送从栈桥卸下的建设用材——在丘陵起伏的"山腰"，开出了一条一里多长的道路，正是今天从栈桥至中山路德县路路口一段的雏形，它被命名为斐迭里街。此后不久，德县路至大窑沟的中山路北段开建，在其被规划为商业街区之前，被用于从大窑沟的砖窑运送建筑用料至

如果用一条路来
呈现一个城市的
变迁，毫无疑问，
在青岛这条路就
是中山路

观海山麓的总督官署和官邸，也就是如今青岛人熟知的"老市府"和德国总督楼旧址博物馆（迎宾馆）。

城市初兴之际的热烈气氛始于 1898 年的那个夏天：20 米宽的中山路铺设了雨污分流下水管道，铺装了基层为花岗岩和三合土填筑的沥青路面，车行道和人行道分离……

在那一年，《建筑监督警察条例》颁布，规定中山路要按照欧洲统一的风格设计，同一条路上不得建造同一样式的建筑，中山路等商业街道两旁的建筑限高 18 米，不得超过街道的宽度，楼层不得超过 3 层……

仿佛从创生之日起，中山路就承载着青岛新的城市文明试验场和生长地的特别使命，这份使命在 1900 年德国人正式推出的青岛第一个城市规划中得以确立。处在欧人区和华人区两区交界处的中山路，以商业中心的面目，出现在这个新兴城市中。

在一位曾于 1914 年日德开战前抵达青岛的英国人的回忆录里，有关于这条老街的描述："那里有高档的商店和餐馆，还有各种场所以供消遣，一个由塔卡西经营的拍肖像照片的照相馆极受欢迎，他的高质量照片和当地风景明信片都可以作为精美的纪念品。还有许多奇异的商店，它们是两种文化气氛的混合物……"百货公司、华人商号、德国商行、咖啡馆、饭馆、面包糕点房、城市俱乐部、电影放映会、报馆、药店、珠宝店、邮局、小型啤酒酿造厂……在 20 世纪初，它们共同演绎了中国最具活力的摩登城市青岛的主街面貌。

1922 年中国政府收回青岛之际，一本名为《青岛概要》的书中，这样形容当时名为山东路的老街的繁盛：它与上海的黄浦江畔和济南之西门大街一样，在所在城市同占重要地位。当时的人们已经熟稔于老街的摩登生活。据说在 20 世纪 30 年代初的岛城餐饮界，中山路已基本形成了南段西餐，北段中餐的格局。中山路北京路路口的顺兴楼，曾是国立青岛大学诸位学人把酒言欢的老地方。老饕梁实秋不仅记挂那里的海鲜西施舌和饺子，亦钟情于路另一端的德国人佛劳塞尔家的牛排和啤酒……

2020 年，中山路超过 30 年的过街天桥拆除，再度引发老青岛对这条满载着青岛人记忆的老街的关照与注目，"一二一，上街里……""街里"正是新中国成立后以中山路为中心的青岛传统商业中心的代名词。曾经引领一方生活时尚的中山路代代相承，至今仍是老青岛人脑海中挥之不去的记忆。而随着城市重心的东移和生活方式的日趋多元，昔日繁华日渐式微，百年中山路进入新一轮城市更新的步履不停，而另一方面，青岛老城区申报世界文化遗产的进程也在为这条百年老街定义新的位置与方向。

人们期待中山路这条百年老街的重塑与复兴，正如青岛历史学者李明所言：百年间，没有任何一条街可以像中山路这样经典地代表青岛的表情，可以无愧于城市博物馆的称号，它的存在本身就是一个传奇，一个活的城市标本，一种生命力的象征。在这里，欲望、热情、创造都在不断延续，生生不息。

小青岛：一城浪漫从这里启程

◎ 马晓婷

　　有人说，青岛的百年神韵，一半在栈桥，一半在小青岛。山如琴，水如弦，清风徐来，波音铮铮如琴声，"琴岛"之名，美蕴其中。在海风的吹拂中，浪漫的风情从岛屿飘向陆地，浸润着整座城市的性情。

　　沿着琴屿路迈向广阔的青岛湾，20世纪40年代初筑起的防浪堤，让这座孤零小岛与陆地相连。小青岛距海岸720米，海拔17.2米，面积1.2平方千米，从空中俯瞰，整个小岛郁郁葱葱，白色灯塔成为点睛之笔，与栈桥回澜阁相呼应。早在20世纪30年代初，

这座与陆地相连的青翠小岛，藏着青岛人太多的眷恋

小青岛就已辟为公园，设有茶厅、花圃、石凳、石椅，并建道路又修筑游艇码头，北面建设了防浪堤，用于游艇停靠。岛上原长有稀有的黄色百合，最早由植物学家花之安发现，盛开时芳香悠远，德国人将其命名为"青岛百合"，小青岛也因此被称为"百合绿岛"。

1941年，日军将小青岛转作军事用地，在小青岛与陆地之间修筑了钢筋混凝土长堤；在岛的北面开凿山洞修建军火库，东侧海湾变成停泊军舰的锚地。如今登上小青岛，依然能看到岛上存留的轻便铁轨和弹药库旧址，这都是日本侵华的历史见证。位于山巅的白色灯塔，由德国人在1900年建造，塔高15.5米，八角形，通体用白色大理石构筑，塔顶部装有水晶棱镜镶成的反射镜，最远射程达12海里，是海上过往船只进出胶州湾的重要航标，使用至今，是国家重点保护文物。

小青岛因何而得名？据清乾隆《灵山卫志》记载："小青岛在淮子口对岸，入海者之必由道。"淮子口即胶州湾入海口一段水域的称谓。《胶澳志》卷二载："青岛在青岛湾内，距岸不足一海里，旧隶即墨。德占胶澳后，遂著称于世。日人改名加藤岛。我国接收仍名青岛。山岩耸秀，林木翁蒨，德建灯塔于其巅。每于夕阳斜照时，与四围之水光山色映射于暮霭苍茫中，诚为天然画图。"1897年德国占领青岛后，将胶澳租借地内新市区定名为"青岛"，将这座海中小岛定名为"阿克那岛"，1914年日本第一次占领青岛时，又被改名为"加藤岛"。1929年青岛设市后，此岛恢复更名为小青岛。由此，青岛这座城市也被认为得名自海中的"小青岛"，青岛湾、青岛村、青岛河等，皆因这座小岛，以"青岛"为名。

从抗日战争胜利到新中国成立，小青岛一直由军队驻守，曾对灯塔进行了大规模整修。1987 年底驻军迁出，移交青岛市园林部门，著名风景点小青岛正式开放。1988 年夏，小青岛经重新规划建设，成为前海一处著名的旅游景点。如今，小青岛上黑松、樱花、碧桃、石榴、木槿、紫薇等花木繁盛，琴女雕塑、花廊、凉亭点缀其中。

提起琴女，还有一段凄美的爱情故事。相传琴女是一位弹琴的仙女，爱上了小渔村里心地善良、吃苦耐劳的小伙子，两人情投意合结为夫妻。每天，妻子在海边弹琴，丈夫循声归航，夫妻琴瑟和鸣。后来，玉皇大帝得知此事后勃然大怒，派天兵天将下凡惩罚。琴女忠贞不渝，撞死在岛上，但她的琴声时常萦绕小岛为船引航，人们便把这小岛叫"琴岛"。

华灯之下，海风习习，小青岛的浪漫浑然天成。漫步于岛上，琴女手中的琴弦与大海的波涛相和，恍惚间似流淌出动人的音符。灯影波光交织，如一条条动人的彩绸，形成青岛胜景"琴屿飘灯"。远眺城区，跃动的光点、流畅的光线交织出光影的盛宴，时尚动人的国际化城市的老城区，在眼前徐徐展开既有沧桑感又不乏现代味的精美画卷。

"茫茫海湾有红灯，时明时灭自从容，翠岛白塔沐夜色，琴屿飘灯传美名。"这座青翠的小岛，藏着青岛人太多的眷恋。

小鱼山：山不在高，灵境天成

◎ 米荆玉

　　鱼山路和福山路交会，中国海洋大学鱼山校区东南，坐落着
海拔60米的小鱼山。山不在高，登临此山，自西向东铺陈栈桥、
小青岛、鲁迅公园、水族馆、汇泉湾、第一海水浴场、八大关景区等，
前海美景尽收眼底。小鱼山主建筑为"览潮阁"，三层八角高18米，
阁内有螺旋式的楼梯，外设护栏平台。绕阁而行，游人可以饱览"蓝
天、碧海、青山、绿树、红瓦、黄墙"的老青岛风貌。加上青岛文
化名人故居大多围绕小鱼山分布，可以说小鱼山身处青岛文脉高地，
占尽人文风流。

　　小鱼山山顶为一阁揽两亭结构，阁为览潮阁，亭一左一右，
分别为拥翠亭、碧波亭，取"山峦拥翠，海漾碧波"之意。三处
亭阁匾额皆由著名艺术大师吴作人题写。这座公园面积2.5平方
公里，绿地面积2.1平方公里，绿地率84%，因势谋景，以景造型，
是青岛市第一座古典风格的山头园林公园。连接阁与亭的曲廊上，
镶嵌瓷板釉上彩壁画《八仙过海》和《蒲松龄宇宙》，让游客流
连、赏玩。整个小鱼山的建筑设计突出山海主题，主打"鱼"的
图案造型，把自然美、建筑美和艺术美融为一体。松涛海潮应和，
秋风冬雪接踵，小鱼山汇聚四时之美，更是青岛老城美景的最佳

观景台之一。

　　小鱼山历史渊源深厚。1892 年，清政府在青岛建立总兵衙门（今青岛市人民会堂），它的东门正对着一座小山，小山因而得名衙门山。1897 年，德国入侵者将衙门山上的炮台拆除，新建了自己的炮台。《青岛文物与名胜保护纪实》里《小鱼山公园》一文中写道："1914 年日本取代德国占领青岛时，山上炮台被毁，坚固的钢筋水泥地下室及通道至今犹存，成为帝国主义侵略的铁证。"日据时期开凿鱼山路，这条路穿衙门山而过，将山一分为二成了东西两部分。文史专家鲁勇介绍："因都靠近鱼山路，人们便按照方位将两座山分别叫作东鱼山和西鱼山，之后西鱼山上的建筑越来越多，逐渐消失了，而东鱼山被保存了下来。"所以，人们才总说先有了鱼山路，后才有小鱼山。1934 年，居士王金钰赞助，在小鱼山之巅

小鱼山身处青岛文脉高地，占尽人文风流

建造讲经阁一处，名曰"湛山精舍"。"其占地约为 12 亩，上下两层，为古建筑形式，黑瓦覆顶。远处遥望，在青岛诸多建筑中独具风格。"1959 年，全国城市规划工作会议在青岛召开，来自全国各地的建筑专家们提出，鱼山环境优美，视野开阔，应建成青岛市的风景眺望点，但"湛山精舍"建筑粗简、风格平俗，与地理环境不协调建议拆除。这一年，湛山精舍被拆除了。直到 20 世纪 80 年代，青岛市园林部门重新开发利用这座山头，将它的名字定为"小鱼山公园"。览潮阁中央地面刻着大大的"1984"，标明了小鱼山公园的建筑年份。

小鱼山之美，近观一阁揽两亭，远眺老城山海景观；而小鱼山之赏，分为山上、山下两部分。小鱼山山下，汇聚了青岛史上一大批文化名人故居，因而形成了小鱼山文化名人街区。街区由环绕小鱼山的福山路、鱼山路、大学路和莱阳路四条街道及其周边小巷构成，再加上黄县路、大学路等街道上的老楼老院组成。20 世纪20、30 年代，许多人文名流、科学巨子在此寓居，留下了丰厚的文化遗产。1923 年康有为来到青岛，次年买下福山支路 5 号，成为寓居小鱼山街区的第一位文化名人。同年，私立青岛大学在小鱼山西北侧（在今中国海洋大学鱼山校区）成立，1930 年改建为国立青岛大学，1931 年 9 月更名为国立山东大学，为青岛现代城市文化的崛起奠定了基础。尤其著名教育家杨振声担任校长期间，他广邀名家任教，小鱼山下一时名人荟萃，星光闪耀，闻一多、梁实秋、沈从文、老舍、童第周等专家学者都陆续来到青岛，也让这里成为青岛文脉的制高点。

2012 年 6 月，"小鱼山文化名人街"当选中国历史文化名街，这也是继八大关之后，青岛第二条获此殊荣的街区。在小鱼山下，分布着文化名人故居 30 余处，全国重点文物保护单位 4 处，省级文物保护单位 2 处，历史建筑占区内建筑总数的 62%。从山上到山下，从近观到远眺，小鱼山在老城区占尽风流，堪称天海灵境，人文渊薮。

信号山：三面郁葱环碧海 一山高下尽红楼

◎ 米荆玉

　　青岛老城区的山坐拥地利，俯瞰山海水云间是等闲事。然而信号山的独特在于，它不仅能俯瞰，还是老城区视觉的高点。晴天雨天，山顶红色的蘑菇楼都是鲜明的地标。自 1898 年"德占"时期开始，信号山就从民间的"大石头山"变成了发送船舶进出信号的重要制高点。这座小山在历史上每一次更名，与青岛每一次易主相对应，而其功能从"信号台"到公园景点的职能转换，也印刻了历史的转折。对于青岛人来说，信号山是有历史属性的，也是地理属性的，还是功能属性的。它的存在，就是一个绝对的信号。

　　位于龙山路上的信号山海拔 98 米，面积 6.3 平方千米，在老城区里它地势高耸、山石峻峭，山顶处三幢红色蘑菇楼宛如三支熊熊燃烧的火炬，耸立于青松绿树中格外醒目。信号山原名大石头山，1897 年德国占领青岛不久，在这座山上修建了一座信号导向台，专为轮船及帆船入港时传递信号，用以指挥船舶进出胶州湾。据曾著有《青岛德式建筑》的摄影家袁宾久考证："这个山一开始叫'特鲁泊山'，后来叫'迪特里希山'，这两个人都是当时侵占青岛的德军将领。"（也有说法称当时德国人命名此山为齐格纳山，"齐格纳"是德语里"信号"的意思）。之后，德国人又在该山脚下修建总督官邸（迎宾馆），信号山逐渐成为极具军事意义、地理意义的老城主峰。

根据信号山公园的铭牌介绍，信号山一开始被老百姓称为"挂旗山"。历史学者鲁海介绍："这个信号台发信号不是咱们现在的那种电子信号，而是通过挂旗帜来指挥。"当时在青岛游历的英国人 F. 帕默在游记《青岛（1898—1910）》里记载："山上的信号有这样几种：三角形的顶尖向上表示由北方开来一艘轮船，三角形的顶尖向下表示由南方开来一艘轮船，四角形的旗是表示有一艘帆船，小红旗表示一艘有固定航期的邮轮。而如果升起一个球形标志，则表示有一艘军舰要到达……这些信号下面的旗帜则表示船舶的国籍。"这些旗语成为当时青岛一景，吸引了不少游人观看，如今信号旗已经被先进的导航技术取代，而信号山公园长廊悬挂的就是当前仍在世界部分港口使用的各种信号旗。

第一次世界大战爆发，日军借机侵占青岛后，将信号山更名为"神尾山"，神尾的真正身份是日本"青岛攻城军司令长官"、第十八师团长神尾光臣。到1922年中国收回青岛主权后，此山被正式定名为"信号山"。到了20世纪30年代，山下已陆续形成了龙江路、龙山路、龙口路、龙华路、伏龙路这五条民居聚居街，信号山也由此被称为"五龙山"。1931年，著名文人、红学家俞平伯来青岛游览，特意创作了一首《青岛信号山》：

故人邀我作东游，喜得年时及早秋。

三面郁葱环碧海，一山高下尽红楼。

沙温浪软飘情侣，烛暗弦低含舞侪。

此夕凭虚君不见，万千灯火占齐州。

　　这首七律笔力雄健，铺陈得当，颔联高度概括了信号山俯瞰青岛前海一线的风景，"郁葱""碧海""红楼"浓缩了青岛独有的景观，颈联则描摹了情侣戏海、舞伴翩翩的生活情境。俞平伯对此诗颇为看重，在后辈回忆录里，曾提及俞平伯30多年后题写《青岛信号山》赠送文友的往事，也可见信号山的景致给俞平伯留下了深刻的印象。

　　从现存照片来看，"德占"时期的信号山主体建筑"信号台"

信号山顶红色的蘑菇楼

其实是一座二层的小楼，外墙用石头砌成，造型有些像碉堡。而现在信号山的标志性建筑，是三个红色的蘑菇形状建筑。据厦门大学博士、著有《滨海型城市青岛旅游业的演进》一书的高玉玲教授介绍，20世纪80年代，青岛市政府决定开辟信号山等10个山头公园，并修建起如今标志性的三个红色蘑菇球。"这三个红球建筑象征三把火炬，也是传递信号的意思。"三个红色蘑菇建筑大小不一，两侧略小的两座为微波通讯楼和海上监督楼，最高的一座为旋转观景楼，设有旋转观景音乐茶座，游客可以进入俯瞰城市美景，20分钟旋转一圈。

如今的信号山，周围聚拢着老城区最具特色的地标，包括迎宾馆（总督官邸）、江苏路教堂（总督教堂）、青医附院（总督府野战医院）、"老市府"（胶澳总督府）等标志性建筑，更有多个名人故居。然而对于市民来说，这座山除了登高瞰海，还有着浓郁的生活气息。尤其青岛有着端午节"采艾挹露"的习俗，每年端午节黎明前，市民们纷纷登山采艾蒿，拉露水（用手绢把庄稼苗或草叶树叶上的露珠采下来，用它擦眼擦脸，民间传说端午露水擦眼不得眼疾），消灾祈福。青史风云，山形依旧，信号山无言守护静谧老城。

青岛观象台：仰可观星辰，俯可定丘壑

◎李魏

自古以来，要在中国版图上寻得一处观天象、洞潮汐的"应许之地"，似乎总与青岛地区脱不了干系。

《山东区域文化通览 青岛卷》里有载：先秦时的琅琊台，就是观测天文气象、四时潮汐变化的所在，称得上中国今知最古老的观象台；到元代，青岛地区开通的世界上最早的大型通海运河胶莱运河，则是国人将海洋潮汐规律应用于海洋工程的伟大创造；而从19世纪末20世纪初开始，青岛观象台的设立与天文气象、海洋观测应用研究，则是青岛成为中国现代海洋科学发祥地的最早的、最具代表性的标志之一。

1898年，与德国人一同入侵这座城市的，还有西方现代天文气象学先进的"器测"方法。当时的德国海军港务测量部气象天文测量所，就是后来在1912年正式落成的青岛观象台新台的前身。由此这座青岛著名的小山被命名为观象山，位于山顶、7层、21.6米高的观象台，成就了青岛十大景观之———"穹台窥象"。沿蜿蜒的山径登顶，老城红瓦绿树、碧海蓝天的风貌尽收眼底，而"穹台"引无数天文爱好者前来"窥象"，历近百年不衰。

在青岛观象台的历史上，数位中国天文与海洋气象开拓者的名字熠熠闪光。蒋丙然，作为青岛观象台第一任台长，在20世纪30年代还兼任国立山东大学教授，中国气象学会副会长、会长，是我国近代天文地震、地磁和海洋观测研究事业的重要开拓者；高平子，气象、天文学家，1926年在观象台工作的他作为中国代表参加第一届万国经度测量，开中国天文界步入国际合作之先河，青岛观象台也因此在观象山上刻下了"万国经度测量纪念碑"的碑注；而此时竺可桢也在青岛观象台出任气象地震科科长。

1924年中国气象学会建在青岛，青岛观象台成为中国现代天文与海洋气象事业的中心基地，在这里成就了太多天文与海洋气象之最——它开创了现代太阳黑子的观测和研究；在它的西面山巅建有中国第一座直径7.8米的圆顶大型天文观测室，引进了我国第一架口径32厘米的天体照相仪；从这里率先废除了落球报时法，采用电音报时，成为迄今全国各地广播电视台播报北京时间的方法之始……

1928年，海洋学家兼戏剧家宋春舫的到来，使青岛观象台成为中国现代海洋科学的第一个综合研究机构。正是他与蒋丙然一起创建了青岛观象台海洋科，担任科长的宋春舫，从国外采购大量海洋仪器和参考书籍，吸收培养朱祖佑等年轻的海洋科学人才，开展青岛港潮汐观测和预报业务，在他的主持下，中国第一本海洋科学期刊《海洋半年刊》，在青岛观象台诞生。青岛观象台成为中国第一个海洋气象观测台所在地。

观象台作为我国最早现代科研机构之一，为青岛"穹台窥象"的城市地标景观再添科界新景。在观象山的山顶，还有一座有门无

青岛观象台

窗、铁门常锁的神秘小屋，由花岗石和铁护栏双重围护。这座未加标注的神秘小石屋，就是科学界鼎鼎大名的中华人民共和国水准原点所在。在2020年，对世界之巅珠峰高度的新一轮测量让它重回大众的视线。

为什么会将中国境内所有海拔的起算点设置在此处？首因还是青岛观象台：从1900年开始，位于青岛观象山顶的这座观象台就开启了验潮工作，并于1904年正式建成验潮站，不间断的大量累积的验潮资料，加上青岛观象台关于天文、气象、海洋的大量科学研究，再加之观象山稳定的地质条件等等综合因素，终于在1956年，国家高程控制的起算点——水准原点，正式设于青岛观象山山顶。它让青岛观象台以及观象山，真正成为仰可观星辰、俯可定丘壑的殊胜之地。

自然与历史，科技与人文在这里交汇，位于79米观象山山顶的青岛观象台是青岛在中国现代科学技术发展史上一个绕不过去的地理坐标的见证。

水族馆：88 年守望一片蔚蓝

◎ 马晓婷

青岛是一座因海而生、向海而兴的城市，鲜明的海洋蓝色基因，早在近一个世纪前就埋下了种子：1932 年，青岛水族馆正式开馆，这是中国第一座水族馆，也是中国现代水族馆和海洋科学研究事业的摇篮。

漫步于欧陆风情浓郁的青岛老城，立于海滩岩石之上的青岛水族馆，采用中国城垣式古典民族建筑造型，可谓独具一格。红色粗花岗岩外墙碧绿色琉璃瓦，88 载任惊涛拍岸波澜不惊，见证了青岛成为海洋科研名城。回望来路，它的每一步都与青岛这座城市紧紧相连。

20 世纪 20、30 年代的青岛，来自全国的知名作家、艺术家、教育家和科技工作者名流汇聚。1930 年秋，中国科学社在青岛举行第十五届年会，蔡元培、李石曾、杨杏佛等科学界学者聚集青岛。这里地势优越，海产丰富，便于海洋学研究。这次会议上，著名学者、戏剧家宋春舫和时任青岛观象台台长的气象学家蒋丙然关于建立海洋研究所的提议得到了蔡元培等人的认可，蔡元培、李石曾、宋春舫和蒋丙然联名倡议成立中国海洋研究所，并决定以中国海洋研究所的名义筹建青岛水族馆，择址于青岛海滨公园（今鲁迅公园）

刻有水族馆建设捐款单位和个人姓名、捐资额的石碑镶嵌在建筑之内

内的莱阳路 4 号。水族馆的建设费用由当时的教育部、实业部、中央研究院、北平研究院、青岛市政府、山东省政府、青岛大学、青岛观象台、万国体育会、东北海军司令部及宋春舫、朱润生、蒋丙然等捐助。工程于 1931 年 2 月奠基，1932 年 2 月竣工，同年 5 月 8 日举行开馆典礼。青岛观象台台长蒋丙然兼任青岛水族馆馆长，"青岛水族馆"五个字为胡若愚所书。

青岛水族馆开馆，蔡元培发表书面致辞，称青岛水族馆"当为吾国第一矣"。当时馆内设有活动海水玻璃展池 18 个，标本室 4 个，露天鱼池 2 个，并附设研究室、解剖室、陈列室等。水族馆每年 5 月至 11 月对游人开放，广受民众欢迎，开馆仅一年，就接待参观者 74000 多人。作为全国首家专业性海洋生物展馆，青岛水族馆不仅在海洋生物标本采集、分类、鉴定、收藏等方面居行业领先地位，在海洋生物的饲养、繁殖研究和海洋知识的普及教育等方面也取得了突出成绩，成为我国著名的以展示海洋生物为特色的自然科学博物馆。

青岛水族馆也是中国第一座
水族馆

　　如今我们所看到的青岛水族馆，历经多次改造。1957 年，青岛市政府投资对水族馆进行了较大规模改造，将原有的暗道式小水池改为开放式大厅和大水池，改造了水循环系统，增设了锅炉取暖设备，彻底改变了"半年开放半年闭馆"局面，实现了"全天候开放"。1993 年 1 月，水族馆进行了第一次大的改造工程，在水族馆大厅中新建了具有第二代水族馆特点的大型洄游水槽；大厅北侧改建成大型混养池，把原来小型橱窗式水池扩大成 16 个大型水池，安装了保证游客安全的复合钢化玻璃。2007 年，水族馆又进行了一次大规模改造，建成了大陆首座梦幻水母宫。经过多次改造提升，青岛水族馆现有海洋生物标本 2 万余件，馆藏数量居全国同类科普场馆之首，是全国唯一的海产博物馆。

青岛水族馆还有一段传奇故事。2002 年 11 月 11 日，70 岁的英国人詹姆斯·阿·吉尔曼在家人的陪同下，远渡重洋从英国来到青岛，把一颗"龙牙"交还给了青岛水族馆。1937 年日军侵占青岛时，5 岁的他随父亲回英国避难，轮船启航前，他和 10 岁的姐姐跑到水族馆，拔走了一颗动物标本上的牙齿，那是他觊觎已久的"龙牙"。65 年来，这件事渐渐成为他的"心病"，最终，他终于将"龙牙"物归原主。据专家考证，所谓的"龙牙"，很可能是一颗鳄鱼的牙齿。为了纪念这段传奇的故事，青岛水族馆制作精美的展橱将"龙牙"向游人展出。

2022 年 5 月 8 日，青岛水族馆迎来建馆 90 周年。90 年耕海有梦，青岛水族馆以厚重的底蕴和崭新的风貌，在我国海洋生物展示研究、科普宣传和旅游观光事业中做出了卓越贡献。当我们打开蔚蓝的海洋世界，认识五彩斑斓的海洋生灵时，我们不会忘记青岛水族馆所走过的征程。

崂山：海市？仙宅？原是人间一方胜境

◎李魏

　　青岛之山海，山即指崂山。一亿万年前，神奇的造山运动孕育出了崂山本体，经过冰川与大海的雕琢共同造就这座得天独厚的"海上仙山"。奇峰怪石、天然洞窟、道观古刹、历代刻石……自然之伟力与人文之胜迹彼此呼应，成就这"三围大海，背负平川，巨石巍峨，群峰峭拔，真洞天福地一方之胜境也"，这便是"全真七子"之一丘处机对于崂山的印象，据此留存的巨幅石刻，在崂山的白龙洞上方至今可见。

　　山海连天处，"海市"频仍，有关崂山海市蜃楼的场景描述，常见于到此一游的文人墨客笔端，自然生发出诸多亦真亦幻的仙家传说，引人无尽遐想。崂山之盛名由此而起，引众人纷至沓来。

　　从崂山太清宫背后拾级北上，石壁上有后人镌刻的李白名诗《寄王屋山人孟大融》："我昔东海上，劳山餐紫霞。亲见安期公，食枣大如瓜……"据说此诗是唐天宝初年李白游崂山有感而发，李白是否真正到过崂山尚存疑，但这首咏崂山的诗作无疑是千古绝唱；明末清初的顾炎武所作《劳山歌》，"奇花名药绝凡境，世人不识疑天工。云是老子曾过此，后有济北黄石公。至今号作神人宅，凭高结构留仙宫"，将崂山之仙山气韵张扬到极致；晚年定居青岛

海上仙山——崂山

的康有为游崂山，由沙子口乘船直抵太清宫，作有"天上碧芙蓉，谁掷东海滨……"的长诗，镌刻在太清宫的一块巨石上，已成崂山一景。

登临求访崂山者，不论民间还是官方，绝大多数脱不开"寻仙"的主题，自战国、秦汉时期，崂山便成为寻仙的重要区域，帝王与好此道者的向往之地。秦始皇和汉武帝都曾亲赴崂山访仙，求不死之药，而唐玄宗也正是在读到李白的诗句后，专门派人到崂山采集仙药……帝王之好，引大批神仙方士追随于此，促成方仙道、黄老道的盛行，崂山也因此成为中国道教的发源地之一。

一直以来，西汉年间创建太清宫三官殿的张廉夫被看作崂山道教界的开山之人，实则崂山道之所成，绝非一人一时之功。从战国至秦汉历时近千年，经由安期生、徐福、张廉夫、于吉、宫崇等无数方士和方仙道人的传承，方见雏形。但有一点不容辩驳：崂山道教在其初创之际，的确为中国道教的最终形成起到了无可替代的作用。而金元时期丘处机拜谒成吉思汗归来后全真教的强盛，则令元代以降的崂山拥有了"九宫八观七十二庵"。此时的崂山，也已成为仅次于北京白云观的道教全真"天下第二丛林"。

鲁迅先生说："中国的根柢全在道教。"这一生于民间、杂糅了诸般历史文化元素的本土信仰，也在塑造着青岛崂山一地的风土人情，融入地域民间文学、美术、音乐、雕刻等不同艺术门类。

比如崂山道乐，它将远古东夷文明中的巫术音乐、秦汉宫廷音乐以及上古民间俚曲与全真道教入主崂山时所引入的"十方韵"相融合。还不止于此，有记载：南宋灭亡后，曾有卫王昺的两位妃子寻海路逃至崂山修道，更带入了江南丝竹之韵……不断地吸纳与融合最终使崂山道乐自成一格，位列国家级非物质文化遗产名录。"泛音击清磬，实音捣寒砧。声声入淡远，余音绕拙林。"这是作为崂山道乐中独立分支"崂山古琴道乐"在清代留给时人的萦萦印记。

再比如碑刻，崂山的碑刻以金、元数量最大，明、清石刻艺术价值最高。粗略统计，崂山共有古代碑刻242处，其中不乏大师力作。在崂山刻石中，西晋惠帝太安二年（公元303年）刻石历史最为悠久，这处古人留刻的"某某到此一游"的最早印记，位于沙子口街道北姜哥庄社区北侧的烟台顶之巅。《崂山文化遗产图鉴》认为："石刻虽不十分工整，但仍可从其粗犷的笔迹中得见汉隶余韵，并已显现出向魏碑转化的趋势。"

崂山这一方人间胜境的达成，原就是新旧交融、天人相合的因缘际会。

灵山岛：传奇胜地 海上画屏

◎ 米荆玉

　　是海天盛景，也是传说渊薮；是富饶渔场，也是文史福地。灵山岛，孤悬黄岛东南黄海中，最高海拔 513.6 米，北方第一高岛，俨然世外桃源。

　　灵山岛又名水灵山岛，岛上有一背来石，传说是龙王的女儿水灵姑娘从东海龙宫背来的千年灵石。人们为了纪念水灵姑娘，故命名此岛"水灵山岛"，新中国成立后定名"灵山岛"。灵山岛属火山岛，大部分为火山岩，少部分为砂岩，海边不同颜色的岩石带和鬼斧神工的蜂窝状礁石呈现出典型的火山和海蚀地貌景观，堪称一座自然天成的海上公园。由远及近，灵山岛在游客眼里由黛色变墨绿再变翠绿，秀色迷人。胶州八景虽然有永乐八景、嘉靖八景、乾隆八景、道光八景等区别，但八景里总少不了灵山岛。乾隆年间的《胶州志》记载，灵山岛"其色四时常青，葱翠如滴，时与波光相乱"，因而有"灵岛浮翠"的美誉。道光年间又有记载："灵山岛在卫城正南海中，方广四十余里，北至岸四十里，嵌露刻秀，俨于画屏，屹立于世浸之上，草色山光，翠然夺目。"因而又在"道光八景"里得名"海上画屏"。

　　灵山岛 2014 年获批建立国家级海洋公园，岛内拥有水灵山、虎嘴崖和洋礁石三大风景区，构建了以象鼻山、钓鱼石、背来石、老虎嘴、望海楼等30余处景点为重点的环岛海滨观光线。灵山岛的重点景点往往带有人文色彩和神奇传说，象鼻山据传为高僧大象坐骑所化，望海楼据传是金兀术妹妹出家为尼的庵宇，老虎嘴得名与徐福有关．徐福二次出海寻找仙丹归来，远看一只巨虎趴在海面上，虎嘴里含有一颗金丹，近看才发现老虎其实是灵山岛，而金丹则是夕阳落在"虎嘴"里形成的自然奇观。徐福留下一个使者在岛上寻找仙丹。望虎亭就是当时使者驻守的地方。岛上还有鱼骨庙、石秀才山、试刀石等景点。除了自然景观，岛上还有人们后来营造的盛景：灵山岛贝壳楼。这座楼使用了500多个品种、100多万只流光溢彩的贝螺原壳，经过精心设计施工建成，有"世界第一贝壳楼"的称号。贝壳楼为灵山岛人肖永生自1987年设计建设，耗时30年不断完善，现改名为灵山岛千年民俗博物馆，也是灵山岛标志性建筑之一。

灵山岛

灵山岛向西,与古代著名海港琅琊相望。《山海经》记载:"琅琊台在渤海间,琅琊之东。其北有山,一曰在海间。"琅琊的兴衰,灵山岛也是重要的见证者。1973年,在灵山岛沙嘴子海滩出土了环纹铜鼎、铜锛、陶片等一批春秋战国时期文物,证明了当时岛上已有频繁的人类经济、文化活动。秦朝初期灵山岛常受盗寇侵袭,故在岛的东北端修建了一座烽火台,一旦海盗入侵便点起狼烟,现存烽火台为在旧址上复建。西汉末年,琅琊郡城、琅琊港、琅琊台因地震而毁灭,周边地区日渐衰退,直到唐宋时期才再度繁荣,成为北方主要口岸之一。金朝统治时期,胶州湾和唐岛湾是金朝仅有的港口,与南宋在这一地区展开"互市",灵山岛的重要性也再度凸显。公元1161年,金主完颜亮大举攻宋,在灵山岛以西唐岛湾被南宋将领李宝击败,在当地留下众多史迹,其中就有金兀术之妹在望海楼出家的传说。

元朝时期,海上漕运发达。灵山岛以西的灵山水道是南粮北运的主航道,带动了该区的经济和航运业发展。明代,倭寇入侵中国沿海,灵山岛升为海防要塞。据《胶州志》载,岛上居民自明永乐三年(1405年)从云南迁居而来,属于灵山卫下的军屯,也留下了"先有灵山后有卫"的俗语。清代卫所裁撤,居民也从世袭军户变为农渔业户,大陆居民亦开始向岛上迁居,岛上渔业生产和生活愈加繁荣。经历了1897年开始的"德占"时期、1914年开始的"日占"时期、1922年中国政府收回青岛主权、1938年日寇二次侵占等风风雨雨,1949年灵山岛正式得名。2001年灵山岛并入积米崖港区。

  作为北方最高的海岛，灵山岛山海合一，风景如画。作为与古琅琊伴生的传奇之地，灵山岛拥有丰富的历史文化资源和史迹。作为青岛最著名的钓鱼场之一，灵山岛水族滋繁，出产文昌鱼、盘鲍鱼、刺参等多种名贵水产。老虎嘴百米绝壁令人兴叹，歪头峰是北方海岛最陡的主峰。加上平流雾、海滋、海市蜃楼等景观频仍，也让灵山岛成为又一个海外仙岛、心灵福地。

大沽河：城市母亲河，奔腾文明史

◎ 马晓婷

　　很多璀璨而古老的文明，都是从一条河流开始的。大沽河是胶东半岛最大的水系，曲折延展 179.9 千米，流域面积 4161.9 平方千米，流淌出的灿烂文明经久不息，熠熠生辉。青岛人把大沽河称作"母亲河"，对于青岛人来说，大沽河不仅是一条地理上的河流，更是作为一种精神的载体浩浩汤汤、奔腾不息。

　　大沽河是一条常年性河流，主要支流有潴河、小沽河、五沽河、落药河、流浩河、桃源河。提起大沽河的由来，民间流传着动人的传说。相传，大沽河曾是一条一步就可以迈过的小溪，唐王李世民路过此处，给它起名"大步河"。离河不远的村子里，有一名叫坠姑的女子，生得俊俏，是财主家的丫鬟，与这家的长工常河情投意合，但财主一心想霸占坠姑，逼迫常河答应，如果劈不开大步河里的大青石就要霸占坠姑。常河险些丢掉性命，最终与坠姑齐心劈开大青石。劈开的地方蹿出强大的水柱，追着财主弯弯曲曲一直追到海里，成为一条宽大的河流。为了纪念坠姑与爱人，当地人把这条河改名为"大姑河"，又把"姑"字换成"沽"字，意味着河流永远流淌。

　　大沽河，是青岛这片土地文明的早期时间坐标。史料记载，

鸟瞰大沽河

公元前 567 年，齐侯灭莱，莱共公逃奔棠地，棠古城址就在大沽河中游东岸古城。《左传》称大沽河、小沽河为"姑""尤"，晋人注经时说"姑"即大沽河，"尤"即小沽河。考古调查发现，早在1万年前，大沽河流域就有了人类活动。2012 年 3 至 4 月份，青岛市文物保护考古研究所联合中科院古脊椎动物与人类研究所、山东大学东方考古研究中心等专业机构开展专项考古调查，在大沽河流域的莱西发现并确定了旧石器地点和旧石器标本。这些地点和标本散处莱西境内大沽河及其支流五沽河、潴河沿岸的土岭沙丘上，旧石器时代距今有1万年以上。这一发现，将青岛地区人类社会历史上溯至万年前。

依靠着母亲河，先民们在这里辛勤劳动，繁衍生息。进入新石器时代，人类早期文明的曙光开始在这片土地上冉冉升起，沽河流域独立文化区域开始形成，大沽河流域内的众多文化遗址，为我们了解这一段历史提供了切面。大沽河流域发现的大汶口文化和龙山文化时期的遗址较多，主要有三里河遗址（胶州）、姜家坡遗址（段泊岚）、贾戈庄遗址（蓝村）、西贤都遗址（莱西）、泥湾头遗址（莱西）、产芝遗址（莱西）。今天，在大沽河省级生态旅游度假区内的大沽河博物馆，人们可以观赏到大沽河流域各历史时期的出土文物、民俗器物、戏曲道具、水利治理工具等，大沽河流域比较有代表性的历史遗迹北迁遗址、三里河遗址和东岳石遗址的出土文物，很多都收藏于此。

北宋时期，大沽河流域的板桥镇成为"东方海上丝绸之路"的江北大港。《胶州县志》记载，板桥镇建置于公元 623 年，唐代板桥镇的海运和海外贸易已初具规模，北宋时期设立市舶司，发展成为全国五大商埠之一、长江以北唯一的通商口岸、海关重镇。这里"人烟市井，交易繁华"，满载丝绸、瓷器、茶叶等货物的船队从这里驶向世界，由此可见青岛在"海上丝绸之路"中的重要地位。

岁月悠悠，大沽河滋养着一方土地，书写着一部历史。青岛人独特的居住和饮食习惯，手工技巧和传统工艺，独具特色的民俗文化和人文情怀，都能在这里找到某种源头，这里的故事和情怀永远动人。

2012 年年底，青岛市启动大沽河综合治理工程，使大沽河流域面貌焕然一新。大沽河上白鹭飞，这条奔流不息的母亲河，正成为带动城乡融合发展的新动脉。

八大关："红瓦绿树、青山碧海"的城市肌理

◎ 李魏

　　康有为对青岛有一句经典评语："青岛之红瓦绿树、青山碧海，为中国第一……恐昔人之仙山楼阁亦比不及，诗文不足形容之。"此语积淀百年，俨然已作为标志性的意象，成就城市肌理。而要触摸到这独特的肌理与笔触，一定要去八大关。

　　八大关街区位于青岛太平山以南，汇泉角和太平角之间。历史上的八大关街区作为我国著名的别墅区、风景区和疗养区闻名八方，同时也是一座没有围墙的博物馆和影视艺术基地，自20世纪30年代起，这里就成为影视拍摄的天然摄影棚，也因其独特魅力而成为海誓山盟的胜地，延续至今的婚纱摄影乐园。

　　建筑令八大关别有风致，并引以为傲。八大关区域内的建筑群南临太平湾、背倚太平山，始建于20世纪初。粗略数来有超过300座楼宇，总占地面积达66.6万平方米。这些建筑的总体特征是体量小，一般不超过500平方米，多为二至三层的建筑，且有绿树环抱、奇花异草的庭院倚傍。

　　这一区域的建筑风格迥异，同一条道路之中鲜有雷同，以建筑师的专业眼光来看：它们有的平面对称、中轴线突出，是装饰细致的德国仿古典式；有的是圆形或多角形石质墙面、尖塔屋顶的哥

特式；还有的南设敞廊、阳台高而楼层低，是室内装饰粗简的西班牙式……这些汇集了俄、英、法、德、美、日、丹麦、希腊、西班牙等20多个国家同时代风尚的建筑，让八大关"万国建筑博览会"的响亮称谓名副其实。

如此丰富的建筑集汇是何出处？这还要回溯到1932年的青岛。那时的青岛特别市政府将位于太平角南麓、荣成路以东至此前初兴的太平角别墅区之间的区域划定为"特别规定建筑地"，当时的官方文件中称其"前临海滨，松林畅茂，风景清幽，尤为避暑及高尚住宅之胜地"。八大关最初的区域定位即始于此。

在原荣成路和黄海路的基础上，青岛特别市政府先后规划建

临淮关路2号，1955年，曹禺曾住在这里，并在此创作了话剧《明朗的天》

设了 10 条道路。这些道路均以中国著名关隘命名，民间称之为"八大关"。

八大关区域内地势南低北高，道路布局为横向 7 条，纵向 3 条，两侧均植有颇具观赏性的行道树。在 1999 年出版的《青岛百科全书》中，对于道路及树种均有词条记述："以广东韶关命名的韶关路种植碧桃；以山西宁武关命名的宁武关路种植海棠；以河北紫荆关命名的紫荆关路种植雪松；以安徽正阳关命名的正阳关路种植紫薇；以甘肃嘉峪关命名的嘉峪关路种植枫树；以北京居庸关命名的居庸关路种植银杏；以安徽临淮关命名的临淮关路种植龙柏；以河南武胜关、函谷关命名的武胜关路、函谷关路，以河北山海关命名的山海关路，均种植法桐。10 条道路纵横交错，走向笔直，仅有少数几条顺应地势，略有轻度转折。"

每逢夏日，八大关的道路两侧绿荫蔽日，而传承德租时代对于区域内建筑围墙和大门设计的严格要求，花园住宅与道路之间往往留有较大空间，如此既形成了明晰的私人区域边界，又为路人提供了绿树、蓝天、碧海的如画美景。建筑博览、道路园林、海滩岬角，八大关作为度假疗养胜地名不虚传。

到了 1935 年，区域内规划的 10 条道路陆续建成，当时的国民政府将道路沿线土地分批放租，中外资本家、银行家、外交官、地方政要纷至沓来。他们在此租地，建造别墅。据说，当时的市长沈鸿烈，就曾在正阳关路 7 号置有一处房产。

2001 年，"八大关近代建筑"位列国务院公布的第五批全国重点文物保护单位。到 2009 年，青岛八大关从全国 200 多条申报街区中脱颖而出，成功入选首批"中国历史文化名街"。

近几年，八大关中的楼阁和庭院陆续打开大门，面向公众开放。艺术展馆、露天雕塑园、德式餐厅、异国咖啡馆、名人书店、特色民宿……人们不仅可徜徉于保存完好的"红瓦绿树青山碧海"之间，还可走进这些历经近百年风雨的楼阁院落之中，体验延续至今的老青岛的欧陆风情，触摸历史的沧桑，感受时间的静止。

太平角：佩戴"水晶珠链"的优美"颈项"

◎李魏

　　从太平角一路 19 号莫奈花园的楼顶露台望出去，青岛 700 多千米海岸线上最秀丽的海岬尽收眼底。太平角蜿蜒的曲线犹如青岛山海优美的颈项，裸露于海畔，绿树苍柏间老别墅的屋顶与斑斓围墙影影绰绰，宛若颈项上璀璨的"水晶珠链"。

　　20 世纪 30 年代，女作家苏雪林就在这太平角的崖石之上，看见了从未见过的美景：这时正是午刻，太阳当空，放射万里皎洁的晴光。天色是正蓝的，海水也是正蓝的；天上仅有几朵白云，海上也仅有几叶白帆，整个空间，除了光明，似乎更无别物。她动容："这是佛书上的'光明之域'！这是但丁《神曲》第九重天上的上帝所居的万福的'水晶之海'。"

　　位于青岛八大关景区东侧的"光明之域"，西起太平角一路，东至太平角六路，香港西路以南至滨海沿线，整个区域占地面积约 110 平方千米。2001 年太平角经国务院批准成为第五批"全国重点文物保护单位"；2014 年纳入《青岛历史文化名城保护规划》。据初步统计，目前在该区域内，现存的老建筑有 140 余处，它们多为 20 世纪 20、30 年代众多国内外建筑设计师留下的经典之作，成为这座中西合璧的时尚之城的最早见证。

　　花石楼，当是水晶珠链中最为耀目而又为人熟知的一颗。1930 年初建之时，它就是太平湾畔如画的田园景象中核心的构件。那一年，在上海经商的俄国商人涞比池承租了黄海路南端的一块土地，建造一栋别墅。档案显示，建筑师王云飞曾对设计进行多次修改，最后确定了古堡式的建筑方案。别墅前方留出宽大的花园，进行了精美的布置。因内墙采用了大量带有花纹的滑石镶嵌，遂被青岛人称为"花石楼"。

　　在长期从事青岛近代城市发展和建筑研究的学者金山看来，这座别墅建筑与它所处的环境氛围彼此映照、相得益彰："建筑和前方的第二海水浴场（也称太平角海水浴场）共同构成一幅具有童话色彩的城市画卷。画卷的前景是蓝色的大海和水平伸展的金色沙滩……古堡般的别墅位于构图的中心，体量紧凑而敦实，形体轮廓变化丰富，纵向构图富有韵律，雕塑感强烈，成为整个画卷的点睛之笔。"

　　每一处建筑的出现，正如同女子颈项上的珠链，总能够恰到好处地打破海岸的构图，为由陆到海的过渡增添些许趣味。而当这串珠链不再是只可远观的神秘风景，而是可以近赏和体验的场景，它便又平添了故事与剧情的张力。

　　目前在该区域内，已经开放了花石楼、公主楼、蝴蝶楼、地质之光展览馆、西班牙风情馆、比利时文化体验馆以及沿着太平角一路延伸的德国黑森林音乐餐厅、太平湾现代美术馆和太平湾雕塑园、遇见梵高咖啡馆、莫奈花园主题精品酒店、郭沫若书房……

　　它们所承载的新内容与新功能，大体都与初建时彼引衔接：

建于 1925 年的谭育普别墅

眺望大海的郭沫若书房

位于太平角湛山二路 1 号的欧式别墅

比利时文化体验馆，也称 THE SABLON，正是 1947 年至 1949 年的青岛比利时领事馆原址，目前这里打造的是一个综合性的比利时文化元素空间，有比利时传统风格的古典家具、食品、精酿，来自比利时的古老钻石品牌；地质之光展览馆是李四光在青岛工作和休养的旧居，现在这里布置有一个关于这位地质学家生平和研究成果的小型纪念展；蝴蝶楼则是著名剧作家洪深与 20 世纪 30 年代明星胡蝶拍摄《劫后桃花》的所在，走进这里，步入院落和小楼，就能体验到昔日剧组驻扎时的场景；郭沫若书房，据说郭沫若先生正是在这里校订了在青岛发现的明代类书《册府元龟》，在这处郭沫若旧居院中小坐，春风拂面，果真有面朝大海、春暖花开的意境，也许正因如此，这里也常常成为各类演艺抑或小型颁奖礼的举办地……

历史文脉与时尚功用在老建筑、老院子里延续融合，人们所感知到的，不仅仅是它的外貌颜值，更是一段于故事中"复活"的历史传奇。

艺术、旅宿、餐饮、文学、科技……多业态的聚合共同彰显以建筑为依托的城市人文风貌，制造品得到、住得下、更显丰富多元的体验式欧陆风情，这也正是青岛正在推进的"八大关—太平角万国文化建筑博览汇"努力要传递的城市特色——一个集历史文化、艺术品鉴、休闲娱乐于一身的可体验的公共文化聚落呼之欲出。透过水晶珠链的映射，它五彩斑斓，更觉耀目。

胶澳总督府：一栋让人"仰望"的地标建筑

◎ 马晓婷

在很多青岛老城的航拍图中，青岛人都能第一眼认出胶澳总督府。"凹"字形的建筑屋顶覆盖着红筒瓦，周围绿树掩映，面向青岛湾和小青岛，晨光初起、抑或晚霞夕照，动人的光晕中，这座落成于1906年的建筑，始终都透射着令人惊叹的美感和光辉。

胶澳总督府位于沂水路11号。1898年出版的《胶澳发展备忘录》收录了青岛第一份城市规划方案的总体规划图和相关概要，计划中的城市以观海山为中心，政府大楼设在山的南面。"德占"初期，财力、物力都要用在刀刃上，直到1903年，军事要塞、港口、铁路等重大工程建设接近完成，才开始对城区进行建设。胶澳总督府1904年5月开工，1906年4月竣工，正是在这一时期建成的一系列城市功能设施之一，由德国建筑师拉查鲁维茨设计，建筑师为德国人弗里德里希·马尔克，由德国汉堡阿尔托纳区F.H.施密特公司施工，东西长80米，南北长约40米，建筑面积7500平方米，造价85万马克。

胶澳总督府根据19世纪欧洲公共建筑的艺术形式设计。如今我们面对这栋栉风沐雨百年的建筑，依然可以感受到它的震撼和宏伟。有人说，这是一栋让人"仰望"的建筑，的确，要想看清它的

位于沂水路 11 号的胶澳总督府

全貌，站在它面前往往会不自觉地抬起头。

　　这是一栋砖石和钢木混合结构的建筑，最抢眼的就是石头元素，剁斧花岗岩深凹缝设计，凸显出整栋建筑的凝重感。蘑菇石砌筑了建筑基座，高达两层的花岗石矩形壁柱和变形的爱奥尼克柱头，柱间以石砌拱檐相连，拱上部为石砌的墙面，墙上开了一排小窄窗。建筑立面采用颇具欧洲文艺复兴时期风韵的横三纵五对称处理，屋顶则采用孟莎式屋顶，古典主义色彩浓郁。据悉，建筑使用的花岗岩采自浮山，钢材则由德国运来。

　　沿着宽大的 39 级石阶拾级而上，到达位于二层的拱券形门廊，这里是整栋建筑的主入口，两侧还有行车坡道直通。当年，站在这里的人们，可以直接望向广阔的青岛湾。建筑巧妙凸显办公区域的区分，建筑的二至三层为主办公楼，以位于建筑中部的大楼梯联通，使用的是大窗。半地下室、四层及各楼层为独立辅助办公楼层，只能从两侧次段的楼梯与其他楼层相连，窗户也偏小。相比于外部，大楼内的装饰则非常简约，与其政府机关的肃穆相称。建筑落成后，胶澳总督特鲁泊和麦维德在这里办公，第一次"日占"时期成为守备军司令部大楼。

岛城文史专家鲁海所著《老楼故事》载，1922年北洋政府收回青岛，12月10日在楼前举行了回归典礼。1929年南京政府接管青岛，这里成为青岛特别市的市政府驻地。1949年6月2日青岛解放，这里又成为青岛市人民政府办公楼，青岛各界群众10万人在此集会，庆祝青岛解放。这也是为何青岛人一直把胶澳总督府喊为"老市府"。20世纪80年代，按照老楼的设计和建筑选材，市政府在总督府大楼北侧仿建了一座新楼，从空中俯瞰，两座对称的"凹"字形建筑构成一个建筑群，成为青岛的又一城市地标。

对于总督府，青岛人津津乐道的还有关于它楼上钟表的一段故事。1925年，总督府的楼顶增加了一座德国产的自鸣钟，后来年久失修，大量零部件缺损，临时换上了青岛手表厂生产的罗马数字钟表。2017年，在青岛项目方和德国专家的共同努力下，老钟表在德国完成修复，重新回到了岗位。这座老钟表，见证了这座城市的沧桑过往，也正在见证青岛开放、现代、活力、时尚的崭新风貌。

德国总督官邸旧址：融合东西方的建筑艺术巨制

◎ 马晓婷

　　建筑，串联着一座城市的过去、现在和未来。在青岛老城龙山路的苍翠掩映间，有一座可触摸、可感知，沉淀着沧桑浮沉的建筑——德国总督官邸旧址，它和它的故事攀缘在青岛历史的梁架之间，作为"德国建筑艺术在中国"的最高代表，其设计之精妙、装饰之豪华、造型之典雅，至今仍雄居我国单体建筑首列。

　　龙山路 26 号，可谓曲径通幽，每一位来到这里的人，无不为这座欧洲古堡式建筑所惊叹。梁思成先生曾评价它"是融合东西方多种文化理念于一体的建筑艺术巨制"。它出自德国著名建筑师拉查洛维茨之手，建筑面积达 4000 多平方米，总高度约 30 米，是德国威廉时代典型建筑样式与青年风格派手法相结合的代表作。"石基、红瓦、黄墙"为基调的德式建筑，勾画出青岛独具特色的城市形象。而其所承载的近现代以来青岛城市的历史风云，更是这座城市历史记忆的重要组成部分。

　　青岛历史上有四位胶澳总督，第三任胶澳总督奥斯卡·冯·特鲁泊在职 10 年。自 1901 年上任之初，特鲁泊就筹划着建造适宜的总督公务住房。此前，他一直住在奥古斯特—维多利亚湾（今汇泉湾）畔的临时官邸，即"瑞典木屋"。《胶澳发展备忘录》记载，"为

俯视德国总督官邸旧址

总督由德国运来青岛一个居住用房，这是一个可拆解的木板房。"
对于这一住处，特鲁泊并不满意，不久即开始了新的总督官邸的筹
备，就建筑选址、设计等问题进行了详细的勘测、研究与论证，最
后选定信号山东南麓的一片高台地建造新的总督官邸，也就是我们
今天所看到的德国总督官邸旧址所在。

　　1905 年 7 月，德国总督楼旧址正式开工建设，由 19 世纪最具
实力的德国私营建筑商 F.H. 施密特公司负责施工建造。1907 年秋，
青岛德国总督楼旧址落成启用。建筑师拉查洛维茨多处采纳了中国
元素，将东西方文化对话与融合精神注入建筑。即便时间已经走过
百年，今天我们走进这座建筑，依然可以从细节之处回望当年建筑
的精妙与典雅。建筑的主体共有四层，包括一层、二层、三层和阁
楼层，含大小房间 66 个，其中用于居住、办公、接待、餐饮、娱
乐及休闲的主要房间为 19 个（不含一层房间），青岛德国总督楼

德国总督官邸旧址一角

旧址博物馆展出的一个钥匙柜中，挂满了大大小小的房门钥匙，让人惊叹不已。中央大厅跨越两层楼，高敞明亮，华丽大方，功能齐备，站在其中可以全然感受到建筑的宫殿气派，这里还有楼内最大的一座壁炉。不难想象，冬日坐在这里读书、听音乐、聊天，多么惬意！宴会厅兼音乐厅，设有乐池和雅座，顶部华丽的水晶灯装饰总重量达1吨多，灯架采用紫铜打造而成，体现了欧洲古典艺术与现代工业的结合。蕴含田园情调的温室花房设计更显精妙，风格上可以追溯到十七八世纪的巴洛克式暖房，钢架玻璃穹顶体现了20世纪初的世界最高工艺水准。

特鲁泊卸任回国后，第四位胶澳总督阿尔弗雷德·麦尔·瓦尔戴克在此居住。后经几多沧桑，1934年，德国总督府被正式命名为"迎宾馆"，这是它更为青岛人所熟悉的一个名字。青岛解放后，迎宾馆成为青岛市人民政府接待党和国家领导人，以及国际友人和贵宾的主要场所。1996年，这里被列为全国重点文物保护单位，1999年开始作为博物馆和旅游景点对外开放。

栉风沐雨，荣辱与共。如今的德国总督官邸旧址，是人们了解城市和建筑艺术的窗口，也是青岛历史文化名城的一个重要坐标。重焕华彩的德国总督官邸旧址，早已融于这座城市宏阔的文化背景中。

胶海关：德意志帝国和阿理文的"青岛时间"

◎李魏

　　1914 年 6 月的一天，胶海关的首任税务司阿理文即将结束他的"青岛时间"，辞职归国。他最后一次登上亲手设计的税务司公馆的露台，眺望汇泉湾。就在两个月前，胶海关位于大港（今新疆路 16 号）、建筑面积 2824 平方米的新办公楼正式落成。而在三个月之后，日德战争爆发，德意志帝国的"青岛时间"也宣告终结，这大约是阿理文不曾想到的。

　　还有一件事情也在阿理文的意料之外，这位建立并掌管"总理租借地内一切中国事务"的胶海关 16 年的德国人，从此再没有踏上中国的土地，而在他死去的墓碑上，用德文记录了曾为中国海关工作 46 年的履历，还有 4 个醒目的汉字"尽瘁中华"……

　　1898 年到 1914 年是阿理文的"青岛时间"。就在德国派兵强占青岛的第二年夏天，德国人阿理文受大清海关总税务司赫德的指派，自湖北宜昌关调来青岛筹办设关事宜。

　　在被确定为自由港模式的租借地里设立一个"总理一切"的中国海关，这是史无前例的。青岛学者刘逸忱曾对阿理文在青岛的作为进行了一番系统的梳理。在他看来，在完全没有参照的情况下，这个德国人创建了一套具有特色的海关模式，热忱并有效地促进了这片新兴领地的商贸发展。

前期的筹备和调查工作极为纷繁，阿理文很快会同东海关道台共同勘定了关界，拜会了胶澳总督罗绅达。这段时间他最重要的工作还有草拟《青岛设关征税办法》。1899 年 7 月 1 日，中国历史上第一个租界地海关——胶海关正式对外办公，阿理文出任首任税务司。

两年之后，由阿理文亲手设计，位于今天兰山路、中山路口的胶海关办公楼、宿舍及验货仓库投入使用。胶海关的设立激活了周边乃至整个自由港的贸易活动，连接栈桥码头、胶海关和火车站的兰山路也很快变身洋行街，呈现一片商贾云集的热闹景象。伴随阿理文所倡导和推动的胶澳租借地从自由港到保税区的关税制度改革，到 1907 年，青岛口岸的进出口贸易总额很快超过了早开埠 37 年的烟台，成为北方仅次于天津和大连的第三大贸易港。

历史上的胶海关办公地点，也伴随城市发展几经辗转，成为青岛这座港口城市从小渔村到重要通商口岸华丽蜕变的见证。

1914 年 5 月的一天，胶海关首任税务司阿理文即将结束他的青岛时间，辞职归国。青岛当时现代化程度最高的办公大楼胶海关的办公楼终于闪亮登场——它选址在大港沿路东端的一块面积 0.8 平方千米的地块，从空中俯瞰，恰似一艘破浪前行的航船，东西两侧则是大港码头的主出入口，可有效监管进出大港免税区的货物，同时毗邻胶济铁路和大港火车站，方便通关运输。

胶海关的砖木结构建筑，有高耸的斜屋顶，横向的两处山墙为典型的德国青年风格派风尚。作为"德占"时期完成的最后一批公共建筑，黄粉墙，红瓦顶，则契合了老城区的整体风貌特色。这座 1914 年德式建筑几经修缮，在 2006 年位列第六批全国重点文物保护单位，归入青岛德国建筑群。它在 1950 年正式更名为中华人民共和国青岛海关，并在 2016 年辟建为青岛海关博物馆，面向社会开放。去博物馆参观的人们，会在一层的大厅里身临其境地体验到 20 世纪初的胶海关场景，借助声光电的沉浸式展示，窗外是一派繁忙喧嚣的货运场景……

在这座博物馆里，还有一件与整座大楼同样重要的藏品，那就是大楼的原始图纸。这件绘制于 1912 年至 1913 年的胶海关大楼

胶海关的建筑有着德国青年风格派风尚

设计蓝图，囊括了胶海关周边道路规划图、胶海关大楼及配楼立面图、结构图、楼层平面图等十余张珍贵建筑图纸，较为完整地呈现了胶海关旧址建设的"原始素材"，也是研究地方海关史、建筑史和港口发展史的重要史料。

当 20 世纪初德意志帝国的"青岛时间"成为历史，建筑仍在当下提醒我们这座城市曾经拥有的记忆。1899 年，阿理文在他居住的税务司公馆楼前石碑上诗以咏志："陟彼高岗，至于南海。筑室于兹，宜其遐福……"以此表达他想要久居于此、飨山海之福的美好愿望。每日，从这里向西，他会乘坐马车去胶海关上班。历史的流转中总是充满了城市与个体命运的激变。如今，汇泉湾畔老楼仍在，它与胶海关旧址遥相呼应，是为曾经存在的时间所做的永恒的空间注脚。

花石楼：多重疑云遮掩的点睛之笔

◎米荆玉

　　八大关是青岛的经典，花石楼是八大关的点睛。

　　花石楼位于黄海路18号，为欧洲古典城堡建筑，融合了希腊与罗马式建筑风格，哥特式尖拱券也为它增色不少。学者王铎介绍，从外观看，花石楼有旋转式露台、哥特式尖塔、拜占庭式的门廊，组合主体是巴洛克式的建筑，花岗岩把整个别墅包围，很有俄罗斯的厚重味道。学者鲁海考证，"花石楼"的得名有两种说法：一种说它采用了滑石为内墙，讹称为"花石"；一种说法是因其外墙贴有带色斑的鹅卵石而得名。它还有一个名称叫"歇脚楼"，相传这里是德国总督打猎歇脚的地方。

　　关于花石楼的建筑时间一度存疑。据考证，沙俄贵族涞比池在上海凭借报业发家后，1929年8月申请在黄海路建房。青岛城市建设档案馆收藏的一份建筑资料显示，1930年涞比池聘请中国设计师刘耀宸与建筑师王云飞修建这栋私人别墅，并同时设计了配套的院墙、花房、木栅。这座古堡式别墅于1931年10月竣工。涞比池死后由其妻子沃维·涞比池继承，经转卖后于1938年成为英国驻青岛总领事官邸。

　　花石楼坐落于八大关南端的岬角，背靠八大关，面临第二海

点睛八大关的花石楼

花石楼内景

水浴场，风景独特，环境优美，建筑风格更是值得玩味。花石楼主
体分五层，地下一层为管家、佣人房间，地上三层，一楼为会客室，
二楼为主卧，三楼为咖啡屋、书房，楼顶为观海台。与中式别墅设
计不同，花石楼里各个房间连通。花石楼一直是名人造访的胜地。
沈从文在《水云》一文中写到了他早年在青岛的生活往事，文中"俄
国公爵大房子"指的就是八大关的"花石楼"。

新中国成立后花石楼一度被改做宾馆，董必武、郑振铎等曾在
此下榻。1954 年陈毅第一次来青岛，住在花石楼。他从市图书馆借
来《胶澳志》《即墨县志》，创作了长诗《初游青岛》，历叙青岛历史，
发出了"伟哉胶莱青，千里美良田"的赞叹。这首诗被镌于石上，
立在五四广场。名人光环、民间传说、独特造型……种种因素让花
石楼名声大噪。如今的花石楼树立两块标识牌，其中一块花岗岩石
碑注明花石楼 1984 年列为市级重点文物保护单位，另一块不锈钢制

作的标志牌注明花石楼1992年被列为省级文物保护单位。两块标志牌里花石楼落成时间并不一致，也让游客多了一重辨析、存疑的乐趣。

花石楼的建筑风格独特，内部装饰也别具文化特色，因而成为众多影视作品取景地。改编自老舍小说的电视剧《二马》在青岛拍摄时，曾以花石楼作为"伦敦"进行取景。而在反映日本驻济南特务机关的电影《梅花公馆》中，与"梅机关"有关的内外场景都是在此拍摄而成。据不完全统计，电视剧《茶馆》《燕子李三》《宋氏三姐妹》，电影《神圣的使命》《白雾街凶杀案》《总统行动》等也都曾在此取景。花石楼不仅是青岛建筑文化的代表，也是青岛影视文化的一个重要部分。

蝴蝶楼：掩映在青岛八大关的光影芳华

◎李魏

在占地 70 余平方千米，区域独立、风貌独特的中国历史文化名街——青岛八大关，隐藏着 200 余座有 20 多个国家建筑风格的老别墅。在这些绝大多数兴建于 20 世纪 30 年代的建筑群落中，山海关路 21 号，一幢围裹在石砌院落和绿柏掩映中的二层砖红色小楼，端庄神秘，承载着青岛与电影神交已久的烟云往昔。

砖红色墙体匹配白色的门窗、立柱、阳台和转角装饰，让这座连同院落只有 843 平方米的别墅，更显明快亮丽。据说蝴蝶楼为中国建筑师刘耀辰与俄国建筑师拉夫林且夫的合璧设计，属于折中主义建筑，也就是不讲求固定法式，只重纯粹形式之美的建筑风格。在这样一座不拘一格的现代老建筑中，青岛与电影的故事绵延近百年，同样不拘一格。

1935 年，"一代影后"胡蝶现身小楼。作为首部在青岛取景拍摄的青岛题材电影《劫后桃花》的女主角，她的名号很快便成为青岛人对这处取景地老别墅的别称。

那一年与胡蝶一同抵达这处楼院的，还有《劫后桃花》的编剧、中国现代戏剧事业的先驱者和拓荒人之一洪深，以及该片导演、曾经拍摄了中国第一部故事片《难夫难妻》的张石川。作为中国第一代电影导演的领军人物，张石川和洪深一样，与青岛颇有渊源。青岛中山路兴建的山东大戏院（后来的中国电影院），在1931年的首映影片就是洪深编剧、张石川导演、胡蝶主演的中国第一部有声电影《歌女红牡丹》。那一年，张石川便特邀胡蝶来青岛剪彩，中山路上一时呈现了影迷云集、交通拥堵的盛况。

1935年投入拍摄的影片《劫后桃花》，被列为"年度特级巨作"，洪深、张石川、胡蝶的"铁三角"再度组合，开创了电影文学剧本创作的先河，负责拍摄的是当时全国最大的老牌电影公司——明星公司，顶级阵容使该片的拍摄预算超出普通影片一倍之多。

"青岛，即胶州湾，山富树果，海有渔盐，人民安居乐业，原是富庶安乐的地方，海滨帆樯林立，山边百花齐放……"这是《劫后桃花》的剧本开场。洪深以其青岛崂山祖产遭日本侵略者侵占经

蝴蝶楼

过写成的电影剧本，一经发表就引发文学和电影界的双重关注，堪称中国电影史上的一部现实主义佳作。而这部带有作者自传色彩的影片，因其故事发生在青岛，取景拍摄也全部在青岛，映照出 20 世纪 30 年代的青岛历史风貌和风俗人情，为青岛留下了珍贵历史影像资料，在青岛电影史上有着非比寻常的意义。

中国电影百年历史中的这段青岛芳华，4 年前因为这处红楼别院的开放而重回公众视线。

山海关路 21 号的入口被设置成电影院售票窗口，窗口黑板上书有"今日上映《劫后桃花》"的影片公映信息；庭院中地面的各色蝴蝶灯引领人们进入小楼内小小的电影博物馆。始于 1935 年，以青岛八大关作为背景拍摄的影片呈现于展厅，单是 20 世纪 50 年代到 70 年代，拍摄的影片就达几十部之多，述说青岛与电影的渊源；小楼内有一个房间是专属于胡蝶的私密空间，用图片讲述了电影之外的女星人生。

人们仿佛又见胡蝶"飞"回这座栖息汇泉湾畔、沐浴海风 80 多年的蝴蝶楼，剧组自此沿石阶而下，横穿马路，面朝大海、倚柏听涛的拍摄过往，恍若昨日。

公主楼：童话入梦，身世藏谜

◎ 马晓婷

　　八大关里的公主楼，充满着童话般的色彩。

　　公主楼位于居庸关路 10 号，是一座北欧田园别墅式建筑。一直以来，公主楼浪漫而神秘。到底是哪位幸运的公主，能在这风景绝佳的八大关里有一座童话般的美好庭院？又是谁，给了公主这让人艳羡的礼物？对于公主楼身世之谜的探究，从未停止。民间传说此楼为丹麦公主来青岛时下榻的别墅，故称此楼为"公主楼"，这也是最为人们熟知的一个版本。

　　遗憾的是，并没有支撑这个结论的事实。

　　然而，美好的故事没有戛然而止。青岛决心修缮公主楼，得到了丹麦安徒生博物馆的全力支持，博物馆派出研究丹麦皇室历史的托福高和艾思高两位专家来到青岛。这一次，丹麦的朋友们带来了非常珍贵的资料：托福高把自己收集到的王子赴青的史料捐赠给了青岛项目方，包括丹麦王室的一些图片、家谱、书籍等。其中，出版于 1931 年的《王储出访东方日记》，记载了丹麦王子来青岛的资料，填补了档案的空白：1930 年 1 月 11 日，丹麦王国弗莱德里克王子、克努兹王子、阿克瑟王子及其妻子玛格丽特公主搭乘客货船从意大利南部港口启程，于同年 3 月 29 日抵达青岛。他们多

充满童话色彩
的公主楼

公主楼院内的
安徒生铜像

公主楼院内的
大提琴铜椅

次游览八大关沿海一带，对这里印象深刻。虽然"公主楼"并非源于公主，但它所在的地方，却让王子和公主流连。

在很多人眼里，公主楼，已经成为一个关于美好的童话梦境。人们一踏进院子，就仿佛一下子"穿越"到"童话王国"。环顾四周，几座取材童话的雕塑栩栩如生。公主楼建筑为砖木结构，地上三层，还设有一层地下室。建筑墙基由不规整的方块状花岗岩石块砌成，外墙为暗绿色砖墙，屋脊双面陡坡尖耸，气窗可远眺海滨，楼层窗外由白色和绿色马赛克嵌饰。在建筑的南侧入口前，有方型的平台，二层还有露天阳台。走进公主楼，可见精致的壁橱、质地考究的木扶梯和地板，房间虽小但配置非常齐备。整个建筑呈现出北欧田园别墅的风情。

其实，公主楼也曾因年久失修，与浪漫渐远。2015年，公主楼的开放，让人们有了真正体验一把"童话世界"的机会。一楼的展厅里，候客厅、公主餐厅和配餐间依次设置，候客厅还可以作为公主的舞厅使用。餐桌上方的吊灯，源于丹麦皇家度假别墅，配餐间有丹麦皇家瓷器厂表现安徒生童话的纪念绘图盘。二楼公主卧房南面朝向大海，西面是公主花园，起居室也参照丹麦现存的王室旧官邸布置。再摆上一张复原的老式桥牌桌，用锦缎做成桌子的隔幔，绣着精致的丹麦王室家族徽章。爬上三楼，可以看看那些来自丹麦安徒生博物馆的珍贵礼物，这里还有按照安徒生博物馆还原的鞋作坊。

时光一逝永不回，公主楼却让我们永远有一段梦。

青岛山炮台遗址：亚洲地区保存最完整的"一战"军事要塞

◎ 马晓婷

　　站在青岛山的山顶，历史就在这里交汇：回望百年，炮火声仿佛正从眼前的炮膛中炸响，沧桑岁月难掩沉重；眺望海滨，小青岛如翡翠静卧海面，现代化的城市在海风中徐徐展开画卷，山海一色间尽显这座城市的活力与开放。

　　半城青山半城碧海，青岛山不仅是绝佳的观景平台，地理位置更是关键。青岛山，因山下的"青岛村"而得名。青岛建置后，清军胶澳总督章高元即在此修建了总兵衙门及兵营，并修建了炮台。1897 年，德国强占胶州湾，为了纪念"铁血宰相"俾斯麦，德国人将此山命名为"俾斯麦山"。1899 年，德国人在山上修筑了一南一北两处炮台，所使用的克虏伯大炮的名声在世界近代史上几乎是人尽皆知的。这些当时世界上最先进的装备，成为规模宏大的军事防御体系——"俾斯麦炮台"的重要组成部分。在山下，还有"俾斯麦"兵营，以地下暗道相连。当年德国人所建的这些军事设施，掩映在青岛山葱郁的植被中，就是我们今天所说的青岛山炮台遗址的最初形态。

　　青岛山炮台遗址，是远东地区保存最完整的第一次世界大战军事要塞，是青岛这座城市的历史见证。1914 年，第一次世界大

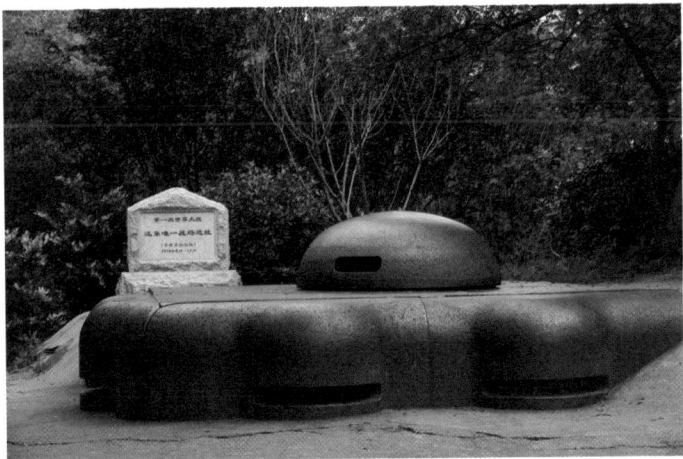

青岛山炮台遗址

战爆发，日本对德国宣战，联合其盟友英国在青岛对德军发起进攻，这也是第一次世界大战中唯一发生在中国的战役。赢得胜利的日本取代德国占领青岛，"俾斯麦山"也被更名为"万年山"。如今在青岛山炮台遗址，依然可以看到当年炮战的痕迹。

战败撤退前，德军自行将火炮炸毁，俾斯麦南炮台保存较为完整。整个炮台为三层立体结构，顶部装有旋转瞭望塔。瞭望塔自重达6吨，可以多角度观察，这是世界上保存最完整的"一战"时期瞭望塔。整个瞭望塔是在德国铸造，用船运到青岛后在青岛山顶拼装。铁塔铁板采用了当时德国最先进的铸造技术，至今仍不生锈。炮台内，作战所需可谓应有尽有，包含发电机房、弹药库、维修室、测绘室、锅炉房、卫生室、餐厅、秘密逃生孔道等，还设有两个蓄水池，可满足作战需求。指挥部使用劈山、浇注、回填方式建成，为地下军事建筑的代表之作，堪称世界一流。目前，这里已经是国家级重点文物保护单位。

1922 年青岛主权收回至青岛解放后，青岛山被称作"京山"，1984 年恢复原名"青岛山"。作为一座军事要塞，这里留下了两次世界大战的痕迹。1997 年，市政府投资修复地下指挥部，并建设了炮台遗址展览馆。此后，本着"修旧如旧"的原则，通过对炮台遗址设施功能深度挖掘，全面恢复了"俾斯麦"南炮台原貌。这一第一次世界大战远东战场唯一遗址，是重要的爱国主义教育素材。

2018 年恰逢第一次世界大战结束 100 周年，青岛"一战"遗址博物馆在青岛山脚下"一战"遗址公园内正式开馆。博物馆整体造型宛如和平鸽，建筑面积近 1 万平方米，共 5 层，包括主题展区、临时展区、4D 影院、办公区以及地下车库等。博物馆拥有自青岛建置至主权回归期间的各类武器、军服、报刊、书籍、纪念章、明信片等 1800 多件藏品。展览以"还我青岛"为主题，分为"德占青岛""日德战争""苦难归程"三个部分，运用大量珍贵文物、档案资料以及场景复原、多媒体等现代化布展方式，再现了青岛主权回归的艰难历程。青岛"一战"遗址博物馆是诠释与记录第一次世界大战与中国最丰富、最全面的专题博物馆。战争的烽火远去，人们在感念这段历史的同时，更加珍视和平的可贵。

胶济铁路和青岛火车站：记忆之轨

◎ 米荆玉

　　1901 年，青岛站建成使用，为胶济铁路东端车站；1904 年，胶济铁路通车，贯通青岛、济南，线路长度 384.6 千米，成为横贯山东的运输大动脉。胶济铁路建成百余年来，对山东社会、经济、文化各方面均产生了深远的影响，成为晚清山东历史上重要事件之一。而青岛站也以其独特的地理位置、优美的建筑风格成为中国著名的火车站之一，历经 1991 年南钟楼拆除重建、2006 年整体扩建后，青岛站仍然优雅伫立，守护着漫长的记忆之轨。

　　胶济铁路建于 19 世纪末帝国主义列强侵略瓜分中国的大背景下，1899 年由德国银行投资，自青岛向济南方向建设。作为起点的青岛站由山东铁路公司经理海因里希·锡乐巴设计，山东铁道公司施工。当时的青岛站由南钟楼和候车大厅两大部分组成，建筑具有德国文艺复兴建筑风格。候车大厅以高大的装饰山墙和三个大型券门突出了面向市区的主入口，楼南角耸起一座造型优美的尖钟塔，塔高 35 米，粗毛花岗石砌成，屋顶为四坡顶，覆以杂色琉璃瓦。南钟楼正居于市南区广西路和兰山路的轴线上，成为兰山路一景。落成之后，青岛站迅速成为青岛的地标性建筑，也是最具代表性的德国风格建筑之一。这个车站距离海岸线仅 300 米，游客一出站就能看到青岛的碧海蓝天。

　　青岛站落成后 3 年，胶济线终于建到济南。这期间由于沿线山东民众的英勇抗争，工程一度停工近一年。为了胶济铁路的修建，德国人在 1900 年兴建了"四方铁路工场"，从德国本土运来的蒸汽机车零部件在此组装，该工场也成为四方机厂的前身。落成后的胶济铁路是山东境内的第一条铁路，迄今仍然为连接省内东西部的重要通道。胶济铁路的施工质量和标准代表中国当时铁路建造的最高水平，它是中国早期使用钢枕的铁路，平均寿命预设周期达到 30 年甚至更长。胶济铁路全线设计最高时速为 60 千米，将青岛至济南的路程由 10 天缩短至 12 小时，是当时华北地区列车时速最快的铁路，这个纪录一直保持到 20 世纪 30 年代才被京奉铁路超越。胶济铁路的落成，也使青岛成为具有强大商业辐射能力的重要商埠。

青岛站是青岛的地标性建筑

在列强纷争里，胶济铁路也是一个重要的筹码。1914 年第一次世界大战爆发，日本先后攻占青岛、济南等地，并乘机取代德国，霸占胶济铁路。1923 年，北洋政府以 3200 万元（合 4000 万日元）赎回胶济铁路，也赎回了青岛站，赎回仪式在青岛朝城路举行。抗日战争爆发后，日寇再次窃据胶济铁路，直至 1945 年抗战胜利，胶济铁路才摆脱了日军控制。新中国成立后，历经多次技术升级，胶济铁路于 2006 年成为山东省内首条电气化铁路，如今每天有众多班次动车、高铁飞驰在这条铁路上。

胶济铁路两端为青岛、济南。济南老站 1992 年被拆除重建。而青岛站 1991 年因胶济铁路复线工程扩建，建筑部门在原址以南按照图纸以原来的风格、原来的材料重建南楼，新钟楼增高了三米，与新建候车大楼的比例协调。这次扩建于 1993 年竣工，仍然保留了红瓦黄墙的欧式风格。2006 年，为迎接奥帆赛，青岛火车站再次扩建。扩建后的青岛站保留了标志性的钟楼，以此为基调新建其他建筑，使车站成为一个兼具历史美学和现代功用的有机整体。是出发也是抵达，青岛站在胶济线东端伫立百年，见证风云。

德国兵营旧址：风格流变，史韵余晖

◎ 米荆玉

　　1899 年至 1909 年，德国海军用了 10 年时间在青岛建成了伊尔蒂斯、俾斯麦、黑澜和毛奇 4 座大型兵营，它们构成了如今的德国兵营旧址。在研究者看来，这 4 座兵营的建造时期，恰好是欧洲建筑的主流风格开始由热衷装饰的历史主义向简约实用的现代主义过渡和转化时期，因而 4 座兵营的风格由繁到简，突出表现在俾斯麦兵营里 4 座建筑物上：前两座建筑物的游廊和装饰，在后两座建筑物上都被实用简朴的设计所取代。最晚落成的毛奇兵营完全摒弃了游廊、山墙等标志性设计，被老百姓称为"马房子"。4 座德

德国兵营
的风格由
繁到简

国兵营的建筑实践，也深深影响了当时青岛的建筑风格。

1897 年 11 月，入侵青岛的德国海军暂住在清军兵营里，因卫生条件恶劣，不少德国士兵生病，更有 29 名士兵在 1899 年死于斑疹伤寒和

德国兵营的建筑风格深深影响了当时青岛的建筑风格

回归热，其中包括在任总督叶世克上校。因此，德军开始着手在太平山南麓建设卫生整洁的德国标准兵营，也就是 1901 年落成的"伊尔蒂斯兵营"。这座兵营有兵舍、官舍各两栋，平房 20 栋，砖石木结构。主建筑兵舍总长 110 米，背依太平山，屋前为巨大的绿茵广场，整体造型庄重大方，由优质花岗石砌筑，包含装饰性山墙、突出墙体的斜屋顶和巴洛克式塔楼，建筑学者认为，伊尔蒂斯兵营"具有典型的南欧建筑风格"。

出于对瘟疫的恐惧，伊尔蒂斯兵营在建筑物上设计了游廊，这极大改善了房间的通风，革除了旧式兵营阴暗、潮湿的弊端。这种手法也影响了随后俾斯麦兵营的建设。1914 年、1938 年，伊尔

蒂斯兵营两次被日寇占据，中间它还一度成为胶澳中学校址。1945年抗战胜利后，它又被改做国民党军队兵营。青岛解放后，该建筑为公共设施。它与俾斯麦兵营旧址都是全国重点文物保护单位（近现代建筑——青岛德国建筑群之一、青岛市历史优秀建筑）。

四大兵营里，俾斯麦兵营呈现建筑风格流变最为清晰。这座以德国铁血宰相俾斯麦命名的兵营位于青岛山南麓、中国海洋大学鱼山路校区内，建于1903年，被德国学者约瑟夫·林德评论为"堪称对未来的建筑产生积极影响的典范"。俾斯麦兵营包含四座"H"型建筑物，营房中间为方形的操场。兵营前两座建筑物风格奢华，采用了新哥特式的装饰，花岗石外墙、优美的拱券、明亮的外廊饰以小型罗马柱，让营房更像是度假宾馆。为了符合卫生标准，兵营还引入了抽水马桶。然而后两座建筑物风格有了明显变化，建筑师放弃了没有实用价值的装饰，第四座营房甚至连明廊都被去掉，彻底转向了实用主义建筑风格。

与伊尔蒂斯兵营命运类似，俾斯麦兵营也是在1914年、1938年两度被日寇占据。1922年青岛主权回归后，成为中国陆军第五师第十旅驻地。1924年在其基址上成立私立青岛大学，1930年后成为国立青岛大学、国立山东大学校舍；1945年被美军占为兵营，直到1949年新中国成立前夕，在山东大学师生长期抗争下，美军被迫将兵营基址交还山东大学。20世纪60年代，这些校舍又被划归新成立的山东海洋学院（现中国海洋大学）。俾斯麦兵营建筑物现在被改作中国海洋大学鱼山校区的地质馆、海洋馆、水产馆（两座），游客还能在这些建筑物上看到德意志帝国的鹰徽浮雕。

　　与伊尔蒂斯兵营、俾斯麦兵营相比，位于贮水山东侧的毛奇兵营投资最少，仅为50万马克。它始建于1906年，主要用于安置德海军第三营的骑兵连野战炮兵连；这座兵营由两座营房、一座礼堂、东西马厩等建筑物组成。毛奇兵营取消了各种无实用价值的装饰，甚至连德国兵营标志性的阶梯状山墙也被取消，只保留了突出于墙体的斜屋顶和花岗石窗套等德式建筑特色。毛奇兵营建成后，德国商人在兵营附近的登州路开设了一家酒吧，又在酒吧附近建设了一家啤酒厂，即为青岛啤酒厂前身。以啤酒为契机，毛奇兵营在青岛留下了一段传奇机缘。1914年日本占据青岛后，毛奇兵营被日本占据，改为若鹤兵营。青岛主权回归后，此地成为海军青岛学校驻地。1938年至1945年，其再次被日军占据。新中国成立后，由驻青海军管理。

　　黑澜兵营的历史更为曲折。该兵营原为德军炮兵营房，计有兵舍、礼堂等设施。1908年，清政府与德国在青岛合办青岛特别高等专门学堂（又称德华大学），校址即在原黑澜兵营内。德华大学是中国第一所中外合办大学，分为初级部和高级部，高级部设有国政学、医学、科技学、农林等专业。1912年8月，孙中山来青岛时，曾应德华大学学生邀请到学校礼堂做过讲演。1914年，"一战"爆发后，青岛被日本占据，德华大学停办，设备和师生并入上海同济学校。此后，该基址成为胶济铁路管理局办公楼和青岛铁路分局办公楼。

里院：市井烟火里的青岛独特表情

◎李魏

一位名叫希姆森的德国汉堡商人在回忆录里记下 20 世纪初为青岛大鲍岛华人区所做的房屋设计："我设想了一种特殊的建筑形式。沿着完整的方形街坊四周，是临街店铺和楼上的住间，街坊中间留下一个大的内院供交通之用，也可以成为儿童游戏的场所。每套房屋在内院一侧还用一层高的墙围出一个私人的小院，院子里面是厨房和厕所。"

希姆森应该不会想到，在 20 世纪上半叶漫长的历史纪年里，这一建筑模式不断蔓延演进，从青砖黑瓦到抹灰红瓦，以大鲍岛为中心，从当时的台西镇拓展到云南路、"海关后"、辽宁路、台东镇等区域，形成独特的城市肌理——"红瓦绿树"城市风貌特征的另一重要来源组成。

青岛里院，是民国时期青岛数量最多、分布最广、影响力最大的城市商住建筑，承载着青岛市井平民的生活与记忆，绵延至今，于人间烟火中流露青岛人的独特表情。

回溯里院最初的形成，就会发现，它与德国殖民者最初对于这座城市的规划一样，带有鲜明的探索实验性。应当以怎样的建筑形式应对快速成长的城市？面对这一问题，120 年前，无论是德国

里院修缮一新的"广兴里"外景

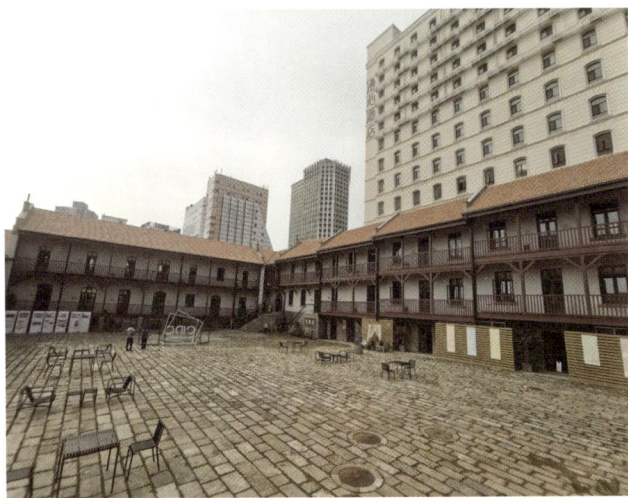

"广兴里"里院中央的院落

人还是青岛最早的华人市民，都认同一种规范与适从相结合的态度。从事青岛近代城市发展建设与建筑研究的学者金山认为：一方面殖民者专为大鲍岛制定了建筑法规，对这一区域的建设活动做出了严格而详细的规定；另一方面，德国总督府却又对中国人的文化传统采取了一种宽容的态度，使得当地人可以在许多方面按照原有的习惯继续生活下去。

从 1898 年到 1914 年，一家名为祥福洋行的德国建筑公司在大鲍岛区域开发了 4 个半完整的街坊。这些建筑始于四方路、中山路、潍县路区域，临街的建筑立面精美，以清水砖为主材，辅以大量的线脚、窗拱、壁柱、巴洛克山墙元素，墙内则多以二至三层带回廊的类似筒子楼的形式围拢成中央的公共院落空间，呈现高密度的居住形态……而这家德国公司的经理就是那位在回忆录中描绘引以为傲的里院设计的商人希姆森。

与北京的"四合院"、上海的"石库门"一样，里院建筑是青岛地域性传统民居的典型范式，作为中西合璧、穿越百年的青岛本土建筑样本，在其于 20 世纪初创生之际，即在建筑形式和功能结构上体现一种超越时代的前瞻性。

而在之后的岁月里，它不仅是影响着老青岛人传统生活和居住方式的存在，更成为青岛人的根脉，这座城市的一个文化符号。这一独特的建筑形态和空间肌理孕育了一种比普通街坊更为密切的邻里关系，直至当下。

"里院即使破败到只剩一个老住户，当你进去跟他打招呼时，用不了多久就会感觉到一份说不清道不明的人情味。"青岛历史学者李明在《大鲍岛：一个青岛本土社区的成长记录》中阐释这种人情味："似乎这个场所对于其中的人，除了具有容器与载体的关联，还有一种微妙的生命气场的联动感。"

这种生命气场的联动感则潜移默化地塑造了青岛人的性格，他们会在称呼上不自觉地拉近与陌生人的关系，由衷的关照和热诚，与人为善的共情，或许都与此有着某种玄妙的关联。在连续三年策划举办"青岛叙事·里院"系列展览活动的艺术策展人林竹看来，昔日里院生活那种邻里间不分亲疏，相互帮扶、依赖的关系，已在几代青岛人的生活记忆里烙下了极其特殊的印记，直接影响了他们的情感、行为和处事方式，进而带动了青岛地域人文特征的形成和完善。

2019年，在一处已被政府征收的空置的里院中，一场本土艺术家的创作联展吸引了众多市民老街坊聚集，人们在公共艺术赋予的沉浸式场景中重温昔日里院生活。2020年，作为青岛市历史城区保护与更新首批试点项目，大鲍岛街区现存最大的里院修缮一新，以青岛工业设计创新中心的新身份重启……老城更新的进程中，里院建筑作为重要的功能载体，开始焕发新的生机活力。

目前青岛已有超过70处里院建筑纳入市级优秀历史建筑名录。站在里院中央的院落里，看孩子们游戏的快乐身影在周围简洁朴素的楼体和漆成紫红色的木制廊架的背景前雀跃，让人动容和追记的显然已不仅仅是建筑样式本身。

波螺油子：街道仪式感与文化符号

◎ 米荆玉

在青岛，波螺油子与蛤蜊、扎啤等构成了最强烈的本土文化符号。游客在青岛，可以遇见以波螺油子命名的剧团、波螺油子为招牌的饭庄、波螺油子为标题的书籍；对于本地人来说，"波螺油子"跟港式菠萝油没有任何关系，它指的是一段9次弯折、落差10米的马牙石小路。这段路当年在落雪天让行人头疼不已，但是拆掉之后，它在人们记忆里获得了永恒，成为不可磨灭的文化符号。如今在市南老城区遇见残留的波螺油子路面，那种触感和痛惜也是本地人才有资格反复摩挲的。

城市本土的文化传说，模糊、含混本身就是其魅力的一部分。现存多个版本的解释中，"波螺油子"里的"波螺"被公认为是本地人对海螺的称呼，"油子"是"肉"的谐音，"波螺油子"被认为是"海螺肉"的一种演化称呼，它指的是道路曲折往复、螺旋上升的形态，酷似环状累叠的海螺肉。有的学者认为，在比较宽泛意义上说，"波螺油子"泛指老城区那些由马牙石铺设而成的老路，人们现在仍然能在浙江路天主教堂西侧、苏州路北段找到部分波螺油子路面；而在比较严格的本地学者看来，"波螺油子"指的就是老胶东路，它自西向东9次弯折，5米宽的路面在扭曲间将胶州路、

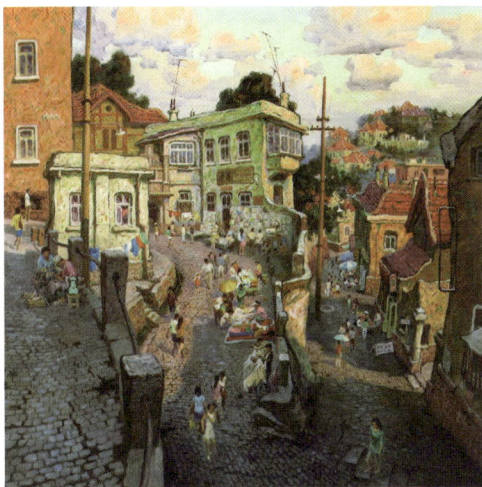

《青岛往事（波螺油子）》
金步松画

热河路、莱芜路、莱芜二路等连接起来，所以也有说法认为，"波螺油子"最早应该写作"波螺扭子"。

1897年德国侵占青岛后修筑了几十条马路，其中在热河路与莱芜一路之间的是一条自南而北的喇叭口大沟，即波螺油子的雏形。国民政府1922年收回青岛，大约两年后，以马牙石铺成的波螺油子出现在市民脚下。波螺油子由杵状马牙石"钉"成。马牙石多用于欧洲老街道，它表面上看是一个小方石头，实际上是一根长条锥型石条，越踩越实，坚固不开裂，经过多年踩踏后表面被磨得溜滑，雨天甚至能泛起"油彩"，月下则泛起淡淡的碎光。阴晴雨雪，波螺油子在本地孩子的记忆里别有一番意趣。

作为百年老路，波螺油子最为精彩的是它的仪式感。在研究者看来，地势落差最大的苏州路至热河路地段，是真正意义上的波

螺油子。由低洼处的平
民区到波螺油子顶端的
商业区经历9次转折，
上行途中屡屡经历反折，
上坡的仰视，下行的俯
瞰，路的尽头热河路上
都市繁华扑面而来；而
归途则一步步迤逦而行，
坡势陡峭，石墙盘旋，
弯弯曲曲归回万家灯火。
波螺油子长度不过 500
多米，上下却是两重天，

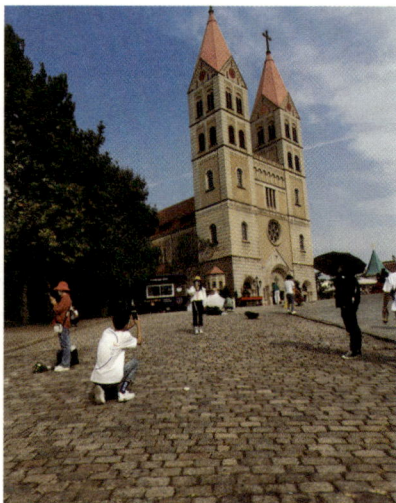

天主教堂西侧的马牙石路段

这种属于百姓生活的仪式感，也让它成为青岛街道建筑文化的图腾。

波螺油子两侧散布着青岛最有代表性的生活场景，红瓦老房子与马牙石路面构建了标准的老城街道美学。六中的老毕业生、医院的职工、外地赶来的写生者、小商小贩在这条街上摩肩接踵。1996 年，摄影家吴正中在波螺油子抓拍到了一个蹦蹦跳跳的小女孩，雨后的马牙石泛着苍老的柔光，与稚嫩活泼的女孩形成了鲜明对照。2001 年，青岛快速路一期工程动工，胶东路的波螺油子一部分被拆除，一部分被迁移。老城区各处散落的波螺油子引发摄影家和老青岛人的幽思，这位"波螺油子女孩"成为老城极具代表意义的影像符号，多年来不断有摄影爱好者和热心网友追寻她的下落——她像是一段失落的传奇，把波螺油子这个珍贵的符号具象在人们眼前。

城市文化热潮兴起后，关于青岛文化符号的打捞、修复、重塑成为文化界的热门话题，《青岛符号》《青岛蓝调》等热门书籍也勾起了众多写作者关于青岛老城区的私人记忆。2013 年，"波螺油子女孩"终于现身了。1996 年被镜头抓拍到时，她刚从幼儿园毕业，如今她已经是复旦大学的研究生了。保持原貌对人与物来说都很奢侈，老城里的波螺油子为青岛人保留了追忆的暖光。

红万字会旧址：赏心悦目谁家院

◎ 米荆玉

　　大学路和鱼山路的交叉路口，是青岛最热闹的"网红角"。这里几乎已经成为市民、外地游客老城游历的标配打卡地。然而比之两段覆盖了黄色琉璃瓦的红色围墙交错的场景，大部分人似乎忽略了围墙背后那处更具历史沧桑和艺术价值的国宝级院落。

　　夏秋时节被法国梧桐高密的枝叶遮蔽的大学路，堪比八大关的静美，它的历史可追溯到120年前"德占"时期之前，南连青岛村，北穿起伏丘陵通向台东镇。就在这条与城市年纪相仿的街道南端，14183平方米南北狭长的院落里，1934年至1940年间，一组

红万字会旧址庭院中心仿孔子"杏坛"的建筑

红万字会旧址院内传统宫殿式建筑的重檐歇山式屋顶和金色琉璃瓦尤为醒目

别开生面的建筑群拔地而起——红万字会青岛分会。作为青岛早期民间慈善机构所在地，其建筑的独特样貌，与之漫长的历史时期功能的屡屡变迁，都烙下城市成长的鲜明印迹。

红万字会所建的狭长的基地原为一条冲沟，依其南北的走向，建筑格局南北分布，由一条中轴线串起，特有的三进式布局，将罗马柱廊式、中国宫殿式、阿拉伯式三种迥异的建筑风格集于一体。其中，传统宫殿式建筑的重檐歇山式屋顶和金色琉璃瓦尤为醒目，在20世纪30年代中国传统建筑复兴的思潮中，也成为纯粹复古主义的特色样本。特别是大殿、山门、亭这些建筑，除屋顶覆盖传统的琉璃瓦外，斗拱、梁柱全部为钢筋混凝土筑成，其钢筋混凝土预制件的安装工艺为当时国内首创，并向政府申请了专利。

1940年建成的罗马柱廊式建筑，最大的建筑特色是屋顶中央的玻璃穹顶以及正立面四根三层楼高的柯林斯立柱。这处建筑最早作为红万字会的办公大楼，现在，它是青岛人最为熟识的青岛市美术馆的重要展厅——罗马厅。

　　建筑的独特性和历史文化积淀的厚重感，使这里更成为一处极具建筑观赏价值的园区。从周边的山丘远眺，金色琉璃瓦覆盖的大殿屋顶、阿拉伯式建筑纤细的塔楼和穹顶，罗马式建筑相对平缓的玻璃穹顶形成富于变化的组合，使之从周边红瓦绿树交映的景观中脱颖而出，构成老城区全景式构图的中心；而走进这里的游园者，却见园中珍花异木依旧，松绿柏青，与古朴典雅的建筑呼应，尽显神秘清幽，不免生出"赏心悦目谁家院"的旷古幽思。

　　值得记忆和珍藏的不只有特色的建筑，在青岛文史学者鲁海生前所著的《青岛老楼故事》里，详尽罗列了已纳入国家重点文物保护单位的红万字会旧址的历史变迁。新中国成立后，旧址一度作为中华救济总会和文物管理委员会。文物管理委员会的主任委员是郑爰居，副主任委员则包括王景宗、张公制、王卓青、王统照等。办事人员在红万字会旧址办公，收集到的文物也存放在这里。1953年，青岛市图书馆由广西路14号迁到这里，利用了大部分房舍。1955年，其中的部分建筑作为中共青岛市委党校，另一部分则作为市图书馆的古籍书库。1957年市图书馆迁回这里。1959年，这里是青岛市博物馆的筹备处。1966年，市博物馆正式在这里成立，后楼的市图书馆书库也移交给了市博物馆。市图书馆与市博物馆的大学路"聚居"生涯，直至20世纪90年代末市图书馆和博物馆新馆陆续落成方告终结……

　　而市美术馆的进驻，则可以看作其作为文化属性的公共建筑的功能延续。今天，走进市美术馆的人们会发现，以收藏、研究、展示近现代艺术家作品尤其是本土艺术家作品为主的美术馆，对这一国宝级建筑做了功能上的详细划分：美术馆展厅由罗马展厅、大殿展厅组成，其中三层的罗马展厅总面积约为 1300 平方米，大殿展厅面积为 500 平方米。原先作为图书馆的伊斯兰展厅现在则是市美术馆的馆藏画库……人们在这里品鉴艺术之美，而此处建筑园林本身是其历史最为厚重、艺术价值连城的镇馆佳作。

台柳路：中国第一条城市客运线，也是最早的健身步道？

◎李魏

在崂山南九水河沿岸的社区村庄，几乎任何一位当地的老住户都会毫不迟疑地讲出一个陌生而久远的称谓——麦克伦堡，并指明它的确切方位。而事实上，作为中国第一条汽车公路台柳路的终点站，这座始建于1903年德占初期的青岛休闲度假别墅城堡，早已消失了踪迹。除了名称，只有残存的带花纹的地砖，显示其昔日繁华和荣光。

同样古老的台柳路则不同，人们对于它的记忆已经载入史册。《胶澳志·交通志》对青岛最早通行汽车的台柳路有详细的线路记载："德人来青市道与村道同时并进……其村道首先修筑者为青岛沧口一路，次则为青岛李村一路，其后渐次兴修，由青岛经台东镇东吴家村、保儿、河西以达李村，由李村经东李村、下河、南龙口、九水以达柳树台……"当时的台柳路连接山海与城市，也串起老青岛人的若干回忆：台东大庙、啤酒厂、李村大集、海泊河、吴家村，直达麦克伦堡所在的柳树台的山水圣境……寥寥几处，勾勒出了青岛城乡道路的雏形。

1898年，德国强行租借胶州湾不久，皇家海军高级医官莱尔切建议，在崂山建造一所疗养院，供高官显贵休闲度假之用。德国人经过考察、勘探，最终选址南九水，于是便有了麦克伦堡。不过另外还有一种说法，1901年德国亨利亲王的到访，打破了这片山海的宁静。这位德国皇弟沉醉于柳树台的山水之美，决意在此修建度假别墅，即麦克伦堡。而无论真相如何，用以休养生息的麦克伦堡都需要一条汽车公路来与城市中心相通。

东起崂山柳树台，西至老台东，全长30多千米，1904年开工、三年全线开通的台柳路，在20世纪30年代崂山其他进山路开通之前，就如同进出青岛的"大动脉"。在这条公路上，费查德商行开辟了汽车营运线路，每周三、周六下午由市区前海发车，周四、周日下午返回，全程大约需要4个半小时。这条线路也是中国最早的城市客运线路。1910年，中国最早的汽车站馆陶路汽车站在老台柳路诞生，并运营至今。

老台柳路，已经在原路的基础上进行了修整

　　《胶澳志·建置志》中有这样一段记述："台柳路为由台东镇经李村至柳树台赴崂山要道，德人所建各式桥梁、涵洞计有二百十七座，内洋灰（水泥）拱桥五座……架山河之上，怪石峭立，涧泉溶溶，林木青翠，风景绝佳。"风光无限的老台柳路，也开启了崂山旅游最初的轴心时代。

　　得益于便利的交通，德国人坐拥崂山独有的四季美景以及温和滋养的气候，登山会也由此创办起来。借助台柳路最后15千米的上山路段，这里经常进行奥运会比赛前期的马拉松训练。有时，德国总督府相关体育会还定期举行登山、野游、跑步等体育活动。或许，这里也是中国最早的一处专业健身步道。当然彼时这处花园式的游玩宴乐之地更多是殖民者和身份地位显赫的少数人的专属。据说在1912年秋天，孙中山也曾乘坐汽车，沿台柳路抵达这座城堡，并在附近拍照留念。

　　跨越百年的赏游相聚，步道健行，已成明日黄花。今天去崂山南九水柳树台的人们，会在这里发现一座白墙红瓦、三面环山的别致民宿，从这里的观景露台能远眺到十几公里之外的山海，或许其中便有老台柳路的蜿蜒曲线。

　　如今的台柳路已非当年的老台柳路，几经变迁已看不出最初的面貌。随着城市道路建设的发展，老台柳路从李村往东的路段被"九水路"取代；山东路往西"另立门庭"称西吴路；鞍山路到海城宾馆这一段并入哈尔滨路……

　　它已不是那条120年前通往崂山的醒目大道，而是嬗变为另外一种更为醒目的存在。台柳路1907音乐街与台柳路道路博物馆的建成，实现了复古、潮流、历史、现代的交汇。身处万科、保利、凯德等全新商业地产森林之中的台柳路，以时尚之名崛起，成为城市入夜时分的地标式景观，"台柳路1907"的标识更像是时空坐标，将这条几乎与城市年纪相仿的道路定格于它的百年历史之中。

"风烟俱净，天山共色。从流飘荡，任意东西。自富阳至桐庐一百许里，奇山异水，天下独绝。"这是南北朝诗人吴钧笔下的人文图景。在古人的日常生活中，交通占非常重要的比重，而文化则让日常生活得到升华。而今，发挥好博物馆等文化地标的载体和辐射作用，推进好台柳路建设中传统与现代文化的碰撞，促进优秀传统文化的活化、物化和升华，成为历史赋予台柳路新的时代要求。

春和楼：百年风流，于此下箸

◎ 米荆玉

先有春和楼，后有青岛港。

作为与青岛建置同龄的"老字号"，青岛最知名的鲁菜饭店——春和楼始业于 1891 年 4 月 18 日。百年来，它作为"青岛鲁菜第一楼"，逐渐成为青岛老味道的代表；登临此楼的名流巨贾、文人墨客乃至平头百姓记住了春和楼香酥鸡的味道；也让油爆海螺、九转大肠等名菜深入人心。春和楼不仅是一家鲁菜名楼，也是历史流转过程中的一块儿活化石，众多历史人物在此留下"青岛痕迹"，而

位于天津路和中山路路口的春和楼饭庄

百年来的餐饮业变幻也成为春和楼承载的重要内容。小小的下箸之处，有着不尽的历史余味。

春和楼由最早的青岛口（今大学路一带）胡家馆子发展而来，在现天津路 3 号开设后名声大噪，成为鲁菜名店。现存青岛市档案馆一份 1901 年春和楼所在地块被购买的德文地契和蓝图，是它悠久历史的早期证物。20 世纪 20 年代，春和楼已经是青岛最大的饭店，门头上由康有为题写的"春和楼"三个大字，体现了它在业界不同凡响的地位。而香酥鸡也在 20 世纪初就成为春和楼的当家菜品。这道菜由掌勺大师傅田学广创制，经过传奇名厨刘景伦的改良后外酥里嫩、"鲁味十足"。作为七代名厨师徒技艺传承、山东省特色产品，香酥鸡更是被列为山东省非物质文化遗产。作为传统鲁菜的代表，春和楼的美食非常讲究原料的选取，大都使用当地应季食材，保证了传统菜品的鲜美和营养，九转大肠、油爆海螺、虾仁蒸饺等名菜、名吃代代相传。春和楼名厨郭经玮能够 1 分钟内将一只鸡剔骨，但他仍旧坚持每天打 4 筐腰花来练习基本功。一代代名厨的坚守，成就了春和楼的百年品牌，也有了青岛民间"身穿谦祥益，头顶盛锡福，看戏上中和，吃饭春和楼"的民谣。

春和楼的百年历史，与青岛的百年风雨相重合，众多历史人物在春和楼留下了踪迹。春和楼在山东首创了名人与名堂、名堂与名菜的文化布局，店内"亲王厅"取自晚清恭亲王溥伟的典故。1911 年辛亥革命后溥伟移居青岛。1913 年春，晚清遗老刘廷琛、王垿在春和楼宴请溥伟，主厨精心烹制了葱烧海参、香酥鸡、溜鱼片、糖醋鲤鱼等菜品。溥伟品尝后连连称好，"手艺可与宫中的御

厨相媲美，春和楼鲁菜果真不得了"。"中堂厅"则因李鸿章而得
名。1891年底，李鸿章在山东巡抚张耀陪同下视察胶澳沿海防务，
曾到胡家馆子（春和楼前身）就餐。厨师烹制了香酥鸡、油爆海螺
等菜品，尤其是鲜香脆嫩的油爆海螺博得了李鸿章的拍案称赞。"维
新厅"则由康有为而得名。维新运动领袖康有为曾多次在春和楼设
宴，和春和楼结下了极深的美食情缘。1925年秋天，梁启超来青
岛探望老师康有为，春和楼厨师上门为这对师徒烹制香酥鸡、葱烧
海参、油爆海螺等菜品。"恩师厅"则是为致敬毛泽东的恩师徐特
立而设立。1957年，徐特立带着家人到春和楼，品尝了香酥鸡、
油爆双脆、爆炒腰花、盐水大虾等菜肴，色泽棕红、外酥里嫩的香
酥鸡得到了徐特立称赞，因而此处被命名为恩师厅。春和楼还有为
纪念作家萧军、萧红设立的"耕耘厅"，为梅兰芳、尚长荣、马季
等设立的"明星厅"等餐厅，让名人际遇、历史痕迹与餐饮文化巧
妙结合。

春和楼的经营也是百年餐饮业的商业史。早在20世纪20、
30年代，春和楼就推出了订餐送餐和厨师上门服务，康有为就曾
邀请厨师登门做菜。在老青岛人眼中，在春和楼办喜宴才叫有"面
子"，而且在春和楼办的婚宴，必须先在报纸上刊登订婚启事。
1935年十月十日《民言报》登载："鞠兴华、贾淑芳在青岛春
和楼酒家举行订婚庆典。"这种启事当天还有五六个之多，大多
提到了春和楼的名字，足见春和楼在商业推广上的眼光。20世纪
四五十年代，春和楼发展达到鼎盛。1956年实行公私合营后，它
在岛城"老字号"鲁菜餐馆三大楼（春和楼、顺兴楼、聚福楼）

中处于首位。20世纪80年代，春和楼率先在岛城设置迎宾小姐。同一时期，春和楼创造性地将青岛风景与鲁菜相结合，推出"青岛十大风景菜"：飞阁回澜、琴屿飘灯、蓬壶揽胜、鱼山拥翠、东园花海、汇滨垂钓、湛山清梵、穿台观象、会崎松月、燕岛秋潮。如此多的经营花样，使得春和楼成为中山路一景。春和楼的老厨师长周泽顺回忆："20世纪80年代春和楼改造后，很多人都想进来看看，每天在外面排长队。后来没办法，就变成买票进了，花5毛钱进来看看，花1块钱可以在这坐着喝杯茶，感受感受环境。"经历了百年风云起伏后，春和楼仍然伫立如昨，在多变的世道轮回里保留一份青岛老滋味。

劈柴院：市民生活的参差百态

◎ 米荆玉

对于一个城市的记忆来说，有游人如织的地标建筑，也有属于市民百姓的寻常去处。青岛名胜数不胜数，而从命名到功用都属于平民生活的，劈柴院是颇具代表性的范例。一代代青岛人在劈柴院里购物、休闲、娱乐，从买卖劈柴、早点晚餐到曲艺欣赏，劈柴院里有参差百态的生活场景。百年来屡经起伏后，劈柴院这个苍老院落仍然存在，在一次次全新开发里，它总是能展现出新的面貌，楔入这个城市充满烟火气息的日常生活中。

中山路的劈柴院入口

在本地文史专家看来，劈柴院是以江宁路为核心的一个"卜"字形街道群落，它东端连中山路，北边连北京路，西边通河北路。有研究显示，这里原先是"劈柴市"。胶济铁路建成之前，青岛百姓靠劈柴当燃料，因而这里聚集了不少卖劈柴的商贩；劈柴除了供市民烧火做饭，还供应大窑沟窑炉烧砖制瓦。在刘墉后裔、民国诗人刘筠的诗集《青岛百吟》中有一条珍贵的注释："劈柴院近中山路，最繁闹之区。院内皆劈柴架屋，故名。贵人不屑一顾，然房租轻而价廉，穷措大得往来其中焉。"换言之，"劈柴院"得名是因为里面盖了许多临时商用"劈柴屋"。德国侵略者占据青岛后，修建了包括江宁路在内一批街道；到了20世纪20年代，由江宁路发展而来的几个大院组成了商业街区，也就是老青岛人闲逛的首选去处"劈柴院"。

劈柴院在老青岛的生活中扮演着多个角色，文史学家把它比作北京的东安市场。劈柴院里江宁路整条街和邻近院落集中了商业、餐饮、娱乐。文史专家王铎对早期劈柴院的市民娱乐有着鲜活的描写：一进劈柴院的大门洞，先拿几吊铜钱买个竹制卡片，这竹片相当于凭证，男人们可以拿着它去听书，院里光听书场就有十七八家；女人们可以拿着它去看当时的默片，台上有个剧情讲解员，片子放到哪，就讲到哪；小孩子可以拿着它直奔小人书租赁摊。回家时，还可以顺手买上一斤"劈柴院糖果""劈柴院甜点"。大院里集中了各式各样的小作坊，尽是自产自销的"劈柴院特产"……青岛著名文史专家鲁海年幼时感受过老劈柴院的风情，他笔下的江宁路堪称美食一条街，主街上以元惠堂、李家饺子楼、杏乐春、增盛楼、

劈柴院堪称青岛的"市井大院"　　　　　劈柴院里的江宁会馆

义盛楼等酒楼为主，代表了当时的鲁菜酒馆水平。正街的两侧以水果店、食品店为主。北街的摊贩主要是卖熟食，如德州扒鸡、福山烧鸡、南肚、酱肉，酒客们在这里购买散装白酒过瘾。北街门洞里是著名的小吃店"朝天锅"，老舍、吴伯箫、杜宇等人常来这里吃火锅、喝老酒。西街有炒货店、糖果店，后来得享大名的"劈柴院豆腐脑"当时就有售卖。

劈柴院堪称青岛的"市井大院"，学者们把它看作青岛码头文化、建筑文化、市井文化、商业文化、传统文化、餐饮文化、戏曲文化、西洋文化的集合体。鲁海介绍："在20世纪30、40年代，劈柴院的主要功能是各种演出，花鼓戏、相声、魔术、京剧、茂腔，各种演出都有。它的次要功能才是吃饭。"1932年，年方十八的马三立来青岛"撂地"演出，与刘宝瑞搭档演出了《对对字》《大上寿》等段子，很受欢迎。1984 年，马三立到青岛开会时还特意抽空去劈柴院寻访。像评剧大家新凤霞，著名山东琴书演员李金山、高金凤，著名山东快书演员杨立德、高元钧，著名中国戏法演员王傻子（王鼎臣）以及说评书的葛兆鸿、唱太平歌词的大鼻子等，都曾在劈柴院表演。20 世纪 40 年代，旧《青岛晚报》设有"劈柴院"的栏目，每天报道劈柴院里艺人的新闻。2009 年，劈柴院街坊作为青岛历史城区保护更新改造的试点重新开街，"江宁会馆"的招牌立即吸引了曲艺界关注，它也成为青岛曲艺传统的一个物证。

在 20 世纪八九十年代的商业风潮里，劈柴院重新开设了十几家饭店，经营海鲜、炉包、甜沫、豆腐脑等风味小吃，成为小吃一条街。随着青岛东部开发、美食街落成，劈柴院经历了一段冷清时间，直至 2009 年改造后重新开街，劈柴院成为青岛游客的打卡热门地点。作为中山路商圈的重要组成部分，劈柴院在百年里不断调试角色，它烟火缭绕的气息、浆汁沸腾的美食、活色生香的娱乐不断充实青岛人的市井生活，历久弥新。

康有为：为青岛写下传世第一文案的隐栖者

◎李魏

"青岛之红瓦绿树，青山碧海，为中国第一……"在一封书信中，康有为写下这一传世的青岛第一文案。它成为这座城市历史风貌的经典概述，传历百年不衰。

1917 年，第一次到青岛的康有为除拜谒恭亲王溥伟，更遍游此间山海景致。他去过今天的中山公园："第一公园花木，集全球各种林木二十四万株。"他登山而望，近海而游："楼阁华岩，道路净静，金碧照耀，掩映于绿林之梢、碧山之间、沧波之上。"他徘徊海浴之场，巡行公园之路，"游李村，游九水，又游七十里外海边之劳山"，见"波光云影，花气叶香，万绿青英，沁人肺腑。恐昔人之仙山楼阁亦比不及，诗文不足形容之……"

在这位刚刚游历 31 国归来的环球旅行者心目中，青岛是几近完美的存在，他期冀自己的几番溢美之词能得以广为传播，使"海外人士皆知青岛之为乐土而来游"。康有为堪称向世界推介青岛文旅的第一人。

康有为与青岛的缘分，实际还要早于 1917 年。1898 年初，他因德国侵占青岛的胶州湾事件上书，这一事件最终成为历史上著名的戊戌变法的导火索之一。如他后来居于青岛时所书："青岛昔荒

康有为塑像

田，丁酉德攘先，吾时伏阙力争焉，大陈利害言万千……"而那时已步入不惑之年的康有为绝不会想到，自己未来的人生还将与胶州湾畔的这座城市结缘，甚至会在29年后戛然终止于此。

25年后，康有为终于在青岛置下房产，购买了此前曾租住过的青岛福山路6号，也就是今天福山支路5号的康有为故居纪念馆所在地。据说"天游"一名出自末代皇帝溥仪。1922年溥仪大婚之际，作为回礼，回赠康有为一"天游堂"匾额。这座被其描述为屋小园大、距海仅百步的院落便作"天游园"。在德国占领青岛初期，这里曾作为德国总督居住的旧宅，也称"旧提督楼"。康诗有云："截海为塘山作堤，茂林峻岭树如荠。庄严旧日节楼在，今落吾家可隐栖。"似已表明于青岛隐栖终老的心意。

对康有为而言，青岛在其心目中的位置并不亚于故乡广东佛山南海，以及他曾经叱咤风云的北京和上海，以其当时的心境，这里更像是一处可以乐叙天伦的世外桃源。在1923年的一封家书中，他这样写道："青岛气候甚佳……实远胜沪，沪无可恋。"另一封同年的信中则谈及："青岛此屋之佳，吾生所未有。加以有大学办，吾欲在青岛办之，以有现成大学舍也……则当常住青岛。"

时年，康有为的两个儿子和一个女儿都已来青，就读于一所外国人创办的学校，而他本人则担任了全新创办的"孔教会"即"万国道德总会"的会长一职。当时的青岛以"三翰林一圣人"书法最为有名。"三翰林"指的是前清的学部侍郎刘廷琛、军机大臣吴郁生和法部侍郎王垿，"一圣人"正是康有为。一众瀚墨之友或唱和诗作，或往来尺牍，于这处世外桃源自成风雅。

而康有为此时已相中了德占时期的俾斯麦兵营，想将其作为计划创办的大学校址，在他的理想生活中有"扶杖看云之暇，与天下英才讲学"的隐栖之志。然而，因选址被北洋五师占用，此梦想终未达成。

康有为故居

就在康有为在青岛置办房产的第二年，即1924年，他又"以银洋购得李村山场两亩备作墓地"。相关的记载只此寥寥数语，至今无人知晓个中细节，似冥冥中已为3年后其突因粤菜馆饮品中毒而亡做了铺垫。康有为的死亡谜团，至今无解。而他在李村象耳山的墓葬，"文革"期间被毁，直至1985年才迁葬于浮山西麓的茅岭，上书有刘海粟撰写的墓志铭：公生南海，归之黄海，吾从公兮上海，吾铭公兮历沧海，文章功业，彪炳千载。

今天去康有为故居纪念馆的人们可以欣赏到馆藏的康有为书法真迹，还能看到那里陈列的1913年康有为结束16年海外流亡生涯带回国内的两尊雕像。人们无法确切知晓康有为做出隐栖青岛决定的最初动因，有专家推测，这或许与他31国环球游历的视野有关。康有为认定，青岛是他的天游基地，也是一种合乎未来远景的城市模式。或许正如古语所云：一饮一啄，莫非前定。一切皆是宿命。

老舍：青岛是人生转折处天赐的礼物

◎李魏

　　"我的经验中有你，我想起自己，必须想起来你……" 1935年，
旅居青岛的第二年，在国立山东大学中文系任教的老舍创作新诗
《礼物》。如果将诗中的"你"换作一座城市的名字，想必是青
岛无疑。

　　青岛，是老舍于人生际遇转折处天赐的礼物，而老舍，则是
青岛在 20 世纪 30 年代城市的人文高处珍藏的礼物。

　　1934 年的 9 月，老舍自济南东行青岛，应当时的国立山东大
学校长赵太侔之聘前来任教，开启了他人生旅程与文学创作的"青

老舍雕像

岛时间"。80年
后，当《老舍青岛
文集》出版之际，
老舍之子、在青岛
出生的舒乙，回溯
这个他记忆中模糊
又亲切的城市之于
父亲与众不同的意
义："从1934年
暑假到1937年8

老舍笔下的"骆驼祥子"雕塑

月，青岛是老舍先生人生旅程中的重要阶段。在青岛，他由一位业
余作家成了一位专职作家，成了自由职业者，从此以写作为生，青
岛是他的人生与文学创作的转折点。"

    这短短的3年，称得上岁月静好，是老舍人生的黄金期。3年里，
老舍写出了长篇小说《骆驼祥子》、中篇小说《我这一辈子》、短
篇小说《断魂枪》，以及散文《想北平》《五月的青岛》。这些作
品都成为他的代表作，其中也透露出他与这座客居之城的诸多交集。

    据说，为了塑造《骆驼祥子》中的人物形象，老舍特别邀请
青岛的人力车夫到家中做客，观察他们的一言一行……老舍之前在
济南与拳师结交甚笃，来青岛又与当时鸳鸯螳螂拳的掌门毛丽泉惺
惺相惜。他居青岛时，日日晨起习武，风雨无阻，笔下亦见刀光之
飘转与剑影之飞逸。《断魂枪》虽是短篇，也是神形兼容，得武术
之精要。

青岛是老舍的创作高峰和福地，其间也有他对青岛地域的深沉观照。他在多篇小说、散文中诗意地描摹青岛的山海，在 20 世纪 30 年代，海一度成为老舍文学创作的一大母题。直至后来，他与洪深、王统照、孟超、王余杞、臧克家、杜宇、刘西蒙等合编著名的《避暑录话》，这一纯文学行动亦在现代文坛和城市文脉中留下闪光印迹。《避暑录话》虽然存世仅两个月，却被视为现代文学与城市文化双重视野下，一次昭示文学本质和普世价值的文学实践。

这段时间也是他个人生活最为安定、幸福的时期，三个孩子，两个在青岛降生，一批好友，有的后来结为终生挚友。1981 年，女儿舒济曾跟随母亲胡絜青来青岛寻访旧居——黄县路 12 号，这处 2010 年正式辟为骆驼祥子博物馆的老舍在青岛的居所，第一次获得确认。老舍先生在这里不仅书写了传世名篇，还留下诸多与孩子们互动的温情记忆。2015 年，比"祥子"大 3 岁的舒济再度来青，更加细微地追忆起青岛孩提时代的生活："我总是缠着父

老舍故居

亲，说要写字，他马上就拿来一张稿纸，任由我在上面乱写乱画，我常常扯着他的衣角，让他带我去看猴……"20世纪30年代，老舍在青岛创作《骆驼祥子》之际，3岁的女儿舒济也成为他散文随笔中的主角，尽显生活中的童趣。

80余年前，黄县路上那个安静的院落中，曾经笔耕不辍、却对活泼的小女儿无计可施的作家父亲风华正茂，他笔下的世界与之所处的城市在彼时同样气象万千。

恰是从青岛开始，老舍实现了从优秀作家向伟大作家的转变，以一部为城市贫民立传的《骆驼祥子》显现作家的普世良知；同样，从青岛出发，在1937年日军占领青岛前夕，他决意投身抗日救亡的历史洪流之中，实现从书斋作家到以笔为武器的抗日战士的转变。青岛，让我们看到了那个文武兼备、神光内敛的老舍，见证了他正值盛年的黄金时代。

赵太侔：大师群像里的沉默者

◎ 米荆玉

    赵太侔与青岛的关系，集中在他两度出任山东大学校长的传奇经历中。作为民国年间的新兴高校，"青岛大学""山东大学"的校名更迭、从教务长到校长、教授的几度身份变换，勾勒出赵太侔的学术经历和教学生涯。在 20 世纪 30 年代汇聚青岛的众多大师里，赵太侔是群贤里的沉默者。他的自传未曾留存，而从同时代人的文字记录中后人能够看到，这位戏剧领域的专家如何在大时代中一步步转换角色，成为鱼山路大师群落里留下教育者思想火花的那一位。

    生于 1889 年的山东青州人赵太侔直至不惑之年才开启了与青岛的渊源，而他的青岛岁月一开始就与高等教育事业绑定。1930 年 6 月，国立青岛大学正式成立，私立青岛大学停办，校舍整体划归国立青岛大学。校长由蔡元培推荐的清华大学教务长兼文学院院长杨振声出任，赵太侔被委任为国立青岛大学教务长。此时的赵太侔履历完整，他 1918 年毕业于北京大学英语系，毕业后第二年考取官费留美，进入美国哥伦比亚大学研究院专攻西洋戏剧，与当时留美的梁实秋、闻一多来往密切，后来三位好友也在青岛的大学校园里重聚，延续着当年的情谊。留美归来后，赵太侔先后在北京艺术专门学校、北京大学任教，后又担任外教秘书、山东省立第一中学校长、省立实验剧院院长，经历丰富，也积累了大量人脉。

赵太侔故居

赵太侔两度出任山东大学校长的经历颇有戏剧性。1931年"九·一八"事变后，国立青岛大学校长杨振声辞职，赵太侔暂代校长职务。1932年7月，国立青岛大学改为国立山东大学，赵太侔也被正式任命为国立山东大学校长。这个时期名士的大学生活在梁实秋笔下有生动的体现。当时青岛大学校园汇集众多著名学者，其中颇有几位嗜好杯中物的教授，在当时知名度极高，人们称作"酒中八仙"。前校长杨振声是"八仙"领头人，赵太侔（教务长）、闻一多（文学院院长）、梁实秋（外文系主任兼图书馆长）、刘本钊（会计主任）、黄际遇（理学院院长）、陈季超（青大秘书长）都在其中。梁实秋形容赵太侔"寡言语"，"有相当的酒量，也能一口一大盅，但是从不参加拇战（划拳）"。教授们喝酒、划拳的名声太响亮，被外界戏称为"酒压胶济一带，拳打南北二京"。也是在这一时期，赵太侔迎娶了第二任太太俞珊，这位话剧舞台名角凭借《莎乐美》等作品轰动全国，她的粉丝包括徐志摩、梁实秋等文坛才子。沉默寡言的赵太侔比俞珊大20岁，两人的结婚轰动一时。1936年，执掌山东的韩复榘为了镇压爱国学生运动，以停拨协款相威胁，干预学校人事调整，赵太侔愤而辞去校长职务，从青岛返回北京担任艺专校长。

抗日战争胜利后，山东大学于1946年1月复校，赵太侔再次被任命为校长。在经费不足、美军占据校舍等不利条件下，赵太侔仍然尽心办学，成立文、理、工、农、医五学院，聘请了王普、杨肇燫、刘次箫、周钟岐、老舍、丁西林、丁履德、童第周、李士伟等著名学者任教，师生自己动手办工厂、农场以补助经费，自制仪器教具进行教学和科学研究，维系着青岛的大学教育水平。1949年6月青岛解放，赵太侔向解放军办理了山东大学的交接事宜，结束了第二段山东大学校长生涯。山东大学迁址济南后，赵太侔留在青岛海洋学院任教。

学术界对赵太侔的定位为中国戏剧家、现代教育学家；在民国众多学者大家里，他拥有罕见的戏剧专业学位。在留美时期，他就与梁实秋、闻一多等好友组织了中国京剧《琵琶记》在美公演，该剧由梁实秋、冰心出演，赵太侔任道具和舞台布置。回国后他还担任舞台设计和《一只马蜂》的导演，倡导话剧超脱人生、纯艺术化。不过，任教青岛后的赵太侔逐渐离开了戏剧界，以教育家的身份开拓青岛高等教育事业。他的观点是大学没有地域的界线，山东大学并不是山东的大学，学生来源面广，能够起到各种不同地域文化互相融合、相互促进的作用。1946年秋天，山东大学在北平、

南京、上海、成都、西安、重庆等 6 个中心城市设立招生办事处，
也让青岛的高等教育事业拓展到全国版图。1968 年 4 月，饱受"文
革"迫害之苦的赵太侔在青岛含冤投海自杀，他的自传在混乱时期
遗失，也让外界对他人生经历的梳理更加困难。1979 年 10 月，有
关部门为赵太侔平反昭雪，恢复名誉。他的故居如今仍矗立在龙江
路上，接受后人的凭吊。

王献唐：齐鲁文脉的守望者

◎ 马晓婷

　　在青岛的老城，散落着大量文化名人故居，人们津津乐道一段段往事，却少见一位与青岛结缘极深的学者的身影。而当人们走近他的丰富治学、"护宝南迁"等故事时，会不禁连连发出惊叹，他就是饱含家国情怀的国学大师王献唐。

　　1906 年，11 岁的王献唐从日照来到青岛，求学于礼贤书院。父亲王廷霖是一名医生，但真正的兴趣爱好是金石收藏，倾其心血培养儿子在学术上的造诣。在父亲的启蒙影响下，王献唐从小展露天赋，从礼贤书院考入青岛德华特别高等专门学堂（即青岛德华大学）。虽然因家庭经济困难王献唐未能完成学业，但这段求学经历对他来说是极其宝贵的，为王献唐的学术生涯打开了全新的世界。此后，王献唐翻译过德文小说，1919 年，

王献唐雕像

又作为《商务时报》《山东日报》特派记者回到了青岛，此后曾任胶澳督办公署帮办秘书、青岛财政局股长等职，1925年离青赴京。王献唐在青岛时便开始撰写《公孙龙子悬解》，这部著作让他蜚声学林。

求学与工作，王献唐与青岛缘分颇深。观海二路13号的王献唐故居，是王献唐自己设计的，目前是青岛市重点文物保护单位。王献唐年轻时已育有两子，拖家带口急需一处房屋安置生活，便与友人一同在观海山的山坡上选址建屋。虽然生活拮据，但王献唐把收入都用在了买书和搜集文物上。多年的治学积累，让他精通文字、音韵、金石、目录、版本，又通典籍，兼长诗文、书画和印章，成为名副其实的一代国学大师。

王献唐对守护齐鲁文脉所做出的贡献更是令人仰止。1929年，王献唐受委派担任山东省立图书馆馆长，使山东省立图书馆成为当时全国收藏文物典籍最丰富的图书馆之一，大明湖附近的著名藏书楼"奎虚楼"就是在他主持下修建的。他与傅斯年、李济、董作宾等人共同参与城子崖龙山镇文化遗址现场发掘，并确认了青岛龙山文化遗址。抗日战争时期，为了延续齐鲁文脉，王献唐决定与时任典藏部主任屈万里及工人李义贵将一批馆藏文物图籍精品一起护送南迁至战争的大后方四川。3500多千米的护宝行程，这些被艰难保存下来的文物图集，包括古籍珍善本、书画和金石器物三大类，价值不可估量，是齐鲁文化的精华。据传当时每当空袭警报响起，王献唐都不顾自身安危而坚持守着这些珍贵文本。正是因为王献唐等人的努力，我们今天依然能够在山东博物馆看到这些精华藏品。

王献唐是中国近现代图书馆、博物馆学奠基人，一生淡泊名利，将大量珍贵图书以及越王剑、李自成闯王印等珍贵文物捐赠国家，还带动亲属和社会机构向国家捐赠，人格魅力影响深远。郭沫若到济南视察时，曾亲自登门拜访，尊称这位小其十余岁的齐鲁学人"王献老"。《炎黄氏族文化考》《中国古代货币通考》《山东古国考》《山左先哲遗书》《双行精舍书跋辑存》等的出版，在学术界引起强烈反响。

在王献唐的第二故乡青岛，对于王献唐学术成就的发掘与整理正不断丰富。2001年、2002年前后，青岛出版社进行了出版《王献唐全集》的古籍立项，截至目前已经出版了11部。2010年，青岛王献唐研究会成立，这是除了康有为研究会之外，青岛唯一以学者名字命名的学术研究组织。青岛王献唐研究会秘书长、王献唐曾孙王书林介绍，研究会的成立为王献唐学术研究搭建了全新的平台，举办了一系列有影响力的研讨会和展览，尤以2016年在青岛举行的"追忆 传承—纪念王献唐先生诞辰120周年特展"在海内外产生了深远影响。同时，王献唐研究会与青岛晚报合办的每月一次的青岛鉴宝会，是青岛唯一坚持至今的大型鉴宝公益活动，为众多岛城收藏爱好者提供了一个交流平台。

如今，王献唐长眠于青岛浮山南麓，王献唐的学术研究者们正全力整理他的学术成就，留存这些宝贵的文化财富。

冯沅君：一屋两书，鱼山流水

◎ 米荆玉

　　河南南阳唐河的"冯氏三兄妹"，两位兄长哲学家冯友兰、地质教育学家冯景兰各有建树，妹妹冯沅君则专攻文学。她和丈夫陆侃如都是文史界专家，都曾担任山东大学副校长，夫妻二人在20世纪40年代任教于青岛，与童第周等名教授都住在鱼山路36

山东大学院内的冯沅君夫妇石像

号院，当时夫妻俩发布的著作文末均署"写于青岛鱼山别墅"，可见她对鱼山路生活的喜爱。冯沅君"一间房，两本书"的愿望在青岛实现，而青岛也留下了这位文坛才女、文史专家的流年痕迹。

　　生于1900年的冯沅君，17岁就跟随哥哥们的足迹从河南考入国立北京女子高等师范学校，毕业后又考入北京大学研究所，在 20 世纪 20 年代末，她凭借小说集《卷葹》跻身文坛，成为当时"四大女作家"之一。她 29 岁嫁给才子陆侃如，1932 年，夫妻二人赴法国留学。3 年后，他们双双取得巴黎大学文学系东方文学博士学位。两人先后在安徽大学、中山大学、武汉大学、东北大学任教。1944 年，冯沅君出版了专著《古优解》，树立了她在学术界的地位。赵太侔出任国立山东大学校长后，在全国范围广聘名师。夫妻二人 1947 年同时接到聘书，冯沅君出任文学院中国文学系教授，她和陆侃如一道赴青岛任教，开启了人生中最稳定的 11 年时光。

据文史学者、《冯沅君传》作者严蓉仙介绍，陆侃如、冯沅君一开始被安排住在一座德式三层楼房里。后因为环境吵闹，学校把他们调整到了鱼山路 36 号的大院里。这里宽敞安静，楼上、楼下各两间的单元住宅非常适合冯沅君的生活和学术研究。夫妇二人在青岛的生活以学校为中心，非常简单。冯沅君生活简朴，学生回忆，她出门买菜会在篮子里放把小秤。当时的东方市场内有些小商

冯沅君在青期间居住在鱼山路 36 号院内

贩时常缺斤短两，政府设置了公平秤，冯沅君嫌麻烦，自己买了杆小秤随身携带。1948 年，山东大学为被逮捕入狱的进步学生募捐，陆侃如、冯沅君捐出夫妻俩的月薪，"两位先生的捐款几乎占到了全部捐款的一半"，足见他们对学生的深情。

新中国成立后，冯沅君继续从事在古典文学领域的研究。1954 年 1 月 25 日是冯沅君和陆侃如结婚 25 周年纪念日，两人在青岛咖啡厅举行了小型庆典，邀请了童第周、杨向奎、高亨、萧涤非等朋友欢聚，这也是两人在青岛生活里难得的盛典时刻。1958 年，随着山东大学迁离青岛，冯沅君也和丈夫一起赴济南工作，告别了青岛的"鱼山别墅"。在青岛期间，陆侃如、冯沅君逐渐成长为文史界具有较大影响力的研究者；陆侃如编写了《中国文学理论简史》，冯沅君则完成了《古剧说汇》。后来古典文学界有"冯陆高萧"的说法，是指冯沅君、陆侃如、高亨、萧涤非 4 位山东大学学者组成了古代文学的一个完整体系，自成一派，影响深远。

作为女作家，冯沅君的创作得到了鲁迅的赏识，她以笔名"淦女士"创作的《卷葹》收录于鲁迅主编的《乌合丛书》。为了《卷葹》的封面，鲁迅亲自写信给画家陶元庆，要陶元庆精心地加以设计，"内容是四篇讲爱的小说。卷葹是一种小草，拔了心也不死"。冯沅君后来也感谢鲁迅对自己的栽培。冯沅君一生从事古典文学研究，主要成就在古剧研究方面，完成了《古优解》《古剧说汇》等研究；她运用中西比照的方法，得出了"古优"是一种供君王贵人娱乐的奴隶的结论，并进而提示出古优与后世优伶的渊源关系。《古剧说汇》中的《古剧四考》等文章分别考证出了宋元时期的剧场、演员、剧作家及其社团和演出等各个方面的实际情况。对照冯沅君创作年表可以看到，青岛时期是她生活最稳定、身心状态最佳的时期。她于1949年担任青岛妇联筹委会主任，隔年担任青岛妇联主任。在研究领域，她在青岛创作了大量关于《红楼梦》《西游记》的文学研究论文，完成了教育部委托的《中国文学史教学大纲》"宋元明清"部分，还重新修订出版了和陆侃如合作的代表作《中国诗史》。寓居鱼山路的11年，成为冯沅君社会工作和研究工作的高产期。

冯沅君曾经自撰一联：是非是处求其道，才不才间度此生。此联部分化用了陆游"才不才间未必全，胸中元自要超然"，表达的是冯沅君在是非模糊之处勘定文化真道，在"才"与"不才"的评价之间自谦度日的超然态度。鱼山别墅孑然而立，大师之风山高水长。

童第周：显微镜下闯出海阔天空

◎ 马晓婷

　　著名画家吴作人有一幅《睡莲金鱼图》，几条小金鱼穿梭于莲叶之间。其中一条是金鱼的身子，却有着鲫鱼的尾巴。画家所呈现的这幅作品，其实是在记录一个生命科学的奇迹：异种核移植。而这项让世界惊叹的科学奇迹的创造者，就是著名的生物学家、中国"克隆之父"童第周。如今，以童第周名字命名的"童鱼"标本就存放在位于青岛的中国科学院海洋研究所，它比闻名世界的克隆羊"多莉"的问世还早了 15 年。

童第周雕像

　　童第周的科研生涯中，在青岛的经历是非常关键的。在这座美丽的海滨城市，他用一双灵巧的手，在小小的显微镜下闯出了一片天地，也极大地推动了青岛这座城市海洋科研事业的发展，让这座城市真正与大海相得益彰。

大学路与鱼山路的最美拐角不远处，就是童第周故居，虽然只是一路之隔，这里却全然是不同的天地：鱼山路36号院里，安静悠然，一栋两层日式小楼的东侧，是童第周曾居住过的地方。童第周出生于浙江鄞县，曾求学比利时，也正是在这期间，发生了被写进小学课本里的"一定要争气"的故事。童第周用一生在践行这个誓言。1934年底，已经在比利时获得博士学位的童第周报国心切，选择回到了祖国，辗转来到了位于青岛的国立山东大学任教。童第周任生物系教授，他的妻子叶毓芬也在同校任教。这一时期，童第周的不少重要科研项目在青岛起步。作为我国实验胚胎学主要创始人之一，童第周在青岛继续进行海鞘的研究，成功证明了在未受精卵子中已经存在着器官形成物质，说明了卵质对个体发育的重要性，这项研究成果是具有开创性的。童第周揭示了胚胎发育的极性现象，对文昌鱼个体发育的研究独树一帜，对鱼类胚胎发育能力和细胞遗传学的研究贡献卓著。

作为一名教授，童第周深受欢迎。认真授课之余，他亲自指导学生们做实验，带来了科研新风。面临正义学生被镇压和刑拘的情况，童第周更是毫不犹豫站出来积极做工作，想尽办法保护学生。他的教益，让学生终生难忘。七七事变爆发后，日军全面侵华，国立山东大学开始南迁，童第周一直跟至四川。后来学校停办，童第周才无奈离开。1946年，国立山东大学在青岛复校，在校长赵太侔的力邀之下，童第周返校在动物学系任主任，全家人也都来到了青岛。1948 年，童第周当选为中央研究院院士，同年赴美国耶鲁大学担任客座研究员，1949 年回到青岛。

此时，新中国的海洋科学研究仍是一片空白。青岛解放后，童第周应"中华全国科学工作者联合会筹备会"的邀请到北京参加筹委会会议。利用这个机会，童第周找到了中国科学院筹建组领导竺可桢，迫切地提出了建设中国海洋研究机构的设想。1950 年，中国科学院决定由童第周、曾呈奎、张玺 3 人负责，筹建中国科学院水生生物研究所青岛海洋生物研究室，这是中国科学院海洋研究所的前身，也是新中国第一个海洋科学研究机构。仅仅四五个月的时间内，经过童第周的奔走，研究室就成功组建，童第周任室主任，众多生物学家和海洋学家云集青岛。这标志着中国现代海洋科学的开端，也就此奠定了青岛在中国海洋科学事业中的重要地位。

位于莱阳路 28 号的办公室兼实验室，是童第周逗留时间最长的地方。显微镜下，童第周执着探寻着生命的奥秘。当时童第周正在研究关于头索动物文昌鱼的胚胎发育课题，文昌鱼傍晚产卵，每天晚上六七点到第二天凌晨两三点钟，童第周和妻子叶毓芬带着学生一起试验。端坐在显微镜前的童第周，似乎从未感觉到疲倦。

1951 年，山东大学已经发展成为多学科综合大学，童第周成为该校第一副校长。1955 年，童第周当选中国科学院学部委员、生物地学部主任，并兼任中国科学院青岛海洋研究所所长。1956年童第周调回北京，经常往返于北京和青岛之间。直到今天，中科院海洋所的后辈们仍然被他驰骋蔚蓝的故事所鼓舞。

沈从文：波光云影，一生仅有

◎ 米荆玉

　　1961 年 6 月，中国作协安排沈从文赴青岛休养——青岛也是他 20 世纪 30 年代在高校执教的地方；8 月回到北京，沈从文写了一篇散文《青岛游记》。这么一个普通的题目，他写了 2.5 万字，超过他绝大多数小说的篇幅。在文中他写道："我一生读书消化力最强、工作最勤奋、想象力最丰富、创作力最旺盛，也即是在青岛海边这三年。"在这位文化老人 86 年的人生中，从湘西到北京走遍了世间难走的路，青岛的波光云影留给了他"四最"，也是他多灾多难人生中难得的光影旖旎时段。留在青岛的青年沈从文与留在沈从文心中的青岛，在彼此印象里两相唱和、互致深情。

　　沈从文（1902—1988年），中国著名作家、文物学家，原名沈岳焕，字崇文，湖南凤凰人。1931年，沈从文应聘国立青岛大学中文系讲师，在青岛

坐落在百花苑的沈从文塑像

居住两年，此时他已经是文坛备受瞩目的青年作家，发表了《萧萧》《丈夫》等短篇小说以及《月下小景》《八骏图》等

位于福山路 3 号的沈从文故居

作品；15 岁他从湘西加入行伍，脱下军装后先是在北京大学旁听，后来在文坛崭露头角，与胡也频、丁玲一起在上海创办了《红黑》杂志，也凭借胡适的关系担任了中国公学的教师，遇见了"合肥四姐妹"里的张兆和，开始了狂热的追求。如今他在青岛落脚，此时国立青岛大学正是气氛祥和、蒸蒸日上的势头。校长杨振声带头，与闻一多、梁实秋等组成"酒中八仙"，教授们日常欢饮，其乐融融。而新秀诗人陈梦家加入后，也让大学里的新文学气氛更显浓厚。

　　1931 年，国立青岛大学在福山路新建的教师宿舍楼刚刚落成，建筑瓦砾尚未清理干净。沈从文在回忆里写道："房屋刚粉刷过，楼前花园里花木尚未栽好，只在甬道旁有三四丛珍珠梅，剪成蘑菇形树顶，开放出一缕缕细碎的花朵，增加了院中清韵风光。"沈从文称北京的居所为"窄而霉斋"，贫困的情形让探访他的郁达夫都受不了，写公开信催他放弃文学、找个事做。而在青岛，沈从文住进了讲师的单间宿舍，"我的住处已由干燥的北京移到明朗华丽的

海边。海天那么宽阔，无涯无际，我对人生远景凝眸的机会便较多了些"。沈从文后来在《水云》里写道："用身前这片大海教育我，淘深我的生命。天与树与海的形色气味，便静静的溶解到了我绝对单独的灵魂里。"沈从文故居占地 1055.6 平方米，建筑面积 489 平方米，砖木结构，基石为花岗岩，坐北朝南。

沈从文创作的两个重要题材，一类是湘西主题的乡村文化小说，另一类是城市背景下人性扭曲主题的现代小说。在青岛期间，沈从文的创作进入了高峰期。单单在 1931 年，他就出版了《石子船》《沈从文子集》《龙朱》《一个女剧员的生活》。其中《虎雏》《三三》《黔小景》都是他的代表性作品，他后来给儿子起名"虎雏"。而在青岛的第二年，他写出了重要的作品《从文自传》，通过回顾自己的成长经历，建立了一个独立的作家形象。这本书被研究者认为是沈从文确立个人艺术形象的分水岭。他的得意门生汪曾祺说："这是一本奇妙的书，告诉我们一个人是怎样成为作家的，一个作家需要具备哪些素质，接受哪些教育。这本书可成为一本'美的教育'。"

在青岛期间沈从文经历的一件大事就是徐志摩飞机失事。1931 年 11 月 21 日，沈从文得知徐志摩在济南遇难，急忙搭夜车赶赴济南，与北平来的梁思成、张曦若等一道去当地一个小瞻看徐志摩的遗容。此前一周，沈从文还写信拜托徐志摩为自己在国立青岛大学的旧同事找工作，还在信里开玩笑要为徐志摩准备五十大寿礼物。如今徐志摩不到 35 岁就意外死亡，对于沈从文来说是个重大打击。

也是在青岛期间，沈从文完成了一件人生大事：向张家提亲。

1932 年夏天，他带着一堆英译精装本俄国小说，赶往苏州九如巷张家。这次苏州行颇为成功，沈从文得到了小舅子送的一瓶汽水。回到青岛后，他接到了张兆和那封著名的电报：乡下人喝杯甜酒吧。隔年，两人在上海正式订婚。订婚后，张兆和跟着沈从文来到青岛，在已经改名为国立山东大学的学校图书馆做外文书刊编目工作。这一年 8 月，沈从文辞去教职，应杨振声之邀赴北平参加中小学教科书编辑工作。

在青岛的 3 年，后来多次出现在沈从文的写作和回忆录里，在创作谈《我的写作与水的关系》、散文《水云》、自传《从文自传》里都有生动描写。1962 年，沈从文回到青岛小住，回忆当年在崂山逗留的六七天，"仿佛若有所遇，神光离合，不类人间"。回忆 30 年前，他和青春正好的张兆和一起在崂山北九水游玩，听到一个小女孩为祖父离世而大放悲声，当时他就向张兆和承诺："我懂得这个有丧事女孩子的欢乐和痛苦，正如懂得你的醇厚和爱好一样多一样深切。我要把她的不幸和你为人的善良结合起来，好好用一个故事重现，作为我给你的一件礼物。"这个在崂山许下的承诺，包含了女孩、祖父、善良的人们、不幸的生活等各种元素，幻化成沈从文一生的小说巅峰，即是现代文学的扛鼎之作《边城》。

曾呈奎：大海的儿子轰轰烈烈过一生

◎ 马晓婷

在中国人的餐桌上，紫菜和海带是两种人们最为熟悉的海洋食物，它们物美价廉，带着海洋的新鲜气息，还拥有很高的营养价值。把它们带上餐桌的，正是扎根青岛的世界著名海洋生物学家曾呈奎。

曾成奎雕像

曾呈奎是中国海洋科学的主要开拓者之一，我国海藻学研究的奠基人之一和我国海藻化学工业的开拓者之一，中国科学院资深院士。他用一生，进行了一场耕海泽农的科学远征，其中最艰难也最辉煌的一段，是在青岛走过的。

1909 年，曾呈奎出生在厦门的一个华侨世家，自小生活在农村的他，目睹了太多劳动人民的艰辛，为自己取号"泽农"，立志要研习农业科学。尽管喜欢音乐，1929 年，曾呈奎还是考入厦门大学植物系学习。当时，他看到人们采集野生海藻食用，当即萌生出"海洋农业"的想法，要为人们在海上种粮食。就此，年轻人的心中种下了"沧海桑田"的种子，从此开始了与大海结缘、轰轰烈烈奋斗的一生。

曾成奎曾经工作过的地方

彼时，国内对海藻的研究寥寥无几。大学毕业后，曾呈奎攻读海藻专业研究生，后进入山东大学、岭南大学，任副教授。这期间，为了摸清我国海藻资源的"家底"，曾呈奎南从海南岛、东沙岛，沿着广东、福建、浙江、江苏，北到山东、河北、辽宁等省，在这场艰难的海洋征途中，采集了数千号海藻标本，成为中国海藻研究的奠基者。为了与世界最新科研成果接轨，1940年曾呈奎到美国密执安大学攻读藻类学、湖泊学和植物生理学。取得博士学位后，曾呈奎就想回国，但第二次世界大战期间中美交通几乎断绝，曾呈奎只得留在美国继续进修物理海洋学和海洋化学以及海藻研究。

前往青岛，是曾呈奎做出的一次人生重大选择；留在青岛，是曾呈奎做出的又一次人生重大选择。1946年，山东大学在青岛复校，童第周受校长赵太侔之托，写信给曾呈奎请他到山东大学工作。"我的事业在中国"，曾呈奎毫不犹豫地放弃了美国优渥的生活条件，从此与青岛结下不解之缘。在青岛，虽然科研条件艰难，但曾呈奎的心是火热的。青岛解放前夕，曾呈奎拒绝了前往台湾的邀请，与家人分别，留在青岛耕耘祖国的科研事业。

在青岛，曾呈奎出任山东大学教授，与童第周一起办起了山东大学海洋研究所，与童第周、张玺一起组建了新中国第一个海洋研究机构，即中国科学院海洋研究所的前身——中国科学院水生生物研究所青岛海洋生物研究室。为了给老百姓的餐桌上添几道菜，曾呈奎发明"夏苗培育法"，及"陶罐海上施肥法"和"海带南移栽培法"，解决了海带育苗和栽培的难题。在紫菜人工培育技术攻关中，以人工生产壳孢子开始了科学种植紫菜的新纪元。这些技术，让我国成为世界海带和紫菜生产大国，让国际海洋生物学界刮目相看。他首次在中国发现了原绿藻，开拓了海藻比较光合作用和进化的研究领域，丰富了生物进化的理论，建立了中国第一个海藻基因工程研究实验室。

曾呈奎是我国"蓝色农业"的先驱，率先提出海洋水产生产必须走农牧化的道路，1980 年，"耕海牧渔"在胶州湾开始试验。曾呈奎的科研，对于以虾类、贝类、鱼类为代表的海水养殖以及海洋药物、食品浪潮的兴起影响深刻。他先后多次获得全国科学大会奖、国家自然科学奖、国家科技进步奖、中国科学院重大科技成果奖和省（部委）奖。以"曾呈奎"命名设立的"曾呈奎海洋科技奖"，是中国首个以海洋科学家命名的科技奖项。

"人生只有一次，何不轰轰烈烈过一生。"曾呈奎的这句话，亦是他人生的真实写照。他留给青岛、留给海洋生物学的宝贵财富，永远让人们感念。

洪深：在"失地"青岛上演的人生蒙太奇

◎李魏

　　如果将中国戏剧和电影先驱洪深的青岛往事重新加以剪辑，便是一段悲欣交集的人生蒙太奇，其中有无尽的哀伤，裹挟着稍纵即逝的欢欣，那是对失去的家的追忆与痛悼。他把它们一一记录下来，以文字或影像。而这一幕幕往昔于历史的洪流中上演，本身便如同一部戏剧。

坐落在百花苑的洪深塑像

　　1915年，清华校园的一名学生以"乐水"的笔名发表了《青岛见闻录》。这篇近万字随笔，其中描摹了彼时他眼中的青岛与居民，如同一部社会学调查报告。其中讲华人，"寓岛华人可分三级，上级为大人先生……中级为寻常商人，及洋行中司事翻译，每月得数十至数百元不等。下级如苦力及

人力车夫，每日得一元以上……本处乡民，贫苦特甚，大半种地
瓜而食。如有食大米者，即目为富豪。而山多田少，且不易种"；
讲德国人，"德人好饮酒，好乘汽车……如乘汽车出游，每过酒肆，
必狂饮"。而这位家在青岛、敏于观察和思考的清华学子，正是
洪深。

　　洪深（1894—1955 年），字伯骏，江苏武进人，中国早期电
影开拓者、剧作家，1933 年来青岛接替梁实秋任国立山东大学外
文系主任。1913 年，洪深的父亲洪述祖将家搬到作为德国租借地
的青岛。在袁世凯出任中华民国大总统之时，洪述祖曾担任内务部
秘书，因卷入宋教仁遇刺案而不得不避居青岛。举家避祸，却成就
了正在清华读书的洪深的一段美好时光：连续两年的寒暑假，他都
在青岛度过，或在福山路 1 号的家中，又或到崂山南九水去往麦克
伦堡途中的一处别墅——观川台，他在那里种花、种菜，在池塘养
鲫鱼，在涧水中洗浴……也是在此时，他获得崂山梨的启发，写下

福山路 1 号洪深故居

了戏剧处女作《卖梨人》，也是国内第一部有对白的独幕话剧。

　　然而时事的波谲云诡却容不下这单纯的小确幸。1914年日德战争爆发，日本攻占青岛，其观川台的家被鸠占鹊巢，变为一家日本料理店。在1934年《我的失地》中，洪深写道："每次到青岛，总是设法到南九水去探视一次，独自一人的时候多。"但他"轻易不敢对人家说，我才是这屋的真正主人；人家也不晓得我还有这样一块'失地'"。此后不久洪深便赴美留学，并在异国他乡闻听了父亲被处以绞刑的噩耗。他转攻戏剧，并在当时向朋友表示，要暴露和鞭挞社会的丑恶与不公，便只有学习他所熟悉的戏剧这一条路。

　　洪深的人生再度与青岛这座城市交集是在1934年，彼时他从上海到青岛，接替梁实秋成为国立山东大学外文系的主任，教授《大学戏剧》《小说选读》等课程，并创办了"山大剧社"。以个人家族史为原型、展现1897年到1922年25年间城市历史背景的电影剧本《劫后桃花》，也在此时孕育而生，为中国电影艺术首创了文学剧本的样式。担纲主演的电影明星胡蝶在回忆录中记下了1935年的拍摄场景："这部电影共分二十四景，外景九处，内景十五堂，九个外景全部在青岛拍摄。在青岛拍摄的外景地有：海滨、沙子口、李村、总督府等地，于1935年在青岛摄制完成，为中国电影界留下了辉煌的一笔。"同年7月，洪深与老舍、王统照等12位文化名人共同创办了文学期刊《避暑录话》。

　　如今，观川台早已不见踪迹，只有福山路1号的别墅，依然如故。这座三层的德式楼宇，占地10340平方米，建筑面积501.42平方米。砖木结构，坐北朝南，基石为花岗岩，地上两层，有阁楼及地下室。一层由厚重的石墙砌成，二、三层为黄色立面，高大的门厅，拱形窗户，哥特式的屋顶，置于院落中的高处，在青岛已经挂牌的近50处名人故居中，尤见宽敞和气派。

"北地的十月梢，树上的叶子，应当都是黄落了，然而青岛还没有落；青岛的树上依然是青的。有人说，青岛的好处，就好在青上，如果没有这些树，青岛便和别的城市一样，不见得有什么出色了。这句话也许是真的。"1934年，洪深在《留得青山在》中这样写道，当是他重回故园，但见物是人非的心境吧。

闻一多：鱼山路上策杖先生烂漫悠然

◎李魏

    中国海洋大学鱼山校区一隅，一座百年历史的两层德式洋楼坐落在石头镶围的矮坡高处，夏季楼体几乎完全被茂盛的藤蔓植物覆盖，只露出鲜明的德式红屋顶和别致的红砖烟囱；石砌的小路从大门通向楼前雕像所在的一小片开阔地。已经很少有人再提起小楼曾经的称谓——"第八校舍"，至于门前伫立的闻一多雕像，连同"一多楼"的更名，业已沉入史册，墨迹渐淡。

    在那个人文兴盛、治学丰沛的年代，国立青岛大学的第八校舍内曾经同时居住着三位来青任教的才子名流：时任文学院院长、

位于中国海洋大学鱼山校区内的闻一多塑像和故居

国文系主任闻一
多，理学院院长、
数学系主任黄际
遇，楚辞学专家
游国恩。

"万木围绕，
初夏新绿，遍盖
窗前，时亦怡然
自得。"彼时黄

位于中国海洋大学鱼山校区内的闻一多故居

际遇曾在他的日记中记下初入第八校舍的随感。这是 1930 年应国
立青岛大学校长、老友杨振声之邀来青岛任教的闻一多的心境："当
春天，街市上和山野间密集的树叶，遮蔽着岛上所有的住屋，像是
大海碧绿的波浪，岛上起伏的青梢也是一片海浪，浪下有似海底神
人所住的仙宫……四月中旬，绮丽的日本樱花开得像天河，十里长
的两行樱花，蜿蜒在山道上，你在树下走，一举首只见樱花绣成的
云天。樱花落了，地下铺好一条花蹊。接着海棠花又点亮了，还有
踯躅在山坡下的'山踯躅'，丁香、红端木，天天在染织这一大张
地毯；往山后深林里走去，每天你会寻见一条新路，每一条小路中
不知是谁创制的天地。"

这是诗人闻一多笔下烂漫的青岛。那一年，闻一多与梁实秋
在杨振声的力邀下一同乘船来青，对于是否接受聘书到国立青岛大
学任教的犹疑，在登岸的瞬间便打消了。

专家认为，闻一多在青岛居住的时间虽然不过短短两年，但

这两年却仿佛他人生的"命中注定"：他在这里展开对古典诗学的研究；在这里写下被徐志摩称作最好的、也是平生最后一首爱情长诗《奇迹》；在这里完成了从诗人向学者的彻底转变；为文学院的学术体系建设做出贡献……青岛，正是他人生轨迹的一个缩影。而我们从前人口中得知的，青岛鱼山路上的闻一多，则是一位与教科书中迥异的烂漫悠然的先生。

一多楼前雕像的创作者、青岛雕塑家徐立忠不止一次讲起雕像初立时的"巧合"。20世纪80年代初，徐立忠打去闻一多雕像头顶挂点线仪的基准点上的石橛，发现那里有一块白色的石英芯。他暗自庆幸，这个硬币大小的白色瑕疵在雕像的头顶，从下往上是看不到的。而雕塑家至今都记得，在雕像落成典礼前一天，闻一多的小儿子闻立鹏闻听此事时那惊愕又欣喜的神情。原来在1938年的西南联大，敌机空袭时为掩护学生，闻一多被崩起的砖块打在头上留下一处疤痕，正是在这个位置……

百花苑内的闻一多塑像

这尊雕像创作时所对照的照片，取自闻一多在青岛与学生春游中石上休息的瞬间。闻一多在西南联大的一位学生在看过雕像后说，一多先生抽烟时就是这个样子。据说那时闻一多日常最常抽的香烟，还是当年产自青岛的"红锡包"。那张照片在他离开青岛后，也被放大，长久挂于家中，足见珍惜。徐立忠说，那块取自掖县（今莱州）普渡口迟家南山的花岗岩或许就是为记录一多先生在青岛这段短暂而又充实的岁月而存在的。

20世纪80年代，诗人臧克家曾来青寻访旧日恩师的足迹，同行者都记住了其中一个细节：第八校舍的大门那时还没有重装，用的依然是闻一多当年所用的那把铜钥匙，却怎么也打不开那扇门。臧老微微一笑，告诉开门人：只需将门把子上提，再扭动两下就好。依照行事，果然奏效。

在国立青岛大学时，闻一多虽已停止新诗创作，却从未忽略过对年轻作者的发掘。而臧克家就是一位最令他欣赏的年轻人。臧最初就读于外文系，后想转念国文，考试时文学100分，数学却得了0分，原本无望，但因其平时酷爱写诗，常把新作拿给闻一多先生求教，而闻一多亦赞其诗作老练，于是破格收转。

当年臧克家在青岛读书时无钱出书，还是闻一多与王统照各资助10块大洋，才促成了他的第一本诗集《烙印》的出版。这本书的封面设计，也由闻一多亲自操刀，扉页中独特的虎皮纹路的设计，让人又想起那个早年赴美就读美术学院、主修油画专业的闻一多，那个曾经蓄起长发、过着波希米亚式放荡不羁的生活的艺术留学生闻一多……

如今，一多楼内没有改变的，是依稀透出久远气息的紫红色木制楼梯和转角的小窗，还有低矮的阁楼也几乎完全保持原样，裸露着原色的、粗重的屋梁。昔日梁实秋拜访老友闻一多时的情形浮现：他书房中参考图书不能用"琳琅满目"四字来形容，因为那凌乱的情形使人有如入废墟之感。屋里最好的一把椅子，是一把老树根雕刻的太师椅，要把椅子上的书挪开，才能有坐的位子……

那时的鱼山路上，常见两位长衫先生策杖同行，是闻一多与梁实秋。在梁的描述中，闻一多很欣赏策杖而行的那种悠然态度，因此备了好几根手杖。那当是他真性情流露的写照吧。

梁实秋：海天遥望"君子国"

◎ 米荆玉

20世纪30年代国立青岛大学成立后，以大学为落脚点客居青岛的文人名士颇多，然而对青岛用情最深的名人里，梁实秋当属其中特殊的一位。他不仅喜爱青岛的自然景观，对青岛的美酒美食、风土人情都有涉猎。在接受大学聘书之前，他和好友闻一多特意先到青岛打探一番；在青岛任教期间，他逐渐在当时的文坛站稳位置，也开启了一生对莎士比亚的研究；而他离开青岛后不断写追忆文章，并将青岛定位为"君子国"。后来，他的女儿梁文茜还来青岛拍摄了照片，寄给了远在台北的父亲。他曾在《忆青岛》一文里写道："我虽然足迹不广，北自辽东，南至百粤，也走过了十几省，窃以为真正令人流连不忍离去的地方应推青岛。"海天遥望，无限眷恋，这位散文大家的字里行间可见拳拳之心、殷殷之意。

在抵达国立青岛大学之前，1930年的梁实秋正处在文学事业的崛起时期；27岁的他留美归来，与妻子程季淑结婚三年生活美满，与新月社的胡适、闻一多等人都是至交好友，当接到杨振声校长的聘书与闻一多一起来青岛任教时，正是他意气风发的时候。他初次来到青岛就觉得这里景致如画，"到处都是红瓦的楼房点缀在葱茏的绿树中间，而且三面临海，形势天成。我们不禁感叹，中国的大好河山真是令人观赏不尽"。梁实秋夫妇带着三个儿女先是在鱼山路4号租了一栋房子,楼上4间,楼下4间,房子距离海滩很近,一家人常常去浴场玩耍,浴场里的游客百态都在梁实秋笔下有生动的体现。来青岛第二年,梁实秋搬到了鱼山路7号,也就是现在的鱼山路33号梁实秋青岛故居。这座房子为当时的铁路职工王德溥所建,宾主相处非常融洽。应梁实秋要求,房东在院子里种下樱花、苹果、西府海棠,"樱花都是双瓣的,满院子的蜜蜂嗡嗡声。苹果第二年结实不少,可惜不等成熟就被邻居的恶童偷尽。西府海棠是季淑特别欣赏的,胭脂色的花苞,粉红的花瓣,衬上翠绿的嫩叶,真是娇艳欲滴"。

梁实秋深厚的留学背景让他一来青岛就当上了外文系主任兼图书馆长,他开设的《欧洲文学史》《莎士比亚》以及公共课《英语》备受学生欢迎,为外文系打造了高水平的起点。作为图书馆馆长,他亲赴上海采购了6万册中外图书,并广泛搜求本省先哲硕儒

位于鱼山路33号的梁实秋故居

著作抄本。校长杨振声表示："我们可以无愧地说，国内外没有几个大学能像我们这样的购备图书仪器。"在青岛期间，梁实秋一边忙着为北京、上海的副刊杂志写稿，一边开启了《莎士比亚全集》的翻译工作，最终于1967年大功告成。教学之外，他也是大学里有名的"酒中八仙"之一，校长杨振声喜欢带着赵太侔、闻一多、梁实秋等人聚饮、划拳，"八仙"酒宴选在青岛老牌馆子顺兴楼。多年后梁实秋还在《雅舍谈吃》里写道："我也吃过顶精致的一顿饺子。在青岛顺兴楼宴会，最后上了一钵水饺，饺子奇小，长仅寸许，馅子却是黄鱼韭黄，汤是清澈而浓的鸡汤，表面上还浮着许多鸡油。大家已经酒足饭饱，禁不住诱惑，还是吃得精光，连连叫好。"

旅居青岛期间，梁实秋享受了一段平静而富足的日子，在他的散文里不断有关于青岛美食的记忆，让后人在纸上领略当时青岛的西餐、中餐、海鲜的盛况，"牛排上覆一个嫩嫩的荷包蛋，外加几根炸番薯，佐以生啤酒一大杯足以尽兴。""我在大雅沟的菜市场以六元得鲥鱼一尾，长二尺半有奇，小口细鳞，似才出水不久，归而斩成几段，阖家饱食数餐，其味之腴美，从未曾有。"秋风起时，他想起了北京的烤羊肉，于是从北京定做了一只当时在青岛罕见的"烤肉支子（炙子）"，"我的支子运来之后，大宴宾客，命儿辈到寓所后山拾松塔盈筐，敷在炭上，松香浓郁。烤肉佐以潍县特产大葱，真如锦上添花，吃得皆大欢喜"。

除了青岛的物产和美食，梁实秋对青岛人更是深有好感："青岛民风淳厚，每于细民中见之。我初到青岛看到人力车夫从不计较车资，乘客下车一律付与一角，路程远则付二角，无争论者。这是全国没有的现象……齐鲁本是圣人之邦，青岛焉能不绍其余绪？"梁实秋在青岛度过了四年美好时光，1934年，虽经学生集体挽留，梁实秋还是接受了北京大学外文系主任的聘请。离青之前，他与房东王先生结算房钱，"我于租满前三个月退租离去，仍依约付足全年租赁；王君坚不肯收，争执不已，声达户外。有人叹曰：'此君子也。'"带着对君子国的赞美，梁实秋离开了青岛。多年后他仍然不忘自己在青岛的"留念"："我离开青岛时把支子送给同事赵少侯，此后抗战军兴，友朋星散，这青岛独有的一个支子就不知流落何方了。"

张玺：揭开胶州湾海洋生物奥秘第一人

◎ 马晓婷

上合扬帆，今天，提起青岛的开放、现代、活力、时尚，人们的目光常常先瞄向胶州湾。而早在 1935 年，我国海洋科学界的先驱之一、中国贝类学的创始人和奠基者，著名的动物学家和海洋生物学家张玺已经开始探寻胶州湾的秘密，掌握了胶州湾蓝色海洋奥秘的第一卷翔实的资料。

张玺出身于农民家庭，1916 年，他考入保定甲种农业学校育德勤工俭学留法班，后以优异成绩公费留学法国里昂大学。获得硕士学位后，张玺开始研究海洋软体动物。1931 年，他撰写了论文《普

百花苑内的
张玺塑像

鲁旺萨的后鳃类动物研究》，张玺以精湛的学术能力获得法国国家博士学位。一心报国的他结束学业后很快启程归国到北平研究院动物研究所任研究员。1934年，他发表论文《青岛沿岸后鳃类动物的研究》，首次记载了我国的后鳃类动物，对青岛附近海域8种后鳃类的外形、解剖、交尾、产卵及发育等做了详细的说明。

1935年，张玺领导了由北平研究院和青岛市政府联合组织的"胶州湾海洋动物采集团"，对胶州湾的各类动物及海洋环境进行了全面调查，这是我国第一次对海洋生物进行调查和研究，也是我国学者组织的第一次海洋动物综合性考察，对于学科建设有着开拓性意义。这次调查是对胶州湾环境和海洋动物的全面摸底，其丰硕的成果都成为珍贵资料，以此为基础出版的论文和专著，成为研究我国北部沿海动物的早期重要文献。在这次调查中，张玺还在我国首次发现了柱头虫，将其命名为黄岛柱头虫，极具科研价值，从此各高等院校不再需要从国外进口这些教学材料了。

在当时极端艰苦的生活条件下，张玺克服科研经费和设备匮乏的困难推进研究，抗战的爆发也没有阻挡他的脚步。他随北平研究院动物研究所迁往昆明，后任所长。海洋动物学研究被迫中断，张玺便开始了对湖泊及淡水动物的研究，调查云南的湖沼水生经济动物，并试行鱼类人工养殖，创造了我国湖沼学的开端。

新中国成立后，张玺将全部精力投入新中国的科学事业中。1950年，张玺再一次来到青岛，与童第周、曾呈奎一起，创建了中国科学院水生生物研究所青岛海洋生物研究室。在张玺等人的努力下，这里逐步扩展成为我国科技力量最强的综合性海洋科研机构，也就是我们今天所熟悉的中国科学院海洋研究所。张玺任副所长。告别家眷，孤身一人来青"创业"，张玺生活十分简单，莱阳路 28 号既是张玺在青岛

位于莱阳路 28 号的张玺故居

的办公场所，也是他在青岛的家。通过多次沿海调查，张玺和团队基本上掌握了我国沿海各类无脊椎动物的种类、分布和利用情况。同时，张玺非常重视将研究与资源调查和开发利用相结合，对长牡蛎、近江牡蛎以及栉孔扇贝的繁殖和生长以及生态学做了连续细致的研究，为今天大规模的养殖奠定了基础。同时，他还对海洋中危害极为严重的船蛆和海笋进行了深入调查。

1958 年，受中国科学院委托，张玺参与筹建中国科学院南海海洋研究所，并任第一任所长，提出南海所应重点研究珍珠贝和珊瑚。此外，他还为北京动物所淡水、陆生贝类学的发展以及南京地质古生物学研究所贝类学的研究，培养了一批科学研究的骨干。他曾在中法大学、山东大学、北京大学等多所学校任教讲授海洋学、海洋生物学和贝类学等课程，培养了大批海洋生物学人才。根据张玺贝类学讲义整理后出版的《贝类学纲要》，是我国第一部贝类学专著。

张玺的科研之路与祖国的需求和百姓生活紧紧结合在一起，他从不计较名利地位。张玺的光芒就如同他所研究过的珍珠一样，温润绵长。"张玺贝类学奖励基金"的设立，得以永久纪念这位海洋科学研究的先驱。

杨振声：开启青岛 20 世纪 30 年代的大学高光时刻

◎李魏

　　他是中国现代文学史上的著名文学家，鲁迅称他是"极要描写民间疾苦的作家"，并将他的作品作为现代文学史上第一个文学流派"新潮派"小说代表作，选入《新文学大系》；他是曾经火烧赵家楼、怒打章宗祥的"五四"青年，1919 年毕业于北京大学国文系，又赴美国哥伦比亚大学深造，获得博士学位；他是先后履职中山大学、武汉大学、燕京大学、清华大学的教育家……他与青岛交集不过两年，却开启了这座城市的大学高光时刻，成为 20 世纪30 年代青岛人文高地和大学风骨最初的塑造者。

坐落在百花苑内的
杨振声塑像

　　1930 年，当时的国立青岛大学创立。在 20 世纪 30 年代的山东省，它是唯一一所综合性高等院校。经蔡元培先生举荐，山东莱阳人杨振声走马上任，任首任校长。他认真分析家乡山东历史文化状况，"山东在历史上，对于哲学、文学地位皆甚重要，只以近代开发迟钝，一时落后，人且并将历史上的地位忽略"，并因此提出了大学的发展目标："青大作为地方最高学府，其责任也自然重大，对于历史上地位，不但负有恢复之责任，且当光明而扩大之"。

　　围绕这一目标，杨振声精心设计布局大学的创新教育体系和格局，让时人叹为观止。中国海洋大学校史研究室主任杨宏勋对此做过深入研究。在他看来，杨振声思想进步、富有远见。他任人唯贤、求贤若渴，不管是哪一派，都热情欢迎，皆尽传承蔡元培先生所倡导的"兼容并包、学术自由"办学之风。

　　当年杨振声发起了一场课程改革。20 世纪 30 年代，高等学府不允许讲授《中国现代文学史》，即便是在高举"五四"新文化大旗的北京大学，直至抗日战争前夕也没有新文学史的一席之地。而杨振声的这场课程革新，则开大学风气之先。他亲登讲台开设讲授《小说作法》课，把新文学提到了与《楚辞研究》《诗经研究》等古典文学课程同等的地位，且成为中文系课程的中心和先导！不仅如此，说起近百年前大学的文学院课程设置，恐怕今天的莘莘学子都无法想象，那是何等蔚为大观的盛况。

　　文学院闻一多讲授《文学史》《名著选读》《唐诗》和《英国诗歌》；梁实秋讲授《戏剧入门》《莎士比亚》《英国文学史》《欧洲文学批评》等课程；新月派诗人孙大雨讲《英国文学》；沈

从文讲《高级作文》和《中国小说史》……此外在文学院任教的还有作家方令豫、台静农，诗人陈梦家、费鉴照等。

不拘一格广泛网罗人才，始终是校长杨振声放在首位的一项工作。在他聘请的学者中，既有学术界的一时才彦，也有教育界的后起之秀。著名诗人闻一多任文学院院长兼中文系主任；学者、莎士比亚研究专家梁实秋任英文系主任兼图书馆馆长；教育家黄敬思任教育学院院长兼教育系主任；生物学家曾省之任生物学系主任；数学家黄际遇任理学院院长兼数学系主任；化学家汤腾汉任化学系系主任；物理学家王恒守任物理学系主任……还有诗人陈梦家、学者沈从文、楚辞专家游国恩、语言学家闻宥、生物学家秦素美、沙风护分别在各系任教。

借青岛地理之便，杨振声亦常邀约著名学者赴青岛讲学，进行学术交流。蔡元培、章太炎、胡适、罗常培、冯友兰、陈寅恪都曾到当时的国立青岛大学演讲或授课。一时间，人才济济、灿若群星，青岛20世纪三四十年代的文化鼎盛，自此时而起。

杨洪勋说，青岛一定是让杨振声终生难忘的一座城市，这里不仅给他提供了施展才华的舞台，他亦把自己全部的智慧贡献给了这座学校，使其在仅仅两年的时间里，就跻身全国名校之列。他把现代大学精神从北京根植于青岛，并在青岛发扬光大。不止于此，在这里，他与闻一多、梁实秋等学者名流结下深厚友谊，他们策杖漫游崂山，在靛缸湾瀑布前流连忘返；把盏言欢，成就一段"酒中八仙"的佳话。

20世纪30年代的青岛堪称北方三大文化中心之一，而高校正是青岛文化的精神高地。1994 年国务院命名青岛为历史文化名城，亦得益于这一历史的高光时刻。今天龙江路 11 号杨振声

位于龙江路 11 号的杨振声旧居

故居犹在，与之同路毗邻的龙江路 7 号，正是当年的教务长、后来的继任者赵太侔的旧居。20 世纪 30 年代，这里曾经鸿儒谈笑、名流雅集……在这座城市，他们的名字永远紧密相接，无法抹杀。

方宗熙：从"陆地"迈向海洋 一生广阔

◎ 马晓婷

　　耕海探洋，青岛的海洋科学研究学界可谓名家荟萃，前辈科学家们的唯真求实，在这里树起海洋科学事业的丰碑。作为青岛海洋科学研究学界的早期开拓者之一，著名的海洋生物学家、遗传学家、科普作家方宗熙在青岛完成了由一名"陆地"科学家向海洋科学家的转变。他曾写下科普名篇《生命进行曲》，更用 30 多年的不懈追寻，谱写出一曲与大海和鸣的"生命进行曲"。

　　方宗熙是福建云霄人，自小便展现出学习的定力。在厦门大学学习时，他早晚都要看书，课余时间大半都在实验室，每天的学习生活非常有规律。方宗熙本想报考清华大学的出国研究生，但因抗战未能成行，1937 年回到母校云霄中学任生物学教师，后赴印尼、新加坡的中学教授生物课，同时开始

中国海洋大学鱼山校区内的方宗熙塑像

创作科普文章和写小说。1947年,方宗熙赴英国攻读人类遗传学,取得博士学位后,方宗熙回国受阻,转到加拿大多伦多大学做研究。约半年后,方宗熙终于回到了祖国,先在总署编审局做了一段时间的编审,后调到人民教育出版社负责编写生物教科书。方宗熙编写的教科书,成为新中国第一套生物通用教科书和小学自然统编教材,时任人民教育出版社社长的叶圣陶也称赞,"方君之稿甚好"。方宗熙还与周建人、叶笃庄合译了达尔文的两部名著《物种起源》和《动物和植物在家养下的变异》。

1952年,随着全国高校院系调整,全国大学最好的海洋科学和海洋生物专业聚于青岛。1953年,应山东大学副校长、著名生物学家童第周的邀请,方宗熙到山东大学生物系任教授,开启了全世界海洋生物遗传学和育种学研究的序幕。从此方宗熙深深扎根青岛,为我国的海洋科研事业呕心沥血。1958年,山东大学由青岛迁往济南,方宗熙留任山东海洋学院生物系。1959年山东海洋学院建立后,方宗熙先后任该院海洋生物遗传教研室主任、系主任及副院长,并撰写了大量的大学生物课本和参考书。

海带有着极高的营养价值。1958年开始,兼任中国科学院海洋研究所研究员的方宗熙就着眼于海藻遗传研究和育种研究,并成功地培育出"海青一号"宽叶品种、"海青二号"长叶品种和"海青三号"厚叶品种等海带新品种。20世纪70年代,方宗熙带领团队开展海带单倍体遗传育种研究,首次发现了海带雌性生活史,成功培育了雌性孢子体,使我国成为国际上唯一一个实现大型海藻种质资源长期保存的国家。方宗熙的科研脚步可以说是紧锣密鼓,他领导完成的"单海一号"海带单倍体新品种培养，不仅开创了我国海洋生物细胞工程育种的里程碑，更是我国褐藻遗传育种的标志性成果。

作为一名教育家，方宗熙把毕生所学毫无保留地传授给学生们，在青岛高等教育岗位上培养出了大批人才。他领导建立的海洋生物遗传育种研究室，已经发展成为今天的中国海洋大学海洋生物遗传学与育种教育部重点实验室，成为我国海洋科技研发领域中的一支生力军。在做好大量的国内工作之余，方宗熙致力于进行对外学术交流，扩大我国海洋科学的国际影响力，多次参与联合国教科文组织政府间海洋学委员会的学术会议。今天，后辈们沿着他的足迹，没有停止跋涉的脚步。2018年，中国海洋大学与挪威卑尔根大学签署成立"方宗熙—萨斯海洋分子生物学中心"合作协议，致力于建设世界一流的海洋分子生物学学术研究机构，此中心隶属于中国海洋大学海洋生物遗传学与育种教育部重点实验室并独立运行。正是有了大师们的耕耘作为基础，青岛的海洋科研事业前景才越来越广阔。

萧军：山海有情 往事堪记取

◎ 米荆玉

　　20世纪30年代来青岛的众多文化名人里，萧军显得非常特别。他赤手空拳而来，与伴侣萧红都处在人生的低谷期，在文学上处于起步阶段，来青岛也是投奔老友舒群夫妇，然而他们在青岛不仅找到了身心的慰藉，还找到了奉献终生的文学事业和珍贵的进步思想。合体来看，萧军、萧红的经历，是进步作家在那个时代难得的成长样本，他们在青岛创作了各自文学历程上的重要作品。分开来看，萧军在青岛得到了个人的极大发展，他作为编辑、作家、武术好手的身份都在青岛找到了应和。无怪乎萧军后来多次造访青岛，留下了多首诗作抚今追昔，表达对这座城的眷恋之感。

位于观海一路1号的萧军故居

　　1934年夏天，萧军在大港码头第一次踏上青岛土地，身边陪伴的是他从伪满洲国带出来的伴侣萧红，而码头上迎接他的是他在东北结交的好友舒群。舒群娶了青岛媳妇后力邀萧军、萧红来青,有了日后文学史的这段传奇。萧军写道:"青岛是值得我们永远怀念和纪念的地方。1934年夏天,我们从哈尔滨出走以后,于当年的端午节前一日到了青岛。我们在观象一路一号一所石块垒成的二层小楼的下部租了两间房子,一间由舒群夫妇居住,一间就由我们居住。后来,我由楼下面又搬到楼上有'太极图'那间突出的单间居住了。"27岁的萧军在哈尔滨与萧红合写过一本小说散文集《跋涉》,来到青岛后,他担任了《青岛晨报》(副刊)编辑,继续他的文学创作事业,还成为进步书店——荒岛书店的常客。

与高校象牙塔里的名家不同,萧军的青岛生活一开始就与市井息息相关。他在回忆里写道:"夏天我常到海水浴场洗海澡,从我们家到海水浴场,来回都要经过荒岛书店的门前,常到里面看看,喝杯茶,有时还要吃个西瓜。"《青岛晨报》编辑同事张梅林回忆,当年他和萧军、萧红日常一起去市场买菜,做俄式大菜汤、烙油饼,"我们吃得很满足"。当时的萧军不修边幅,"他戴了一顶边沿很窄的毡帽,前边下垂,后边翘起,短裤、草鞋、一件淡黄色的俄式衬衫,加束了一条皮腰带,样子颇像洋车夫。"日后的著名文学家、电影艺术家黄宗江当时还是个中学生,他家住在东方市场对面,经常到荒岛书店买书、看书,结识了萧军。萧军安排黄宗江和同学李前管负责中学生文学创作版面,发表了黄宗江的第一批作品。

在青岛,萧军、萧红的创作非常顺利。1934年秋天,萧军写完了他的长篇小说《八月的乡村》,萧红则完成了长篇小说《生死场》。深受进步思想影响的萧军听从了荒岛书店经营者孙乐文的建议，给鲁迅先生写了一封信。萧军回忆："我在青岛时，还是一个刚踏上文坛不久的热心青年，我在信中大概提出了两个问题，一是作为一个决心投身文化运动的青年，当时应干些什么；一是想请鲁迅先生看看我和萧红已经完稿的《八月的乡村》和《生死场》。"这封信写于这一年的10月，通信地址为"青岛广西路新4号荒岛书店"。在信中，原名刘鸿霖的他第一次使用了"萧军"这个名字，这也意味着一个对抗战时期文学有着重要意义的作家萧军正式在青岛登场了。

出乎萧军、萧红的意料，鲁迅很快写来了回信，兴奋的萧军、萧红把《生死场》的抄稿和之前出版的《跋涉》寄给了上海的鲁迅。就在这时，青岛党组织遭到破坏，舒群夫妇被捕。萧军在《青岛怀踪录》中写道："一夜，孙乐文把我约到栈桥，给了我40元路费，并嘱咐我们应及时离开青岛。我与萧红得此消息后，即约同朋友梅林，躲开了门前派出所的警察和特务的监视，抛弃所有家具，搭乘了一艘日本轮船的四等舱逃离前去上海。"到了上海，在鲁迅的支持下，萧军的《八月的乡村》和萧红的《生死场》出版，迅速赢得了广泛的关注。萧军也就此成为"鲁门弟子"里颇具文学影响力的成员。

萧军与萧红的情感经历也是两人人生传奇的一部分。在青岛时期两人情感较为稳定，萧军回忆说："每于夜阑人静，和萧红时相研讨，间有所争，亦时有所励，度过了一段美好的时光。"1936年，萧红从上海赴日本，萧军只身返回青岛，住在当时正在放暑假的山东大学（原国立青岛大学）宿舍楼里，萧军回忆："我住了大约两个月，由于没有什么外来的干扰，感情、思想上也没什么波动，因此写作进行得还顺利。除写完了《第三代》（长篇小说）第一部的后半部分，把第二部基本初稿也写完了，约十几万字，还写了《邻居》《水灵山岛》两篇散文，它们全是取材于青岛的。"萧军后来回忆这两个月的生活深有感触："我从来没有像那样无忧无虑、不担心生活，不被各种思想和感情所烦扰，不用想什么计谋和策略来对付各样事情、各样人，完全可以自由思索，自由写作。"

抗战爆发后，萧军、萧红重聚又分手，结束了一段载入文学史的感情。在萧军的笔下，他对青岛时光的梳理、重写，呈现了他内心的情愫。1979 年，青岛文史学者鲁海将观象一路 1 号小楼照片寄给了萧军，萧军在回信里附了诗作《题青岛观象一路 1 号故居》。诗作第二首云："生离死别两浮沉，玉结冰壶一寸心。缘聚缘分原自幻，花开花谢罔怆神。珠残镜破应难卜，雨走云行取次分。尽有伯牙琴韵在，高山流水那堪闻。"20 世纪 80 年代，萧军曾重访青岛，在他的《青岛怀踪录》里更有对这个城市深情的表白："我于青岛曾有过三度去住因缘，45 年过去了，这之间尽管我东漂西泊，也还并未忘记这个我曾经几次居留过的美丽的山岛，它给我留下了深深的印记和深深的感情。"

王统照：望海台上的文学拓荒人

◎ 米荆玉

在众多生活在青岛的民国文人里，王统照把他生活经历和文学经历的重心都放到了青岛。自 1927 年定居观海二路起，王统照的家迅速成为青岛现代文学的核心。定居青岛的日子里，他完成了小说巨著《山雨》、著名散文《青岛素描》，诗集《这时代》以及小说《轿夫的话——崂山道中》《海浴之后》《沉船》等作品。他是青岛现代文学的拓荒者，他的客厅既是杜宇、于黑丁、吴伯箫、臧克家等文坛新人聚集的场所，也接待了老舍、洪深、闻一多等文坛名家。观海二路 49 号作为青岛现代文学的核心现场，诞生了《青潮》等一批代表性文学刊物，也是 20 世纪三四十年代青岛文化黄金时代的大舞台。

1927 年，而立之年的王统照从北京返回山东处理母亲后事，

百花苑内的王统照塑像

正式定居青岛。
1897 年出生的王
统照出身于诸城
名门望族。作为
"五四之子"，
他凭借白话文小
说创作备受文坛
瞩目，与郑振铎、

观海二路 49 号的王统照旧居

茅盾等人一起在北京发起了新文学运动中成立最早、影响最大的文
学社团之一"文学研究会"。定居青岛之前，他已经是《晨报·文
学旬刊》主编，也出版了中国现代文学史上最早的单行本中篇小说
之一《一叶》。

　　观海二路的房子由王统照亲自择地建设，他还在书房"望海楼"
外特地修了一个小平台"望海台"，与朋友们登台望海，畅谈文学。
据学者刘增人在《王统照传》里描述：1927 年的观海二路 49 号，
门口竖立着两堵用粗糙的白石砌成的墙柱，进门是一道又高又陡的
石头阶梯，两边有红漆木制扶手。沿石阶走上去，右边是三间敞亮
的客房。如鱼脊般横贯小院的是一系列居室，包括王统照夫妇的卧
室、孩子们的卧室、仆人的卧室……当时在青岛读书的臧克家回忆：
"我在（国立）青岛大学读书期间，不时到他的观海二路寓所去。
我一到，老工友上楼通报一声，一会儿看到主人扶着陡直的栏杆，
滑梯似的飞跃而下。"

　　王统照在青岛时期的创作也进入了高峰期；当时的青岛，日

本帝国主义仍然在军事、经济上保留了极大的影响力。王统照的文学创作中深刻反映了社会现实，他的小说《海浴之后》记述了日本水兵绑架中国警察的故事，《沉船》以日本客轮"现德丸"在青岛超载造成数百人死亡的沉船惨案为背景，底层人民在小说里发出了"外国船真看得中国人比狗还贱"的悲呼。1933年出版的长篇小说《山雨》堪称王统照的代表作，小说描写了破产农民进入城市后的生活状况和觉悟过程。《山雨》即含有"山雨欲来风满楼"的寓意，而小说中的"T市"指的正是青岛。《山雨》与《子夜》同期出版，茅盾撰文称《山雨》为"在目前文坛应当引人注意的新作"。评论家田仲济指出，《山雨》是"中国现代文学中较为坚实的现实主义长篇小说代表作之一"。

王统照有一部短篇小说——《春雨之夜》，写的是"我"在回乡途中与一对少年姐妹的偶遇。据王统照三子、中国农业大学教授王立诚考证："先父王统照写作《春雨之夜》的动机却是回忆他生平第一次恋爱。这不是揣测之词，而是根据他在1921年的遗稿《民国十年日记》的亲笔记载。"1921年2月12日至6月18日，时在中国大学上学的王统照，写下3本日记，计7万多字。后来，这3本日记和一方留有泪迹的绣花手帕，一直尘封在他随身携带、秘不示人的小皮箱里。

秘密终于在王统照1957年病逝后被发现。其子王立诚说："我在整理他的遗物时，发现了这本秘藏终生、从不示人的日记，纸色发黄，抚之已脆。"

此后，这些日记又几经周折。先是被王统照青岛故居作为纪念品收藏，后不幸在"文革"中散失。1978 年，青岛市文化局、文联从废纸堆中搜集到了王统照的部分遗物，日记又失而复得。

王立诚立即赶赴青岛，将日记带回北京，并复印了一套，以免再次遗失。在经过长时间的考虑后，王立诚和哥哥王济诚（曾任山东工业大学副校长）决定公开发表这些日记。

1997 年，在王统照 100 周年诞辰之际，这些日记被公之于世。这就是现代文学史上具有重要意义的《民国十年日记》。

创作之外，王统照还在青岛铁路中学、市立中学（今青岛一中）等学校教书；他的家也成为文坛名人、文学新秀在青岛的据点。1929 年，王统照联合青岛文学青年编辑（创办）了《青潮》，这是青岛文学史上的第一本文学月刊，王统照也被誉为"青岛现代文学的拓荒者"。当时还是大学生的臧克家得到了他的大力扶持。臧克家回忆："他很重友谊，真诚待人，给人以温暖，对我这个后进，鼓励、奖掖，不遗余力。我的第一本诗集《烙印》，他是鉴定者、资助者，又做了它的出版人。没有剑三（王统照字剑三）就不可能有这本小书问世，这么说也不为过。"

《山雨》出版后第二年（1934 年），王统照赴欧洲游学，隔年回国后在青岛与老舍、洪深等创办《避暑录话》周刊。1936年秋天，他应邀赴上海担任大型文学刊物《文学》月刊主编，同鲁迅、茅盾、郭沫若、巴金等共同签署了《文艺界同仁为团结御侮与言论自由宣言》。然而隔年抗日战争爆发，他带着家人离开青岛避乱，观海二路 49 号也被日寇强占，藏书和文稿毁于一旦。日寇投降后，王统照带着家人重返观海二路旧居，并受聘为当时的山东大学中文系教授。他还担任文学周刊《潮音》主编，重续青岛现代文学脉络。这期间他创作了《老舍与闻一多》《悼赵明宇君》《忆老舍》《丏尊先生故后追忆》《追怀济之》《记杜宇君》《悼朱佩弦先生》等散文，后人也从中得见众多珍贵的记忆史料。

新中国成立后，王统照于 1950 年调往济南，先后担任山东省人民政府委员、文教厅副厅长、山东省文联主席等职务，1957 年在济南病逝。家人在收拾遗物时发现了部分文稿，发现他一直在构思创作长篇小说《胶州湾》，足见王统照对青岛山海岁月的感情。如今，青岛已将观海二路 49 号辟为"王统照故居"，他的铜像也被置于青岛百花苑的文化名人雕塑园中，供后人品评、致敬。

束星北：悲欢交错的天才科学家

◎ 马晓婷

　　留学欧美，在世界科学界崭露头角；毅然回国，风起云涌中保持着科学家的纯粹。每一个提到理论物理学家、教育家、中国"雷达之父"束星北的人，无不被他倾情科研的一生所触动。相对论、量子力学、无线电、电磁学、气象学、海洋物理学……他以天才禀赋和超乎寻常的专注完成了一次次让人惊叹的科研转身，更在青岛

坐落在百花苑内的束星北塑像

成为中国海洋物理学的奠基人之一，为我国的海洋科学事业做出了开拓性的贡献。

　　鱼山路上的原山东大学教授宿舍，和束星北一同沐浴过星辉。1952年，全国大学院系调整，束星北主动要求到当时在青岛的山东大学物理系工作，任职教授。早年求学爱丁堡大学、剑桥大学、麻省

理工，师从世界顶尖科学家，束星北已展现出天才科学家的禀赋，回到祖国后受到极大关注，因不愿违背爱国心，束星北辞去了在南京中央陆军军官学校的第一份工作，来到竺可桢任

在鱼山路 36 号院内，有一处就是束星北当年的旧居

校长的浙江大学。这一时期的浙江大学，被英国科技史学家李约瑟称为"东方的剑桥"。在浙江大学的日子里，束星北和中国核物理学家、"两弹一星"元勋王淦昌是两个标志性人物，两人经常进行公开的学术辩论，在唯真求实的科学探索中，逐渐成为熟悉的诤友。1980 年，王淦昌曾到青岛看望老友束星北，两人在青岛山留下合影。

在青岛 30 年，束星北带着高光而来，却无奈落入尘埃，最终在科学的春天里终于迎来转折，为他钟爱的科学事业燃尽了所有的力量。初到山东大学，束星北深受校长华岗重视，收入地位都不错，但性情直率的束星北不愿接受科研之外的过多束缚，并且在公开场合强烈表达自己的不满，毫不掩饰的束星北言辞激烈，很快就被卷入时代的漩涡。研究方向转向气象学，对于束星北来说只是转换赛道，而其取得的科研成绩亦是卓越的，但接下来漫长的时间里，科研生涯的暂停对他的打击令他一度崩溃。1960 年，他转到青岛医学院工作。1964 年，我国第一颗原子弹爆炸成功的消息传来，举国欢庆之时，束星北欣喜过后却忍不住内心的悲痛，没能以自己擅

长的物理研究为祖国效力，是他最大的遗憾。科学家的纯粹之心，注定了束星北不会停下自己科研的脚步，在青岛，束星北开始编写《狭义相对论》。与此同时，他完全没有科学家的架子，修复青岛医学院的仪器，也为普通人帮忙，坚定地继续着自己的脚步。

1978 年，全国科学大会在北京隆重举行，"科学的春天"来临了！不久后，束星北也迎来了自己科学的春天。回归科研心切的束星北，接受了国家海洋局第一海洋研究所的邀请，抱病到该所从事动力海洋学研究工作。此时，束星北已经 71 岁，在最后的科研历程里，束星北成立了动力海洋学学习班，培养了一批动力海洋学的骨干人才，同时，奠定了我国海洋内波研究的基础。1979 年，束星北还为我国第一枚洲际导弹弹头的数据舱接收和打捞计算了最佳时间。

束星北将科研工作视为薪火相传的事业，对于培养人才，束星北始终是毫无保留的。在浙江大学工作时，束星北曾来回步行40 千米从湄潭到永兴为学生辅导普通物理。在青岛，他病情严重依然坚持给学生上课。诺贝尔奖得主李政道、"两弹一星"功勋科学家程开甲、物理学家吴健雄都曾是他的学生。李政道称他最早接受的"启蒙光源就是来自束星北老师"。程开甲和夫人由他证婚。2016 年起，自然资源部第一海洋研究所每年都会评选"束星北青年学者"，激励年轻人以束星北为榜样在科研之路上不断前行。

当生命画上句点，束星北留下的是大爱。在与病魔抗争的时间里，束星北就决定进行遗体捐献。束星北的这束光源，不仅启蒙了李政道等学生，也永远地温暖着科学的土地。

赫崇本：大海做伴似还乡

◎李魏

　　2008 年，中国海洋大学的师生自动集资，在校园内为中国物理海洋科学的重要奠基人、海洋科学教育家赫崇本树立了半身石雕像，那天是 10 月 28 日，赫崇本先生的百年诞辰。

　　当时还是青年教师的中国海洋大学教授、博士生导师黄菲在她的博客中做了如下记录："我们年轻教师虽然无缘见过赫先生，不过听听老先生们的追忆也挺好，因此去参加了座谈。大家争相回忆先生在物理海洋学科创建的过程，他的为人，学术水平，人格魅力……"正是在那次纪念活动中，许多晚辈后生第一次真正走近了这位熟悉而陌生的先生。他们发现他是一位一生与大海做伴，视之如故乡的先生。据说他当初毅然回国，选择青岛从事所热爱的海洋科学，其实原因十分简单——这里更靠近海洋。

坐落在中国海洋大学鱼山校区内的赫崇本雕像

　　正是在这里，他着手创建了中国第一个物理海洋专业，在山东大学迁到济南时，他高瞻远瞩地向国务院申请留下海洋学院在青岛发展，才有了今天的中国海洋大学；是他，在最困难的时期申请建造了中国第一艘最大的海洋科学考察船；海洋系建系之初只有三位老师，而他的工作效率之高、上课之多令人惊叹；也是他，辛苦做了大量海洋调查工作，却从不计较个人名利，总是把名让给别人……

　　"有时候，人这一生的命运仅仅是一个选择就已注定。"2013年赫崇本先生的女儿赫羽曾经这样说。那一年她跟随记者再度回到了鱼山路 9 号甲，沿着中国海洋大学鱼山路校门旁那条石板小路走不长的距离，就能看到赫崇本故居的牌匾。那时，她站在院门前远远向里张望，一直说，院子几乎没有变，树还是原先的样子，只是窗框的颜色换了，木制的棕红色现在换成了塑钢的白色……

　　1949 年新中国成立，赫崇本一家应当时的国立山东大学之邀，从东北奔赴青岛。一家人在机场滞留了三天三夜，因动荡的时局而无法登机。后来由教育部门出面才得以成行。那时的赫崇本刚从美国加利福尼亚州立大学斯克里普斯海洋研究所归国。时局混乱中，他深恐美国政府会阻

鱼山路 9 号赫崇本故居

挠中国留学生回国，才决然离开美国，甚至放弃了海洋学博士学位。和他一同抵达青岛的，还有耗尽他留美所有积蓄、又向同学借钱购得的数箱海洋学科书籍。

赫崇本的一生似乎注定与海洋相关。1943 年他赴美留学，在加州理工学院攻读气象学，而 4 年后获得气象学博士学位后，他又进入了加州大学斯克里普斯海洋研究所从事海洋物理学的研究。女儿后来曾问过父亲，为什么明明想学习与海洋相关的学科，却会先去学气象？赫崇本回答说，他在美国做过一番调研，最后认定，要学好海洋学，必须先学好气象学。而他当时在青岛也正是这样做的——亲自给学生上动力气象课。

1952 年，赫崇本参与创建山东大学海洋系，任系主任，并第一次以中国海洋学讲师的身份开讲了"潮汐""海浪""海流"等相关课程。不过对于从事海洋研究的晚辈们而言，更令他们钦服的则是赫先生关于黄海冷水团的研究成果。黄海冷水团的生成，早在 1959 年赫崇本的专门文章中就给出了正确的猜测，这在半个世纪前没有数值模拟手段、极其缺乏海洋观测的时代几乎是不可想象的，而当时条件下猜想的结论，在今天看来依然是正确的。

赫崇本的贡献远不止于此。正是由于他，当时全国知名的海洋教育人才得以汇集青岛；正是他，伯乐识得千里马，"冒险"起用了曾在国民党政府中任职的束星北教授；也是在他的直接努力下，1964 年，我国第一艘自行设计建造的远洋科学考察船建成并投入使用……不屑于名声的显赫，淡泊世人的尊崇，执着于海洋的根本，赫崇本之名，名副其实。

　　对于青岛这座城市而言，人文精神的张扬和文化底蕴的建设，离不开如赫崇本先生一样已经走入历史的海洋学科的"掌门人"，他们走向海洋的背影已融入城市的文化传统，累积成为城市巨大的精神财富和海洋科学遗产，至今仍是这座城市无可比拟的优势与高地。

毛汉礼：乱世风雨 但见海阔

◎李魏

在福山路 36 号海洋研究所的老宿舍楼外墙上，要经过仔细寻找才能发现隐匿于树篱间的那块"毛汉礼故居"牌匾。这位奠定了新中国物理海洋学之基的科学故人，连同他历经风雨飘摇、几近传奇的一生，已然淡出这座城市普通民众的视线，却是海洋科学世界里铭记中国史册的坐标。

1988 年 11 月，69 岁的毛汉礼因心梗在青岛去世。就在去世的前两天，他还曾目送"极地号"考察船启程赴南极考察；前往市老年海洋工作者协会全体大会做学术报告。马不停蹄，执着不息，正是这位科学先驱的人生写照。

百花苑内毛汉礼塑像

纵观毛汉礼的一生，可谓波折多舛。少年时代，他的求学之路并不顺遂。出生于浙江诸暨一个农民家庭，毛汉礼 10 岁便展露学霸天资，在村办小学仅就读一年就考取了县里的正式高小，又以高分考入金华高中。然而此时九·一八事变爆发，毛汉礼不得不回到乡下，他没有放弃学习，自学高中课程，参加高等学府考试被浙江大学录取。可是战乱容不下一张安静的书桌，浙江大学被迫内迁广西，家境贫寒的毛汉礼支付不起路费和学费，只能靠打杂攒钱，而后来，战争又迫使大学迁往贵州遵义。毛汉礼一路追行，甚至露宿街头。一个月后，他终于如愿以偿，成为一名浙江大学新生。

命运的戏剧才刚刚拉开大幕。1947 年，毛汉礼考取公费留学名额，赴美国加利福尼亚州立大学斯克里普斯海洋研究所学习物理海洋学。而他的博士学习才刚刚开始，当时的国民党教育厅就断绝了中国留学生的费用供给，不想放弃学业的毛汉礼靠在餐馆打工维持生计，终于在 1951 年获得海洋学博士学位，准备回国。然而，此时正值抗美援朝时期，迫于中美关系和他所从事的海洋学科，美国政府颁布了禁令：凡在美国的中国科学工作者，一律不能回中国。为了回国，这位青年科学家同美国政府打起了官司，官司一打三年，直至日内瓦会议上美国解除这条禁令，毛汉礼才同钱学森等人一起，成为禁令解除后的归国科学家。这段经历，如今讲来，堪比传奇。

历经风雨，终迎海阔。毛汉礼的辉煌人生始于 1955 年，这一年，他与家人一同移居青岛，先住在莱阳路 28 号的海洋所宿舍，转过年来便搬进了刚刚建好的福山路 36 号宿舍。

正是在这座城市，毛汉礼领导并见证了中国海洋科学事业发展的多个"第一"。他与海洋所研究员张孝威共同领导了我国首次开展的"烟威外海鲐鱼渔场海洋学调查"研究；参加由周总理亲自领导的"十二年科学远景规划"海洋学部分的制订；1957年，他领导开展了我国

福山路 36 号毛汉礼旧居

第一次大型综合海洋考察——渤海及北黄海西部综合调查，搭乘我国第一艘海洋综合调查船"金星"轮，带队出海进行第一个航次调查；他主编并撰写了我国第一部海洋综合调查报告——《渤海及北黄海西部综合调查报告》。这次"全国海洋普查"，被看作我国海洋科学发展史上一个重要的里程碑。

在女儿毛彦平的印象里，父亲性格率直，甚至脾气略显暴躁。"他对学生要求很严格，读研究生时，不准他们谈恋爱，晚上要他们念书，他甚至会跑去查夜。做实验的时候，如果有父亲站在谁身后，那个学生的手都会发抖的。"毛汉礼一直认为，发现和培养科研工作中的"将才"和"帅才"是科研工作的头等大事。他常讲："没有一个能打硬仗的科学集体，是不能进行科学攻关的，更不能达到科学的最高峰。"

回国之初，鉴于当时多数年轻人英文水平差，毛汉礼在其夫人范宜君的帮助下，短期内翻译出了200万字的经典著作，这些

译作对开阔中国海洋科学人才的视野和能力起到了很大作用。从1956 年开始，毛汉礼不断开展各种有针对性的本科或专科海洋学课程培训。这些青年后备力量后来被分配到全国各海洋科研机构，大部分成为科研与管理的中坚力量。

许多功成名就的海外老同学对于归国后在"文革"中经历了诸多磨难的毛汉礼深表惋惜，而毛汉礼却十分坚定地表示，自己从来都没有后悔过，回来就是为报效祖国。他曾说："再给我多少次机会我都一定会回来。现在就算自己身体不行不能做研究了，还可以培养学生。"

台静农：文化人的两种人生

◎ 马晓婷

　　1936年秋末冬初的夜晚，陈设像北平东兴楼的青岛老饭庄里，台静农与老舍等人围桌而坐，老舍偶然冒出一两句笑话，"大家"们笑得如孩子一般天真。时光已逝80多年，又是一年秋末冬初的青岛街头，在相同的时节和风景里，我们再忆台静农与青岛。

　　从1936年秋到1937年7月，台静农在青岛的时间只有短短的近一年，但这些珍贵的生活片段雀跃在他的记忆里，产生了最深刻的羁绊，让他对青岛始终有一种挥之不去的故土般的情谊。

　　台静农，中国现代著名作家、学者，1903年生，安徽霍邱人，

黄县路 19 号的
台静农旧居

幼承庭训，读中学时就曾创办刊物，后在北京大学国文系旁听，还曾在北京大学国学研究所学习。他曾于 1936 至 1937 年在国立山东大学中文系执教。这个时候的台静农还很年轻，担任中文系讲师，讲授的"中国文学史"和"历代文选"两门课程深受学生们欢迎。作为老师的台静农，亲切、谦和、有耐心，操一口洪亮的皖北口音，经历了此前三次入狱后，青岛的生活对于他来说是平静而可贵的。在青岛，台静农与老舍结下了深厚友谊，两人经常和朋友们一起喝老酒、吃馆子，感受着海滨城市青岛温润的气候和生活。

其实，早在来青岛之前，台静农已是活跃于文坛的知名青年作家，1922 年发表新诗《宝刀》，1923 年发表第一篇小说《负伤的鸟》，深得名家赏识。其中，他与鲁迅的忘年之交被人们津津乐道。1925 年，在北京大学学习的台静农与鲁迅结识，后成为挚友。在鲁迅的影响下，台静农与李霁野、韦素园、韦丛芜等人在北京创立了文学社团"未名社"，出版"未名丛刊""未名新集"等，是"五四"时期最重要的文学社团之一。台静农深受鲁迅影响，他在短篇小说集《地之子》出版前，曾将文稿寄给鲁迅，两人保持着书信往来，在文字对话中袒露心声。鲁迅更是曾肯定台静农"为人极好"。来到青岛不久后，台静农就给鲁迅写信，邀请他到青岛来养病，1936 年 10 月，鲁迅给台静农回信，介绍了自己的近况。10 月 19 日，鲁迅病逝，这封信也成为鲁迅最后少数信函之一。鲁迅逝世后，山东大学举行了悼念仪式，台静农做了发言。

1937 年，台静农离青赴北平，抗战时流寓川中，1946 年起执教于台湾大学，开启了他人生的另一面生活。他不再是文化场域疾呼呐喊的"地之子"。"人生实难"之中，为了平复内心，他转而专注于学术与艺术，精于诗书画卷，鲜有谈起过往。在台湾大学中文系，台静农是任职时间最长的系主任，贡献卓著。退休后，台静农更是专于书法、篆刻等领域，达到很高的造诣。早在青岛时，台静农了解到平度有天柱山摩崖石刻和北魏书法家郑道昭的魏碑时，就曾前往天柱山研究。晚年，他出版有《静农书艺集》《龙坡杂文》《静农论文集》等。

即便远离青岛，台静农依然时常回忆起青岛的生活，想起青岛的朋友，怀念与老舍在青岛畅饮的苦老酒。在青时，台静农租住于黄县路，与老舍家很近。1944年台静农写下的散文《我与老舍与酒》中，就曾忆起这味苦而微甜的酒。1947年写下的《谈酒》一文中，更是提到"不记得什么时候同一友人谈到青岛有种苦老酒，而他这次竟从青岛带了两瓶来，立时打开一尝，果真是隔了很久而未忘却的味儿"。这是酒的滋味，更是乡愁的滋味。所幸，台静农与张大千成为好友，给了这个远在异乡的人一种温暖的慰藉。

写的是乡土风的文，爱的是乡土风的酒，台静农"将乡间的死生，泥土的气息，移在纸上"，又深深埋在了心底。有些话虽然从未再讲起，但他的风骨与性情，早已深深影响了他的学生们，在"自由、开放、宽松、包容"中，完成了一次次文化传承。

萧红：悄吟女子的黄金时代

◎ 米荆玉

　　2014 年，电影《黄金时代》上映，影迷们得以在大银幕上看到萧红传奇的文学人生。距离 1934 年她和萧军第一次踏上青岛 80 年整，许鞍华导演的镜头展现了萧红、萧军在青岛的生活瞬间：写完《生死场》的萧红正在迷茫期，在影片难得的暖色调里，萧红、萧军感受着青岛山海的熏陶，为鲁迅的回信激动万分。正是在青岛，从东北出走的那个张秀环、张廼莹不见了，诞生了一位文学史上的奇女子萧红。

　　1934 年端午节前一天，与萧军一起在青岛大港码头下船的萧红终于挣脱了东北往事，满带着尖锐痛楚的经历开启了新的生活。她原本是黑龙江呼兰县的张家小姐，19 岁离家出走赴北平求学，第二年与未婚夫汪恩甲同居又遭抛弃，在人生最困顿的时候认识了哈尔滨报社编辑萧军，找到了灵魂伴侣。1934 年，由于他们合著的小说散文集《跋涉》引起了伪满洲国特务注意，他们应好友舒群之邀来到青岛，住进了观象一路 1 号，这一年她 23 岁，笔名悄吟。

　　对于饱尝颠沛流离之苦的悄吟来说，定居青岛的生活是难得的平静期。当时萧军在《青岛晨报》当副刊编辑，而悄吟除了负责为报纸编辑《新女性周刊》，还要忙着创作和经营家庭生活。《青

位于观海一路 1 号
的萧红故居

岛晨报》同事张梅林笔下的悄吟衣着简朴:"悄吟用一块天蓝色的
绸子撕下粗糙的带子束在头发上,布旗袍、西式裤子,后跟磨去一
半的破皮鞋,粗野得可以。"在他的《忆萧红》里描写三个人在青
岛海边游泳的场景:"悄吟在水淹到胸部的浅滩里,一手捏着鼻子,
闭起眼睛,沉到水底下去,努力爬蹭了一阵,抬起头来,呛嗽着大
声喊:'是不是我已经泅得很远了?'"在青岛这片土地上,悄吟
的生活清贫里掺着年轻人的快乐。

悄吟和萧军在青岛的创作很有秩序,"每天有一定的时间静
静地执笔"。这一年 10 月,小说《生死场》完成了初稿。在张梅
林看来,悄吟的笔触清丽、纤细、大胆,好像一首牧歌。《生死场》
展现了东北贫农凄惨艰辛的生活,他们不仅难求温饱,甚至连基本
的情感都被生活消磨殆尽,作者的笔触生动呈现了农村女性们卑微
无助的生活以及在男尊女卑世界里悲惨的遭遇。此时的悄吟听从荒
岛书店店主的建议,她跟萧军一道把《生死场》《八月的乡村》寄

给了上海的鲁迅先生，隔年出版时这部小说轰动文坛，小说署名"萧红"——在青岛，悄吟退场，萧红诞生了。

青岛时期也是萧红由进步青年转化为进步作家的重要时期。当时广西路的荒岛书店是萧军、萧红钟爱的去处，由地下党员孙乐文经营。正是在孙乐文的建议下，《生死场》才找到了正确的去处。这一年中秋节，地下党组织遭到了破坏，舒群夫妇被国民党特务逮捕，萧军、萧红躲过一劫，孙乐文迅速找到萧军，要他们立即离开青岛。当年11月，两人离青奔赴上海，开启了新一段文学历程。

回望1934，悄吟的青岛岁月不过半年，却完成了从悄吟到萧红的转变，成就了她的小说代表作。电影《黄金时代》的片名取自萧红1936年去日本后写给萧军的信函："窗上洒满着白月的当儿，我愿意关了灯，坐下来沉默一些时候，就在这沉默中，忽然像警钟似的来到我的心上：'这不就是我的黄金时代吗？此刻。'"萧军则在回信里描写他独自回到青岛后如何重游山海胜景，文字往来，不知道在萧红心中激起如何的回想？

1942年萧红在香港病逝，女作家金秉英是最后几个见证人之一。在《昙花一现的友情——思忆萧红》里，金秉英写道："萧红便约我明年两人同去青岛观海。我们可以整天都在海边上……坐在海边石头上谈天。只有我们两人；那就意味着各不带家属，可是她又说，带个男朋友去，替我们提提皮箱，跑跑腿。"萧红对大海的描述让金秉英印象深刻："当时她是用诗一般的语言，满怀激情向我描述早霞、夕阳、月夜大海的变化景色。海水有时很平静，就像风平浪静时明镜般的湖面，碧蓝一片，无边无际，撒满了细小的银珠，粼粼荡漾，海，无比温柔，教人怀恋。海水有时不平静，便咆哮起来，惊心动魄，巨浪一个追逐一个，拍击着岩石。大海用自己的波浪把岩石上的一切污泥杂草，冲刷干净。海，胸怀广阔，令人神往。我曾想过，这是说海么？是不是有所寄托？"如今的观象一路上，萧军与萧红、舒群故居仍在，当年那些文学先锋寄情的那片海也继续吸引着众多后来人。

刘谦初故居：一颗红心，无限忠诚

◎ 马晓婷

　　"我在临死之际，谨向最亲爱的母亲和亲爱的兄弟们告别，并向你紧握告别之手。希望你不要为我悲伤，希望你紧记住我的话，无论在任何条件下，都要好好爱护母亲！孝敬母亲！听母亲的话！"这是革命烈士刘谦初写给妻子张文秋的遗书。文中的母亲指的是党，兄弟是和他并肩作战的同志。刘谦初就义时的这封家书，实在令人动容！

　　平度是一片红色的土地，这片土地上留下了许许多多红色的故事。在田庄镇刘家庄东首街南一条南北巷的东侧，有一栋坐北朝南，砖木结构的传统式平房。1897 年，革命烈士刘谦初就出生在这里。院落中，东间为刘谦初祖父母卧室，中间两间为灶间与正间，

刘谦初故居　　　　　　　　刘谦初故居院内场景

西侧两间套间为刘谦初父母卧室。如今，这里已是重要的爱国主义教育基地。

刘谦初，原名刘德元，平度市田庄镇刘家庄人，是中共早期著名领导人之一，毛泽东的亲家（毛岸英烈士的岳父）。1913年春天，刘谦初考入平度知务中学。19岁时，刘谦初参加了高密县农民义勇军，进行了伐袁斗争。1918年，刘谦初考入山东齐鲁大学预科，"五四运动"爆发后，因积极宣传爱国思想被反动当局勒令退学。1922年，刘谦初考入北京燕京大学，并与李大钊领导的学生组织建立了秘密联系，接受中共地下党组织的领导。1924年，27岁的刘谦初加入中国社会主义青年团。1925年"五卅惨案"后，他首倡成立"燕大沪案后援会"，被选为燕京大学大学生运动负责人之一。燕京大学毕业后，刘谦初到广州岭南大学从事革命活动，1926年参加北伐战争，任国民革命军第十一军政治部宣传科社会股股长，1927年1月加入中国共产党，后任中共福建省委书记、山东省委书记。1929年7月，刘谦初领导发动了持续40多天的青岛大康、隆兴和富士等七大纱厂的总同盟大罢工，给反动当局和日本帝国主义以沉重打击。

1929年8月，刘谦初在赴上海向党中央汇报工作途中不幸被捕。在狱中，刘谦初受尽折磨，但面对敌人的威逼利诱和严刑拷打，刘谦初不但没有屈服，还将监狱当成对敌斗争的阵地，向狱中难友们讲述革命真理。1931年4月5日，刘谦初在济南英勇就义，年仅34岁。

刘谦初故居的老房子，至今已有500多年的历史，走进这个几经修缮的简朴院落，了解刘谦初短暂而壮烈的一生，人们无不被先烈的初心和理想所感召。刘谦初故居于 2005 年 5 月被命名为青岛市级重点文物保护单位，2013 年 10 月被命名为省级重点文物保护单位。目前，故居正在进行扩建，刘谦初红色文化园即将正式对外开放。为强化园区史料支撑，平度市成立了工作专班，先后 2 次进京拜访刘谦初烈士的女儿刘思齐，现场聆听革命故事，瞻仰烈士遗物，追忆烈士革命事迹，积累了大量一手资料。平度市还组织热衷党史研究的老干部志愿者团队，先后赴江苏、新疆、上海等 13 个省、自治区、直辖市，40 多个城市，对刘谦初工作、战斗过的地方进行史料挖掘，拍摄资料照片 6000 余幅，搜集了大量珍贵史料，真实生动地还原了刘谦初烈士血洒齐鲁的感人事迹和富有传奇色彩的红色家庭历史。

即将开放的刘谦初红色文化园，将综合运用浮雕、场景、影像等形式生动呈现刘谦初烈士的革命事迹，建成以"不忘初心、牢记使命"为主题，集红色教育、文化体验、田园观光等多功能于一体的红色教育基地，以刘谦初故居为依托，打造红色文化园平台，着力构建全国一流党性教育基地。"忠诚、担当、坚守、情怀"的新时代谦初精神，将熠熠生辉。

大泽山石雷战：筑起人民抗战的"铜墙铁壁"

◎李魏

站在平度高家村南山山顶，村里村外阡陌纵横，周边道路一目了然。这里至今保留着80年前抗日战争时期的一口锈迹斑斑的铁钟。这是一口战时用来传递消息的"警钟"，当年从这里隐蔽俯瞰村外交通要道敌情，可获最佳视角，连同山脚下矗立的"平度抗日英雄纪念碑"，都在讲述着曾经生活在这片土地上的人们智勇无畏保卫家园、浴血抗击侵略者的故事。

1938年，抗战全面爆发第二年，中央发出了"应以发动游击战争与建立游击区的根据地为中心"的指示，苏鲁豫皖边区省委决意在胶东创立以大泽山为中心的根据地。两年间，中共胶东区党委率先在大泽山、牙山和昆嵛山三地创立根据地，抗日的烽火燃烧在大泽山上。

位于青岛平度的大泽山，是胶东西部最高峰，东西横亘平度、招远、莱阳、掖县（今莱州）边区，绵延百余里。它山势高峻、重峦叠嶂、沟壑交错，地理位置十分险要，素有胶东西大门之称，正有开展游击战的地利之势。而位于大泽山主峰西麓的高家村，更是在根据地建立前就拥有了村民自发组建的抗日民兵自卫团。

1940年，抗战进入最为艰苦的时期，敌军在大泽山周边设了

矗立在"石雷之乡"的抗日英雄纪念碑　　石雷之乡的民兵塑像

20 多个据点，想要一举拔除根据地这根坚韧的刺。面对敌人的来势汹汹，高家村不再"单打独斗"，与所里头、韭园、南台、北台等村联合组成了民兵联防，由高家村的高禄云任指挥，韭园村的周维绪任副指挥。他们利用山地优势，开展灵活多变的游击战，配合八路军主力部队，誓要粉碎日伪军对大泽山抗日根据地的"清乡"和"扫荡"。

为方便村子间的联动，5 个村子周围的小山上都设立了隐蔽的瞭望哨，只要敌人从据点出动，民兵立即敲钟报警，位于高家村南山的那口生锈的铁钟，就曾因此立下赫赫战功。也正是从这时开始，地雷战成为联防民兵的一项"撒手锏"。

不过，随着地雷战的广泛开展，新的问题出现了。一方面日伪军对大泽山抗日根据地采取了"铁桶政策",除在军事上设据点反复"扫荡",经济上也严密封锁,八路军兵工厂生产的地雷运不进来,又缺乏浇铸地雷用的生铁;另一方面,屡屡吃了"铁西瓜"的敌人,也开始使用扫雷器……对此,民兵们也开始动脑筋想应对之法。

山村里石匠多,盖房垒墙就地取材全都用石头,他们在漫山遍野的石头上打起了主意。大块的石头,先用钢钎在上面凿一个口小肚大的洞,填进炸药安上引爆装置,一拉弦,碎石飞溅,杀伤力同样了得。经过反复试验,"石雷"诞生了。

1942年4月,千余日伪军"进攻"大泽山抗日根据地,联防民兵获得情报后,在高家村西北面的河滩里埋设了百余枚石雷。埋伏在周围山上的民兵"麻雀组",则不断打冷枪诱敌深入。日伪军见只有几个"土八路",于是蜂拥而上,踏入雷区。一时间,石雷炸响,石块飞溅,浓烟滚滚,炸得敌人鬼哭狼嚎,抱头鼠窜。高家民兵联防取得了发明石雷后的首次胜利。

之后的战斗,石雷不断出新,除踏雷外,还研制出了用一根线一头固定在树上,一头系在石雷上的绊雷;吊在葡萄架和门框上的空雷等等。也就从这时起,日伪军见"石"色变,闻"雷"丧胆,纷传"进了大泽山,把命交给天"。大泽山也就成了众人口中的"石雷之乡"。

高家民兵联防为保卫大泽山抗日根据地做出了巨大贡献,也涌现出了县以上民兵英雄46名,其中,1名获得八路军胶东军区授予的"民兵英雄""战斗英雄""爆炸大王"和"神枪手"称号。

1943 年，高家民兵联防被胶东军区授予了"铜墙铁壁的高家民兵联防"光荣称号。

如今，平度抗日战争纪念馆所在的高家民兵联防抗日斗争遗址已被列为省级文物保护单位，并被命名为青岛市爱国主义教育基地、山东省及青岛市国防教育基地，也成为大泽山风景区重要的红色旅游景点。今天重走这条争取胜利和解放的红色之路，仿佛能感受到民兵战士们紧张的呼吸，目睹山路疾行处脚边滚落的土石，与当年青岛蓬勃的革命力量经历一场跨时空的相逢。

李慰农公园：黄海帅旗，沉雄远略

◎ 米荆玉

　　李慰农是在青岛为革命献身的第一位共产党人。1925年7月，李慰农在团岛英勇就义。1989年青岛解放40周年之际，全市青年团员捐款为李慰农建造雕像，雕像树立在西陵峡路海滨公园。如今这里已经升级建设为"李慰农公园"，成为后人接受教育的党建文化公园，也是山东省党史教育基地之一。

　　李慰农（1895—1925），原名李尔珍，安徽巢县（今巢湖市）人。他出生于一个贫农家庭，1912年考取芜湖第二甲种农业学校后更名"慰农"，寓意以实际行动振兴农业、拯救农民大众。五四运动爆发时，李慰农是芜湖学生运动的领袖人物，成为进步青年的代表。据《不忘初心 牢记使命：40位英雄烈士的壮丽人生》一书记载：1919年，李慰农与蔡和森等人一起赴法国勤工俭学；三年

李慰农公园内的李慰农塑像

后，他和赵世炎、周恩来、陈延年、李维汉、王若飞等在巴黎西郊召开中国少年共产党代表大会，正式成立了"旅欧中国少年共产党"，李慰农随后被批准转为正式党员。1923年，周恩来被选为旅欧总支部书记，李慰农为总支部成员。1923年底，李慰农离开法国进入莫斯科东方大学深造，参加中共旅莫支部的活动。

1925年，李慰农奉党中央指示回国，同年4月被派往青岛市委工作。他深入产业工人中间建立党组织，领导开展工人运动。同年四五月，青岛大康纱厂工人举行罢工。李慰农立即派党员去联络各厂工人举行联合大罢工。在党组织领导下，青岛罢工范围持续扩大，工人、学生、知识分子群起声援，全国各地的工人也发声支持。大康资本家于5月9日与工人代表签订了9项复工条件。历时22天、闻名全国的青岛工人第一次联合大罢工取得了重大胜利。

1925年5月29日，日本帝国主义勾结奉系军阀制造了"青岛惨案"。第二天，上海发生"五卅惨案"。李慰农组织了"胶济铁路总工会沪青后援会"，发动工人积极分子在青岛、济南等地揭露控诉日本帝国主义和军阀的罪行，发动募捐，慰问罢工工人。7月26日，李慰农在去小鲍岛召开秘密会议时被反动军警逮捕。敌人逼他供出"同党"，李慰农坦然应对："青岛的工人全是我的同党！"29日，李慰农在团岛海滨沙滩上被秘密杀害，时年30岁。

李慰农牺牲后，老一辈无产阶级革命家罗章龙写诗悼念战友：

黄海帅旗李慰农，

沉雄远略兼雍容。

山东革命勋名懋，

不废江河一代宗。

青岛人民永远铭记
李慰农。2016 年 8 月，
升级建设后的李慰农公

李慰农公园一角

园重新开园。这处红色文化主题公园分别围绕青岛党史轨迹、中国
精神、中国梦、四德长廊 4 个板块进行创新改造，成为青岛党史对
外宣传的重要窗口。青岛党史轨迹版块采用工字钢激光雕刻而成，
工字钢材质寓意党史与工人阶级密不可分。青岛党史始于四方机厂，
党史从 1923 年青岛四方机厂圣诞会成立直至 1949 年新中国成立，
涵盖了四方机厂工人大罢工、青岛大康纱厂工人大罢工等发生在青
岛的重要党史事件。中国精神版块采用花岗岩大理石雕刻而成，将
中国人民团结奋斗涌现出的民族精神和时代精神进行提炼升华，以
中国精神展现中华民族的奋斗历史，以中国精神激励人们砥砺前行。
中国梦版块采用打开书本的形象进行呈现，整体采用玻璃钢制作而
成，包含"两个一百年"的奋斗目标、中国梦的具体体现、中国梦
的实现途径等具体内容，生动诠释了中国梦的深刻内涵。四德长廊
板块展示了青岛市涌现出的"社会公德、职业道德、家庭美德和个
人品德"榜样人物，通过榜样力量进一步弘扬社会主义核心价值观，
带动社会形成崇德向善的社会风尚。开园以来，众多市民在这里瞻
仰烈士雕像，重温青岛党史，感受中国精神，畅想中国梦。

青即战役：见证青岛解放

◎ 马晓婷

扼胶州湾咽喉、港阔水深、形势险要的青岛，历来就是兵家必争之地。1949 年 6 月 2 日，中国人民解放军攻占并解放青岛，至此山东全境解放。而吹响这胜利号角的，正是战斗一个月的青即战役。回望那段烽火岁月，青岛解放的往事，又浮现于眼前。

"在青即战役中，必须以高度的阶级觉悟，紧张旺盛的战斗精神，高度发挥一切作战艺术，发扬我军英勇顽强的革命英雄主义。坚决服从命令，听从指挥，完成一切战斗任务，坚决、彻底、干净、全部歼灭敢于抵抗之敌。团结一致，上下一心，为解放青即人民而战！为解放全中国而战。"1949 年 5 月 3 日，青即战役指挥机关（第 32 军兼）向各参战部队发出了"青即战役预备令""青即战役战斗动员令"，对青即战役做了全面部署。同日，青即战役打响了！

屹立在丹山上的青即战役纪念碑

1949 年春天，山东全境大部解放，全国解放大势已定。然而在青岛，却是敌强我弱的局面，我军兵力和武器装备都不占优势。1949 年 4 月 28 日，毛泽东主席亲自拟写了《同意对青岛举行威胁性攻击》命令，批准山东军区发起青即战役，解放青岛。此电虽文字不多，但内容丰富，足见中央对青即战役的重视，这是一场关系全局、意义重大的战役。4 月 30 日，山东军区遵照中央军委的指示和部署，决定解放军第 32 军和胶东军区部队兵分三路进攻青岛敌军。其中，第 32 军第 95 师为西路，围击胶济铁路两侧的敌军；94 师为中路，向即墨城北烟青公路以西的敌军防御阵地发起攻击；华东警备 4 旅和警备 5 旅 1 个团为东路，攻击即墨城东沿海一线守敌，以保障 32 军左翼之安全，并负责扫清青岛东北外围和崂山地区的敌军。三路大军由北向南，采取逐步压缩、分割包围的战法，逐步向青岛进军。

迫敌早退，是青即战役的目的，对青岛敌军发动威胁性攻击，是青即战役的重要特点，青即战役分步实施，为前线作战部队保留了足够的灵活性。实际战斗也验证了这种部署的前瞻性。5 月 3 日，人民解放军三路大军云集青即前线。东路部队进展神速，首战灵山告捷。5 月 4 日，人民解放军第 32 军向上疃国民党守军发起进攻，但敌军防御工事坚固，火力凶猛，激战两天一夜仍未能攻克。第 32 军撤出休整后，5 月 11 日重新进攻上疃，至 25 日，青即外围战胜利结束，国民党军在即墨城外围设置的据点全部被拔掉。5 月 26 日开始，解放军向国民党军第一道防线发动了全线进攻，智取马山、窝洛子，破敌首道防线。人民解放军乘胜追歼逃敌，攻打铁骑山、驯虎山，破第二道防线。

在这个过程中，打响于5月28日的铁骑山战斗，是解放青岛时打得最为惨烈的一场战役。在警备4旅旅长邓龙翔指挥下，从上午9时开始到13时左右，解放军攻占了铁骑山，却被敌人突袭被迫撤下。次日凌晨4时前，解放军再次攻山，将铁骑山主峰阵地及东、南两侧两个山头夺回，发动全线总攻击，于5月29日凌晨1时许胜利攻占铁骑山。

青岛人同样不会忘却的还有丹山战斗。战士们呐喊着冲向山头，暗堡里重机枪却又开始扫射，战士们成片倒下，极其悲壮。经过一昼夜的激战，解放军终于攻下山头，取得了战斗的胜利。6月1日，解放军攻占了张村和沙子口，切断了青岛国民党军队东退之路，使国民党军队陷入弧形包围之中。随后，收娄山，占李村，解放军轻取第三道防线。6月2日中午12时，青岛完全解放。由于解放军攻势迅猛，青岛解放时水电未断，生产设备完整保存，生产和生活秩序很快得到恢复，青岛市内的经济文化设施也得到了很好的保存。

青岛解放的当天，中共青岛市委正式办公，青岛市人民政府宣告成立，马保三就任新青岛第一任市长。青岛的历史，翻开了崭新的一页。

71年过去了，青岛人不曾淡忘这段历史。这座仅有100多年历史的城市，正是因为经历了太多的伤痛，才有今天走向世界的从容。青即战役的旧址，如今多已成为爱国主义教育基地。在安稳而珍贵的日子里，时常有一家老小几代人同游这些遗迹，打开尘封的历史，代代相传那些英雄的故事。

"热血青年"周浩然：以生命鸣响时代的汽笛

◎马晓婷

少时投身革命洪流，一心寻求救国之路；18 岁加入"左翼"，成为进步刊物《汽笛》主编；24 岁武装抗日救国，遭叛徒出卖英勇就义。周浩然，抗战时期青岛地区牺牲的第一位烈士，其短暂的一生涌动着革命的热血和豪情，激昂的生命交响留下振聋发聩之音。

周浩然，原名周世超，即墨区段泊岚镇东瓦戈庄人，生于1915 年，父亲周孚先是一名律师，对周浩然影响很大。读完私塾后，父亲就送他到青岛读小学，这一年正值"青岛惨案"发生，小小年纪的周浩然带领同学们参加示威游行，早早投身于革命洪流。

小学毕业后，周浩然先后在青岛礼贤中学和市立中学学习。在市立中学，周浩然遇到了对他影响非常大的国文教员胡先生。这位中共地下党员非常欣赏眼前这个刚毅不屈又求知若渴的学生。在胡老师的指导下，周浩然广泛接触新文化，并在著名作家王统照的指导下，走上了新文学之路。此后，志存高远的周浩然选择北上，考取北

周浩然

平大同中学。在校期间，除了完成学校的功课，他还开始博览群书，积极进行写作。1933年上半年，北平形势危急，周浩然回到青岛，开始参加青岛"左联"的活动。在周浩然的提议下，《汽笛》创刊并不断刊发针砭时弊的杂文，激怒了国民党青岛反动当局，《汽笛》被查封，周浩然也被通缉，无奈返回北平。

"但看流云笑翠微，年华转瞬似梭飞，男儿抱有冲天志，万里扶摇展翅飞。"1934年，周浩然回到故乡即墨，以诗抒发满腔报国热情。此时的青岛，被白色恐怖所笼罩，但周浩然顾不得自己，他起草《告全市同胞书》，联络进步学生积极开展活动，在当时的青岛可谓轰动一时。1935年5月，周浩然到《新青岛报》编辑部主编《小青岛》文艺副刊，并把这里作为自己的战场，以文字为刀枪，直指敌人的心脏。很快，《新青岛报》就受到反动当局的警告，周浩然被迫辞去了这份工作。1936年3月，周浩然到国立山东大学学习。

周浩然是作家、诗人，更是革命者。1937年7月7日，抗日战争爆发了。周浩然意识到，自己作为血性男儿，必须"誓死为国，奋勇抗敌"，民众也"无第二条路可走了"。于是，周浩然加入了中华民族解放先锋队，弃学回乡，开始在即墨县瓦戈庄一带开展抗日救国活动。

在家乡，周浩然成立了即墨县瓦戈庄国术训练所，1937年10月，以国术训练所的学员为骨干，成立了即墨县抗日义勇军游击队，周浩然担任总负责人。1938年3月，周浩然率领抗日义勇军伏击进犯日军，打响了青岛武装抗日第一枪，极大鼓舞了人们的抗日士气。1939年2月，周浩然赴抗日军政干校山东分校学习，不久加入中国共产党。从干校毕业后，周浩然回到了胶东区党委工作。中共即墨县委成立时，周浩然担任县委委员兼组织部部长。面对严峻的斗争形势，周浩然主动要求在即墨最危险的瓦戈庄村、灵山、刘家庄一带开展工作。1939 年 9 月 12 日傍晚，周

周浩然塑像

浩然在西尖庄村组织秘密会议时，被叛徒姚士吾的部下发现并告密，被敌人包围，壮烈牺牲。

周浩然牺牲前，最后一次开会的会议旧址，位于即墨刘家庄镇西南 1.5 千米西尖庄村东侧的三间土墙蓝瓦房里。现在，这里是周浩然烈士纪念馆的所在地。周浩然留下了百万字的文稿，其中大量与抗日战争有关。为了护全这些珍贵的资料，周浩然的家人付出了大量的努力。1960 年来，周浩然的弟弟周法廉坚持不懈地挖掘哥哥烈士事迹。1968 年，有关部门发现了日军杀害周浩然的罪证。1984 年，周浩然被认定为山东省著名烈士。

烈士倒下之地，如今已屹立起精神的丰碑。依据周浩然遗作真迹和生平事迹精心设计打造的周浩然文化园，已经成为一座革命传统教育基地。面对崂山红花岗岩石料打造的周浩然烈士像，从四面八方赶来的人们，缅怀着周浩然热血的一生和壮烈的誓言，感受着革命者的胆识魄力和爱国为民的浩然之志。

杨明斋故居：革命先驱 彪炳史册

◎ 米荆玉

作为中国共产党创立时期著名的革命活动家、中国共产党发起组织及筹建者之一，杨明斋被周恩来誉为我党历史上一位受人尊敬的"忠厚长者"。杨明斋故居位于平度市明村镇马戈庄村，故居建筑面积约 70 平方米，原建筑至今已 500 多年，历经 20 多代人。作为革命传统教育和爱国主义教育基地，杨明斋故居 2012 年 10 月由平度市人民政府重修，成为平度八大红色教育基地之一。

杨明斋，1882 年 3 月生，平度马戈庄人，名好德，字明斋。资料显示，杨明斋 7 岁开始读私塾，16 岁辍学务农。1901 年，他辗转到符拉迪沃斯托克做工谋生。1908 年以后，他在西伯利亚地区边做工边读书，与在那里从事开矿、修路等繁重劳动的华工联系密切，积极参加了布尔什维克党领导的工人运动，并被推选为华工代表。十月革命前，他加入列宁领导的布尔什维克党；十月革命胜利后，他动员华工参军参战，参加了保卫苏维埃政权的斗争，为保卫十月革命成果做了大量工作；后进入莫斯科东方劳动者共产主义大学学习。

1920 年 3 月，以维金斯基为代表的共产国际工作组到中国活动，杨明斋为小组成员，担任翻译和协调工作，与李大钊、陈独秀

杨明斋故居

杨明斋故居内景

有深入的工作联系。1920年5月，杨明斋参与建立上海马克思主义研究会，担任负责人。1920年8月中旬，杨明斋和陈独秀、李汉俊、李达等人在上海法租界老渔阳里2号《新青年》编辑部正式成立了"中国的第一个共产党组织"，取名为"中国共产党"，杨明斋也由此成为中国共产党创立的重要人物。

在中国共产党的创立时期，杨明斋做了大量工作。他陪同维金斯基往于北京、上海、济南等地，推动各地共产党组织的建立。他在上海租赁了一幢房子，开办中俄通讯社和外国语学社并担任社长，传播马列主义理论，吸收党员并送往苏联学习，培养了一批未来的无产阶级革命家。1920年秋天，杨明斋回到山东，在济南与王尽美、邓恩铭等会见，回平度向乡亲宣传革命，把革命的火种洒在家乡。

1921年，杨明斋与张太雷作为中共代表赴苏联莫斯科出席了共产国际第三次代表大会。1921年中共一大以后，杨明斋从事党的理论教育和新闻宣传工作。1922年7月，他出席了中共二大，积极参与制定党的反帝反封建纲领。这期间，他先后在《工人周刊》（中共北方党报）、劳动通讯社任编委，还参加了北京马克思学说研究会的工作。他以马克思主义理论研究中国思想文化，成为建党时期党内马克思主义理论家之一。1924年6月，杨明斋出版了《评中西文化观》一书，批判了复古思潮，传播了马克思主义，对当时的思想战线产生了重要作用。

1925年夏，杨明斋在广州任苏联顾问团翻译。10月，他受党的委托在上海接收和选送学员，率领百余人赴苏联到新组建的莫斯科中山大学学习，这些学员中走出了大批党的领导干部。杨明斋在中山大学负责总务工作，直到 1927 年大革命失败后，他奉命经上海秘密回国，到京津地区工作。在白色恐怖下，他积极进行理论思考，写出了《中国社会改造原理》。为保存力量，杨明斋被党组织安排到河北省丰润县车轴山中学任教，他教育许多学生投身革命。

1930 年 1 月，杨明斋秘密越境赴苏联治病，直到同年秋一直在哈巴夫斯克扫盲站当中文教员，后到符拉迪沃斯托克的报社和无线电台工作。1931 年杨明斋被当作叛逃者流放到托姆斯克当勤杂工。1934 年 8 月流放期满后他到了莫斯科，进入苏联外国工人出版社工作，先后任投递员和校对员。1938 年 2 月，杨明斋以被胡乱捏造的罪名遭逮捕，并于同年 5 月牺牲。1989 年 1 月，杨明斋被彻底平反，恢复名誉。1989 年 8 月，杨明斋由国家民政部门公布为革命烈士。

2012 年，青岛市委组织部在杨明斋同志诞辰 130 周年之际重修杨明斋故居。在杨明斋故居重修过程中，青岛市委党史研究室提供了珍贵的党史资料。平度市高度重视重修工作，将其打造成为青岛市党员干部党性教育基地、青少年学生革命传统教育基地和红色旅游景点。

青岛党史纪念馆：海岸路 18 号的红瓦黄墙见证风暴

◎李魏

　　"象午，我们必须成立党组，只有两个人也要成立。"邓恩铭转身，走回来，重新坐到椅子上，语气非常坚定，"在青岛开展工作，你我之间商议是一回事，党组讨论决定又是一回事……再者说，成立党组后，我们就可以直接发展人员入党了，比如延伯真积极联络和组织人员，业已成为我们得力的助手，还有电话局的王少文、孙秀峰，都可以确定为入党对象。"

　　王象午听到这里，眨了眨眼睛，随即点点头："好吧，我听你的。我同意马上成立青岛党组。"邓恩铭咧嘴一笑，露出两排洁白的牙齿。他笑起来总是带有一种孩童般可爱的样子……

　　这是青岛小肖在他的纪实文学作品《策动》中描写的 1923 年"中共青岛组"成立时的场景。1923 年，一场红色风暴即将围绕青岛海岸路 18 号，也就是今天的青岛党史纪念馆所在地展开。此前，邓恩铭受济南党组织派遣来到青岛，宣传马克思主义，筹建党团组织，开展工人运动，与因职业关系先来一步、在胶澳商埠督办公署工程课任职的中共党员王象午汇合。1923 年 8 月，青岛第一个共产党组织——中共青岛组成立，隶属于济南党组织领导。《策动》中写道："谁也不曾料到，这个仅有两名党员的中共青岛组很快就像磁石一样凝聚起巨大的力量，不及两年就在岛上掀起了一场惊天动地的工运风暴！"

从百年德式建筑到红色革命策源地

1925年2月，海岸路18号正式进入青岛"红色风暴时间"——"中共青岛组"改称"中共青岛支部"，海岸路18号被确定为青岛支部总部。

青岛小肖的纪实文学《策动》中对此亦有描述："2月下旬的一天，海岸路18号。天空春雨淅沥，大院里静悄悄的，院中的那棵大槐树的枝条上挂满了晶亮的雨点。雨水顺着探出房檐的宽瓦流落下来，好似在屋前挂上了一道水帘，津津的水流沿着院子里那一道里高外低的慢坡，流出院子。第9户的小间里，围着方木桌坐满了青岛的党员，正在召开一个具有历史性的会议……窗外，春雨扑到窗户玻璃上，留下道道水痕。不远处的海湾，传来阵阵涛声。屋里时不时传出鼓掌的声响……"

自1925年始，正是在这里，中国共产党人将工人自发组织的圣诞会改造成为党领导下的第一个工会组织，并于1925年先后发动、领导了四方机厂大罢工和日商纱厂工人三次大罢工，推动形成了青岛历史上反帝爱国运动的第一次高潮。然而，在日商纱厂工人第一次同盟大罢工即将胜利时，邓恩铭被拘捕逐出青岛。但他仍冒着生命危险重返青岛，继续领导工人罢工斗争。

1929年，青岛爆发了历时4个月、人数超过2万人的反日同盟大罢工。至 1930 年底，又相继有 40 余家工厂发生了近百起工运潮，掀起了城市工人运动的第二个高潮。工运的浪潮由青岛席卷全国……

共产党人为什么会选择海岸路 18 号作为革命策源地？在《策动》中，王尽美曾经对邓恩铭说："我也觉得这里很不错，在四机厂内，地方警察管不着，背后是大海可随时撤离。周围又是大康纱厂、内外棉和隆兴纱厂。这为我们将来深入纱厂提供了非常便利的条件。"历史上，王尽美也的确一直看好地处隐蔽的海岸路 18 号。

海岸路 18 号院原为德国修建的四方机厂职员宿舍，始建于 1904 年，当时紧挨着同为德国人修建的四方机厂。青岛党史纪念馆在这处青岛支部总部遗址上兴建，它的打造按照"修旧如旧"的原则进行，因此保留了百年前的德式建筑风格。

现在去到海岸路 18 号的人们依然可见当年的建筑原貌，砖木结构建筑，配以花岗石嵌角和厚重的蘑菇石墙基；墙上配以仿木结构的欧洲中世纪田园建筑设计手法，门窗边加装饰线条。外墙以红色清水墙砖和米黄色墙面搭配，掩映着建筑物旁的绿色植被，形成"红瓦、黄墙、绿树、碧海、蓝天"的特有风貌。

"青岛红船"仍在传颂着热血牺牲的先烈故事

从 1923 年青岛第一个党组织建立至 1925 年间，除了邓恩铭在青岛为工人运动拼搏，王尽美、李慰农等老一辈革命家也先后在此为革命事业挥洒热血。

　　王尽美在青岛工人运动出现第一次高潮时，不顾病痛折磨，和邓恩铭一起领导罢工，但因病情恶化病逝；李慰农作为青岛党组织第二任负责人，在邓恩铭被逐出青岛后临危受命，接替邓恩铭领导青岛党的工作和工人罢工斗争。1925年7月，李慰农不幸被捕遇害，是在青岛牺牲的第一位共产党人……他们为了国家和民族，为了正义与和平，甘愿奉献生命，用行动书写了值得代代传颂的红色故事。

　　1982年12月31日，由青岛市人民政府公布并立碑，海岸路18号被确定为"中共青岛地方支部旧址"。在中国共产党成立80周年前夕，中共青岛市委、青岛市人民政府决定修复中共青岛地方支部旧址，建立纪念馆。

　　2001年纪念馆建成开放，命名为"青岛爱国主义教育基地"。2011年中国共产党成立90周年，市委常委会研究拨专款对旧址纪念馆进行修缮和扩建，两年后正式开放，新馆更名为中共青岛党史纪念馆，并保留原中共青岛地方支部旧址纪念馆名称。中共中央政治局原常委、中组部原部长宋平同志为其题写馆名。

　　占地面积9500平方米，建筑面积2000平方米的党史纪念馆，现为山东省文物保护单位。展馆主要由中共青岛地方支部旧址、基本陈列和专题展厅三部分组成。

　　在中共青岛地方支部旧址，房屋内部依然按照当年原状恢复布置。基本陈列则以《光辉历程——中共青岛历史展》为主题，展示青岛党组织自1923年建立以来艰苦卓绝的奋斗史和辉煌历程，陈列展示历史文献、实物和照片800余件。展厅里展出的每一张照

青岛党史纪念馆院内的党旗塑像

青岛党史纪念馆

青岛党史纪念馆入门处的国旗雕像

片、每一件文物、每一场战役，都记载了曾经壮烈的事迹，也时时刻刻警示着我们，今天美好幸福生活的来之不易。

其中，一方红丝砚的复制件颇为醒目，带人们重回激情燃烧的红色年代。它的主人就是青岛党、团组织创建人之一邓铭恩。自邓铭恩16岁获得这方砚台后，它就一直陪伴主人身侧，直到他被捕入狱。1931年5月5日，邓铭恩在济南被敌人枪杀。红丝砚曾经陪伴着他夜以继日伏案工作，更见证着一代革命家的热血牺牲与不懈奋斗。

在纪念馆偌大的院落里，主题雕塑、党史主题公园、宣誓墙……浓墨重彩，点缀其间，更增加了这处红色地标的庄严。其中5.4米高的主题雕塑名为"引领"，由飘扬的党旗和奔驰的火车组成；党史主题公园内则立有王尽美、邓恩铭、刘少奇、李慰农等4位先辈的雕塑。

截至2019年底，共有超过100万人次的党员干部、各界群众、青少年学生到这里参观，观众留言近40万字。在全国各地现代化的红色场馆如雨后春笋般涌现之时，这处建造于革命遗址且最大限度保留了原有建筑风貌的红色场馆鲜见且弥足珍贵。新时代红色场馆成为传承红色基因的重要载体，青岛党史纪念馆则已成为这座城市的共产党员寻初心、悟初心、守初心的"青岛红船"。

荒岛书店：20 世纪 30 年代青岛的文化"老字号"

◎ 李魏

"1932—1934 年这两年多，我家住龙口路 2 号，附近就是东方菜市。一天，我在菜市临街一角，发现了一家崭新的小小的书店，树了一个耐人寻味的招牌'荒岛书店'，就一间门面，就一扇在我幼年的眼睛里看来很大的橱窗，摆的尽是书、书、书……"这是电影戏剧表演艺术家黄宗江在《怀青岛忆荒岛》一文中初识荒岛书店的场景。

在 20 世纪 30 年代的青岛，荒岛书店犹如青岛的一处文化绿洲，喷薄着活跃的思想，集结来自各地的以文学为剑戟的进步青年。

初创即是青春的面孔

荒岛书店初创之时，即是青春的面孔。1933 年，就读于北平中国学院的大学生张智忠、孙乐文与作为师兄校友的青岛人宁推之共同筹集资金，在青岛广西路 4 号创办了青岛第一家经营新文艺书刊的书店——"荒岛书店"。这里除经营《雷雨》《文学》《文学季刊》等新文学书刊外，还销售列宁的《国家与革命》、艾思奇的《大众哲学》等马列主义著作以及苏联文学和鲁迅等左翼作家的文学作品。应该说，书店一出世，便具有了鲜明的新文化特征，成为思想进步的文艺青年聚集交流的策源地。

而荒岛亦具备了当下独立书店之传统，不以营利为目的，自老板

现建在黄县路的荒岛书店

始，即怀有传播新文化的情怀。接受进步思想文化熏陶的孙乐文经常去新文化传播的中心地上海购入书刊，因此20世纪30年代出版的许多"左翼"文学著作与期刊，大多在荒岛书店上架。那时的黄宗江正跟随父亲在青岛读书。作为书店的常客，在他记忆中，每逢周六、周日，都要到荒岛书店看书、买书，自己正是在荒岛书店开始接触革命文学。"高尔基的《母亲》，绥拉菲摩维奇的《铁流》，我都是在这里看到的。"

荒岛书店的"老主顾"里可不只有彼时年少的黄宗江，当时，任教于国立山东大学的老舍、洪深、赵少侯，在中学执教的王统照、汪静之、孟超，担任小学校长的王亚平及在《晨报》编辑副刊的萧军，在《民报》任副刊编辑的于黑丁……都与书店建立起了密切关系。

在这间只有一门一窗，柜台和分层的书架都有些简陋的书店，大教授、大作家天天络绎不绝，青岛的文艺空气海潮般地涨起。

荒岛书店的商标注册人修方舟数年前一直致力于荒岛书店的

历史钩沉。在他看来，荒岛书店的诞生，是一股从北平吹来的新文艺之风，是从上海出发的"左翼"的暖流。新风与暖流汇聚在青岛，带着青年人的朝气与活力。

"故垒"中掀起新文艺之风

那个时候，老舍、洪深、臧克家等12人创办的周刊《避暑录话》，只在荒岛书店出售；臧克家的诗作《烙印》，也是由荒岛书店承印、出售。

老舍先生在青岛完成的小说《骆驼祥子》，第四章至第十二章都是用荒岛书店的稿纸书写的，而第十三章至结尾二十四章，则是以在荒岛书店专门定制的稿纸写就，每张稿纸上都有"舍予稿纸"的印刷字样。老舍夫人胡絜青还曾回忆说，那时候，老舍经常领着孩子，到离家不远的荒岛书店买书和纸笔……

1934年，萧红、萧军来到青岛，他们在这里分别创作了个人的代表作——《生死场》和《八月的乡村》。当时荒岛书店的老板之一孙乐文曾在上海的内山书店与鲁迅先生有过一面之缘，于是提议"二萧"把作品寄给鲁迅，通信地址便写荒岛书店。按照孙乐文的建议，萧军给鲁迅写了第一封信，很快荒岛书店便收到了鲁迅的回信。

鲁迅在复信中回答了萧军的疑问："不必问现在要什么，只要问自己能做什么。现在需要的是斗争的文字，如果作者是一个斗争者，那么，无论他写什么，写出来的东西一定是斗争的……"鲁迅给"二萧"的信件现收藏在北京鲁迅博物馆。收到回信后，萧军将萧红的《生死场》抄稿和《跋涉》一并寄给了先生。萧军在回忆青岛的生活时，曾写下如是诗句，"夜气如磐怀故垒，青灯坐时细论文"。其中的"故垒"所指正是荒岛书店。一家小小的书店，书写了一段文艺传承的佳话。

然而，短短4年后，这个富有青岛文化里程碑意义的书店招牌便宣告终结。原因在于，它不仅是新的思想文化的策源地，还是青岛中共地下党组织的联络点。当时书店宣传新文化的举动，受到中共青岛地下党组织的关注，正是在中共地下市委青年委员乔天华的介绍下，年轻的书店老板孙乐文和张智忠被发展入党，荒岛书店遂成为我党地下组织的秘密联络点。久而久之，这里引起了国民党"警特"人员的注意，他们常以检查禁书为名前去盘查。后来中共青岛地下党组织遭到破坏，叛徒带人到书店逮捕张智忠，所幸张外出未归，敌人扑了个空。但在1937年，随着孙乐文离开青岛赴上海，荒岛书店的名号在岛城消失。

2009年，荒岛书店原址建筑随着东方菜市场一起被拆毁。它似乎永久湮没在历史的尘埃里了。

"老字号"回归 时隔近90年的文化传承

2016年，一间小书店出现在了位于黄县路的老舍故居——骆驼祥子博物馆的对面。黄灰色的外墙，红褐色的门窗，简易的实木招牌上书有四字"荒岛书店"。

在这个以"叁零年代青岛文化与生活"为主题的小书店里，架上的书几乎每一本都出自与青岛有渊源的作家手笔。老舍、萧红、萧军、王统照、沈从文、梁实秋、闻一多……当年他们都曾在青岛工作生活，店内陈列多是那个时期的老家具、老物件，没有华丽的装修，没有宽敞的空间，有的却是曾经的人文气质和气场。

2016年修方舟成功注册了"荒岛书店"商标。"复活"的文化老字号在2017年被评为最具情怀文化项目。2018年则被中国书店大会授予"中国人文书店"荣誉称号。

2018年，第二间荒岛书店在安徽路16号嘉木美术馆开放，将阅读与美术相结合；同年，第三间荒岛书店在青岛CBD万达广场开业；这年年末，荒岛书店走出青岛，落户临沂市吾悦广场，成为临沂新的文化地标……如今，阅读书店、人文沙龙、创意市集、城市艺展成为书店拓展的新功能，荒岛时间读书会则已成为城市新的阅读文化品牌……时隔近90年的人文传承，让阅读与文艺的信仰薪火相传，正在创造续写着城市新的书店传奇。

青山村：绿水青山，留住乡愁

◎ 马晓婷

　　东方既白，透过云层，一轮红日从海上喷薄而出，柔和的初光洒向崂山脚下的青山村，开启了这个 600 多年古老渔村的新晨。

　　沿着曲折的山路行进，看到书写着"青山渔村"四个字的牌坊，就来到了青山村，这也是青山村精品旅游转型的重要标志之一。

　　初见青山，三面环山，一面临海，整个村落被茂密的森林包围，梯田依势而建，栽种茶叶，层层叠叠的红瓦房坐落于山脚迎着大海。这番耕海牧渔、种植劳作的绝美乡村画卷，在"海上仙山"崂山的映衬下，犹如世外桃源之景。

远眺青山村

青山村位于崂山风景区内，史料记载，青山渔村是明朝万历年间大移民时形成的自然村落，有"林、姜、唐、温、刘"等姓氏，其先祖来自遥远的彩云之南，此处古木参天、绿树成荫，故名青山村。

明代进士高弘图在《崂山九游记》中的"第七游"就是住在青山村时的所看所思。

清代进士江如瑛的《青山道中》描绘了清代的青山村："不减山阴道，迂回一径通。海连松涧碧，叶落草桥红。鸥队闲云外，人家乱石中。居民浑太古，十石半渔翁。"村子至今仍保存着明清时期的古民居、古石桥、古石碾、明代石刻、林家祠堂门楼等古建筑遗迹 12 处，为发展打造传统民居村落奠定了基础。

近年来，通过对百年民居、传统技艺、民俗文化、古遗迹等历史文化遗产进行系统保护和修复，青山村逐步打造出"进得来、留得住、记得起"的传统民居村落，在保护好绿水青山和田园风光的同时，留住独特的乡土味道和乡村风貌。走在狭窄的石板路上，感受着厚重的历史沉淀，不经意间，来来往往的游客们触碰着封存在光阴中的古老记忆。

在保护好社区生态环境的基础上，区、街两级先后投资对村庄的石牌坊、旅游进村路、停车场、1400 平方米门头房、旅游码头、500 余米的仿古"渔村特色一条街"等进行建设，不断提升基础设施建设。社区努力打造特色渔村，凭借天然山、海、林、石等生态优势，打造了魅力海岸观光旅游带，吸引了市民游客来渔村采茶、炒茶、品茶，体验百年特色渔村的民俗文化和崂山茶的悠久历史文化，让崂山的非遗项目"活"起来。

当地还鼓励居民大力发展旅游业，开渔家宴、特色民宿，带动了社区特色经济发展和全域旅游发展，促进了富民增收，逐渐成为崂山"景社"融合发展的样板。

2012年，"青山特色渔村"被评为中国首批"国家级传统村落"；2015年被评为山东省记忆乡村；2016年被确定为美丽乡村精品村。2018年，青山渔村登上《舌尖上的中国》第三季，在美食与亲情的温暖讲述中，渔村美景展现在观众面前。

根据住建部要求，2020年9月，青山社区举行了中国传统村落的挂牌仪式。此前，《青岛市崂山区青山渔村中国传统村落保护与发展规划》已经完成，为科学系统性保护传统村落提供了指导，以"保护与利用并重，传承与发展并行"的思路促推百年村落的传承与发展。

绿水青山就是金山银山，大力实施乡村振兴战略，在保护村庄传统风貌、促进传统农业转型发展的同时，崂山区王哥庄街道青山社区顺势而为，积极发展全域旅游，走出了景区融合和文化融合发展的新道路，构建起生态宜居的美丽乡村，让居民有了更多获得感、幸福感。这里正逐渐建成集历史文化、艺术创作、旅游体验、度假养生为一体的网红打卡地，吸引着大批游客前来体验。而随着全域旅游的发展，青山画卷，正逐步展现在世界的眼前。

产芝村：芝兰馥郁，进士故里

◎米荆玉

莱西水集街道产芝村，东邻大沽河，北靠胶东半岛最大的水库莱西湖。村落有芝兰草种植传统，有徐崇儒、王丕煦两处进士宅邸，有老作坊、民俗文化博物馆等场馆。天然胜景，百年文脉，赋予产芝村自然优势、人文资源优势。近年来，产芝村依托乡村振兴战略，重点发展乡村休闲旅游产业，为天南地北的游客打造了"产芝老家"的文旅品牌，让每个造访者在这里找到充满乡情、乡韵、乡贤的心灵归宿，得到了无限的内心滋养。

明朝洪武年间，最早的先民迁居此地；也有说法称，永乐元年，杜姓由云南迁此建村，因当地盛产一种芝兰草，故村庄得名"产芝"。

大沽河的经久滋养，让世代生活在这里的人们安居乐业；芝兰花千年馥香沉浸，让产芝村成为人杰地灵的好地方。产芝村有两座修葺一新的"进士"府第，分别为徐崇儒故居与王丕煦故居。徐姓、王姓为产芝村两大宗族。徐崇儒为光绪年间的"明经进士"，他儒学研究精深，培养了大批济世人才。王丕煦也是光绪年间进士，他曾任山东省布政使、省财政厅长等职。两位进士宅邸相邻，徐崇儒故居历史文化韵味十足，王丕煦故居结构严谨、古朴典雅，两座进士故居白墙黛瓦，古香古韵，深具北方建筑特色，也是产芝村的重要文化标识。

村中一棵600多年光景的大槐树，见证着一代代产芝村人的乡愁。近年来，产芝村借助优越的自然生态环境、浓厚的文化底蕴，重点发展乡村休闲旅游业，发掘整理了一村两进士、泥塑柳编、千年大龙槐、风水谷传说等历史文化遗存。

如今游客来到产芝村，可以感受到浓厚的传统乡村人文体验。

产芝村王氏祠堂

产芝村一角

在泥塑柳编馆内，有艺人们绘制独具地方特色的各式彩绘泥老虎。在面食文化馆，当地巧手面点师制作的花馍馍争奇斗艳，寓意吉祥。民俗博物馆里各种老物件凝结了时间的痕迹，纺车石磨、农具渔具都留下了先人手泽。

而产芝村"全鱼宴"则是北方乡村美食文化的代表。产芝村周边水库、池塘盛产各种鱼类，当地素有"一鱼十吃"说法，村里的当家厨师能做上百道鱼宴菜肴。美食、美景加上深厚的乡村文化积淀，使得产芝村成为著名的独具胶东特色的传统村落代表。

对于当下时代来说，产芝村的可贵之处在于留下了原汁原味的乡村生活范式，呈现了鲜活的耕读乡村传承。在产芝村里，村民们世代呵护"进士村"荣誉，形成了"尚学、诚信、友善、报国"的村风民俗。由村民集体制定的《村规民约》，使婚丧嫁娶、邻里纠纷、赡养老人等现实问题有章可循、有规可依。产芝村不是遗世独立的世外桃源，而是满载着乡土人情的精神归宿，吸引着四面八方的游客来寻找心灵栖息之所。

历经多年发展，产芝村先后获得了山东省美丽村居建设示范村、山东省旅游特色村、青岛市生态文明乡村建设示范村等荣誉。

2020 年国庆期间，产芝村举行了"产芝老家'鱼'你同乐——2020 莱西市水集街道首届金秋鱼乐文化节"，用房车露营地、音乐潮玩节、萌宠嘉年华等多彩活动搭配田园风光、水库风情，邀请游人和市民同乐。

产芝村还注册了"产芝老家"旅游品牌，打造了开心农场、泥塑馆、国学讲堂、民俗博物馆等旅游景点，配套特色鱼馆、面食工坊、农家乐等服务设施，年接待游客三万余人次。在历史、文化、自然的交汇点上，产芝村以其历久弥新的魅力吸引着八方游客，向人文胜景中的人们释放着芝兰香气。

青峰村：毛公山脚下的一抹青翠活力

◎ 李魏

　　崂山西麓，毛公山脚下，三面环山的青峰村，森林覆盖率高达85%，享有"天然氧吧"的美誉。说起村名的由来，据说最初因村子正位于山凹的风口，所以在清代中期立村之时，就叫作"风（凤）口子"。直至20世纪30年代，村中有数位有见识的长者，常远望群山，见葱郁古松，满目青翠，又参阅古之诗咏佳句，得"青峰"二字，遂更名为青峰村。

　　大自然的鬼斧神工，赋予青峰村丰厚的山川禀赋。村北的佛手山，山峰陡峭，石壁如削，山顶数峰排列如张开的手指，古人亦有"孤掌南府华楼巅"之颂。山顶南壁上有一洞穴，早已成为各种鸟

青峰村

类的栖息之所。村东的龙口峰，远望酷似龙头，时而藏于云端。"龙口"中常年吐出一股清泉，跌宕 20 余米汇入一湾清潭，其水清甘冽，天旱亦不竭，村民多以此水烹茶待客。酷似高山城堡的王乔崮，传说是明永乐年间王、乔两位将军兵败避祸藏身之地。由王乔崮向南，沿途山峰林立、奇石迭出。其中一座天然雕像，形态逼真，像极了一代伟人毛泽东身着中山装东眺崂山水库的神态。这座山石被命名为"毛公石"，而"毛公山"也因此得名。

从 2009 年开始，青峰村正是以发现毛泽东天然雕像为契机，拉开了以文化旅游促乡村振兴的大幕。他们打造红色旅游、田园风光融合发展的特色景区，走出了一条以红色旅游为引擎带动社区腾飞、居民增收的新路子。曾经不起眼的贫困小山村，开启了绿水青山向金山银山的生态型转换。毛公山脚下的那一抹青翠，活力绽放。

2018 年，毛公山景区获评国家级 3A 景区。它成为青岛市爱国主义教育基地、青岛市廉政文化教育示范基地、青岛市"十佳"森林公园。2019年景区迎来发展新契机，惜福镇街道与毛泽东的故乡韶

青峰村村居一角

山乡缔结友好街乡，携手开创红色基因深入传承新格局。

青峰社区先后投资 3000 余万元开发建设毛公山景区。景区爆棚的人气，一方面推动了农家宴、旅游纪念品开发和农产品销售等一系列文旅新产品的运营，让当地农户年均增收超过 3 万元以上；另一方面，文旅产业链的拓展也促进了民宿等配套产业发展。传统农耕文化与现代生活方式相结合，形成了"休闲 + 观光 + 采摘"的田园特色体验新模式……

青峰社区，曾经宽不过 3 米的进村小土路现在是双向四车道，独门独栋的多层"小洋楼"依山而建，家家户户都有前后院和敞亮的观光阳台。深蓝色的屋顶，灰白相间的仿灰砖结构墙面，映衬在青山绿树田园之间，仿若世外桃源。同时，村里还配套建设了老人房，每户约 60 平方米的独门独院，70 岁以上的社区老人可免费拎包入住……如今的青峰社区，在当地居民看来是"我在画中住"，在观光者看来则是"人在画中游"，2018 年，这里被农业农村部推介为中国美丽休闲乡村，2019 年又入选了"山东省美丽村居"。

这里还成为全市第一家建立新时代文明实践站的社区，家家户户挂国旗、立家规、传家训、树家风。村民们还把自家的家训制成对联式的门匾，悬挂在家门口，成为弘扬传承优秀传统文化的新农村典范。

玉皇庙村：绿水青山，留住乡愁

◎ 米荆玉

　　胶州市玉皇庙村，因村东的胶北玉皇大帝庙得名。资料显示，玉皇大帝庙始建于唐朝初年，玉皇庙村由此得名。该庙于 2009 年 4 月重建。玉皇庙村生态优美，每年正月十六、三月初三、六月初六、九月初九逢庙会，吸引成千上万的游客前来祈福。新时期以来，玉皇庙村结合人文优势、文化底蕴和红色传承，已经逐渐发展成风格独特的乡村生态旅游村，跻身"2018 年中国美丽休闲乡村"之列。如今的小村，屋舍俨然，灰瓦白墙，四合院、竹林、花木构建了北方村落美学，让人大有"村桥原树似吾乡"的熟稔感觉。

　　玉皇庙村堪称民俗文化的宝库。胶北玉皇大帝庙距今有 1300

玉皇庙村村景一角

多年历史；庙宇分东西两部分，东部为殿宇，西部为洪福寺。每年正月初九"玉皇诞"庙会是传统文化盛会，庙会期间举办放生祈福、猜灯谜、舞龙狮、踩高跷等活动，凝结着"老胶州记忆"。捏泥人、民间剪纸、胶州小吃、原味老茂腔等活动构建了悠远绵长的庙会特色文化。村里一口王母井，也与玉皇庙形成了奇妙的对称。王母井清挖时还出土了一尊唐代药师佛，更给它增添了一抹传奇色彩。

虽是一个小小的村落，玉皇庙村却聚集了多个传统文化博物馆、国学传承场馆等文化场所。尼山书院玉皇庙村分院吸引了众多学生，学习传统文化、经典讲授、国学诵读等活动丰富多彩，而剪纸艺社则让游客见识了胶州剪纸这一古老的民间艺术的魅力。胶州剪纸大致分为单色剪纸、活动剪纸、彩色剪纸、贴彩剪纸等门类。在玉皇庙村的七仙女剪纸艺社，观众可看到众多剪纸艺术精品，体会剪纸从方寸之间到巨幅尺寸不同的工艺魅力。

村中隐藏着一座小小的"胶北民俗博物馆"，陈列着以前村民们生活中的实用物品，斗、斛、泥盆、泥罐、装粮食用的泥缸以及老纺车，展现旧时生活风貌。进门影壁上画着"扬州八怪"之一高凤翰和著名的胶州蛋壳黑陶的形象。出身胶州高氏的高凤翰是清代扬州画派的重要人物，晚年他归隐故里，在他的画作《博古图》里描绘了胶州三里河的陶罐，学者由此判断胶州必有一处远古社会文化遗址。果然，考古工作者于20世纪70年代在胶州发掘了大量文物，其中薄胎高柄杯最薄至0.3毫米，被称为"蛋壳陶"。玉皇庙村民俗博物馆照壁上以高凤翰、蛋壳陶代表胶州文化风物，眼光独到。村里另一座传统手工工艺馆里，还展示了胶州一绝"扑灰年画"的制作过程。玉皇庙村活跃着多位绘制扑灰年画的民间艺人，他们用细腻精妙的笔触展现吉祥祈福的内容。

古意盎然的村落里，也有铭记先烈、展现风雨历程的思想教育基地。从玉皇庙村走出的乔继周原任胶县（胶州市前身）副县长等职，离休后回村务农，他的廉洁之风和深厚乡情备受村民尊敬。如今他的三间老瓦房被辟为民间纪念馆，建立了"玉皇庙村革命教育基地"和"玉皇庙村展馆"，成为解玉皇庙村的重要去处。距离这简朴的农家小院不远，一座"胶高魂"雕塑矗立在"胶北革命历史纪念馆"前。这座纪念馆建立在玉皇庙战役遗址上，占地面积1300平方米，建筑面积303平方米，展馆中230余张图片全景呈现了胶州胶北在抗日战争时期和解放战争时期的历史，展示了冷恩成、孙兰芝等先烈事迹。玉皇庙村在抗战期间一直是游击战根据地和战略高地，如今它也是红色革命教育的重要基地。

胶州具有深厚的历史文化积淀，而玉皇庙村集中体现了胶州的人文优势和乡土文化特色，村落生活里处处洋溢着盎然生趣。"一轮磨古法豆腐坊"出品的卤水豆腐古法制作，味道醇厚，称得上"一轮磨上流琼浆，百沸汤中滚雪花"。玉皇庙村还是享誉乡里的香油村，在传统食品工艺展馆里，老师傅现身说法，从芝麻浸泡、炒制、研磨到出油一丝不苟，满街飘香。大街上40多口白底蓝花的大瓷缸，缸中栽种着的荷花、莲花争奇斗艳。游人穿行在玉皇庙村里，体验着美景、美食和人文之美，感受着村居生活对内心的唤醒。

凤凰村：看见 600 年前南北交融的村居风景

◎ 李魏

　　四梁八柱、斗拱灰瓦的明清古建筑，路旁镶嵌有碎石花墙的青石小巷，在位于青岛即墨区金口镇的凤凰村，依稀仍见 600 年前迁居至此的房氏族人依习俗兴建的村居风景。这里至今完好保存着 60 余处明清古建筑，还有超过 300 年树龄、22 米高的银杏树。

　　据《房氏族谱》载：明永乐年间（1403—1424 年），房氏由云南乌沙卫"歌乐屯"至此立村。此处有一条古阡（古时田野间的小路），因地处古阡之北，故称北阡。北阡屯系明朝雄崖所所领八屯之一，房氏应是北阡屯的军户。在此村北还曾发现大汶口文化时期遗址，说明在新石器时代，这里已有人烟聚落。1946 年，北阡分为两个村，以河为界，河北沿用原名，河南因靠近凤凰山，改名为今天的凤凰村。

　　凤凰村的 60 余处古建中，清代建筑就有 56 处之多。这里的建筑主要源于闽浙一带的建筑风格，屋顶一般有梁柱支撑，斗拱用来平衡协调；建筑材料多为紫杉木、青砖、灰瓦。部分按照庄园布局建造，街巷宽阔整齐，古巷道两侧房屋的墙壁，用不规则的石头打磨镶嵌，据说还用糯米来填缝……呈现了别致的乡村风貌。

　　这些建筑中，房辉、房格、房栋庭、房枫庭等声名显赫的房氏族人故居保存尤为完好。房辉，就是《即墨县志》中所载的房晕，房氏五世，清康熙时的岁贡生，他曾任湖北保康县知县。他的老宅，已有 300 多年历史，是凤凰村现存老宅中最古老的一座。房格，房氏九世，清雍正年间太学生。房栋庭，房氏十一世，清道光年间太学生，自幼勤奋好学，应举不中，遂就商，性情直爽慷慨，多见义勇为之举，商海乡间，声名翕然，晚年创修房氏族谱，倡捐经营房氏公产，修缮房氏宗祠，为凤凰村房氏家族承前启后之表率人物。房枫庭，房氏十一世，清道光年间太学生，咸丰十一年（公元 1861）捻军东掠即墨，奋起抵抗，不屈遇难。平乱后即墨县奏请晋加二品，诰封武功将军……凤凰村房氏家风中有一祖训："读书志在圣贤，非徒科第。为官心存君国，岂计身家。"

步入今天的凤凰村，厚重家风、先人旧事，依稀存续在村居的景致中。约 12000 平方米的明清建筑群落，建筑之间的小巷胡同清幽，精致的细缝花墙、木榫卯的精密架构，古朴的垂檐瓦脊、象形取意的砖石雕刻……俯拾皆是。看似远僻的凤凰村，缘何会有如此殷实而不雷同的景致？这与盛于明清的金口港密切相关，借助港口，这里的先民把北方的土特产贩运到南方，也把小桥流水的江南风景带了回来。在房格故居中，一棵拥有 250 年历史的珊瑚冬青树见证了曾经的繁华，这棵主要生长在川湘等地的古老植物，和先民们一起，北上至此，交融共生。

村内的古建筑还有一个特点，就是依照官品等级建造，现在数来，就有二品官员住宅 7 处，九品以上官员住宅 20 余处。这也难怪，据说在清朝二百多年间，从这里走出过 56 名太学生，1 名岁贡生，1 名武举，8 名庠生，有 35 人为官出仕或受朝廷褒奖。在学而优则

凤凰村村口牌坊

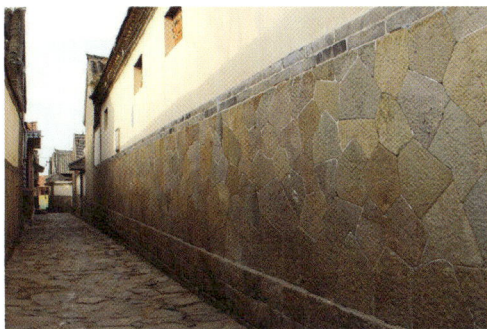

凤凰村街景

凤凰村村居一角

仕的封建社会，一个远离政治中心的海边村落，如此出众，实属鲜见。

凤凰村经 600 年沧桑，形容依旧。说到此就不得不提及当地对于历史文化风貌保护的关注。据了解，凤凰村现在是全国生态文化村、中国传统村落、省级旅游特色村、青岛市乡村旅游特色村。按照凤凰雄崖生态休闲区的规划部署，当地对它的保护开发，一直秉持最小干预、修旧如旧的原则，保护先行，对村内所有古建筑进行了普查摸底，登记在册，并统一进行保护性修缮在文化旅游生态建设的推动下，刘家油坊、房家磨坊、封缸老酒厂等一批优质特色项目脱颖而出，让前来探寻历史印迹的市民游客品尝到地道的老传统和老手艺。不仅如此，凤凰山上的农业观光采摘，金口镇范围内的卧牛山红杏、金浩葡萄、垒里树莓、东街苹果等优质农业项目，也都与古村落的保护开发联动，由此形成了区域文旅产业良性发展的格局。

雕龙嘴：白云深处有人家

◎马晓婷

　　"要看山海景色美，请到崂山雕龙嘴。"这句流传许久的顺口溜，足见雕龙嘴这片山海村落在崂山之景中的独特魅力。雕龙嘴社区位于崂山区王哥庄街道，至今已经有近400年历史，居民最早是从云南、山西等地迁徙过来，有于、朱、林、姚等姓氏，以于姓人家居多。这里三面环山、东临大海，西接华严寺，北邻仰口游览区，堪称山海奇观。

　　"雕龙嘴"以地形得名，站在高处俯瞰，海岸处有一岬角深入海中，悬崖下插大海，岩石颜色赤黄，形似龙头。不远处的海面上，有一大圆石，酷似骊龙颌下珠，此石名为"钓龙矶"；危岩顶部的

雕龙嘴

古朴树，像极龙须。每遇潮来，洪涛波荡摇摇欲飞，云雾缭绕，远看犹如巨龙在戏珠，雕龙嘴村由此得名。如此得天独厚的自然条件，让雕龙嘴美不胜收，更是崂山山海生态的绝佳代表。清代莱州举人林钟柱的五言诗《雕龙嘴望海》里，就曾提及雕龙嘴的奇观："一碧茫无际，横空波浪悬。身前仅有地，眼外竟无天。风急帆樯没，沙平与屿连。不知徐福去，是否返楼船。"

雕龙嘴社区的民居，延续着青岛著名的红瓦房景观，从半山腰一直到海边，依山就势，错落有致。在密密的果树林木掩映下，露出点点红瓦白墙。这里奇峰突兀、白云缥缈、青翠照眼；远望山海相拥、是观日出的绝好位置。雕龙嘴河流经村前，为季节性河流，水质甘洌。社区渔业资源丰富，近海中盛产鱼虾蟹海蜇等，成为居民收入的重要来源。

雕龙嘴旅游资源丰富，在雕龙嘴社区的山上，一条狭长的山洞，被当地人称为"地上银河"，不过，这里最有名的景点当属白云洞。《崂山志》载，白云洞是天然石洞，南向，由四块巨石架成，左青龙石，右白虎石，前朱雀石，后玄武石。洞额镌"白云洞"三字，是清代翰林尹琳基题写。洞旁是清初重建的道观，亦名"白云洞"，庙内建有新式楼房，叫"迎宾楼"；还建有古朴典雅的青龙阁，站在这里可凭眺远景。在白云洞，清代诗人王大来曾经作诗："独坐白云洞，山曲且闲步。萧萧修竹林，泉声在何处。欲下东山巅，飘然入烟雾。俯瞰大海波，咫尺迷云絮。但闻风涛声，势作蛟龙怒。行入山下村，始见村边树。不辨雕龙嘴，道人导我去。"

雕龙嘴的居民们至今仍保持着最淳朴的劳作习惯，日常劳作主要以渔业为主，农业为副，还有不少居民开始搞海珍品养殖。每年春天，鲜嫩的崂山春茶迎来采摘季节，社区中茶园众多，呈梯田状分布，山上的茶园里，人们在一捏一提间采下被山间雾气滋养的嫩叶，制成远近闻名的崂山春茶，再用雕龙嘴的水冲泡，清香四溢，沁人心脾。经过多年的发展，雕龙嘴社区已是著名茶乡，山海茶飘香，让这里别具韵味。同时，这里还是著名的长寿之乡，村里有很多长寿老人。

自 2000 年以来，雕龙嘴社区开始大力发展乡村旅游，堪称青岛最早的一批乡村旅游"网红村"，居民开起渔家宴，游客在这里品尝正宗的海捕海鲜、山野菜、茶香宴，旅游业成为富民增收的重要方式。近年来，一间间精品民宿也开始运营，让这里的旅游体验更加丰富。"莫道云深不知处，白云深处有人家。"作为知名的特色旅游村，雕龙嘴正呈现出越来越强的感染力和崂山文化的独特品位。

东麦窑：诗意栖居的崂山表达

◎ 马晓婷

　　崂山沿海，正崛起中国最美乡村群落，枕海而居的东麦窑作为
其中的样板村落，在流清湾海水的潮起潮落中，珍藏着山海的馈赠。
一排排古老的石头房，静默讲述着这个古老村落的故事，若是春日
到来，整个村落便会被掩映在漫山遍野的樱桃花、杏花中。东麦窑，
以一种世外桃源般的生活，诠释着仙居崂山的诗意。

　　东麦窑社区位于崂山区沙子口街道，在国家 5A 级景区崂山脚
下，是崂山南线旅游的必经之路。社区占地 95 亩，有山峦 1000 余亩。

鸟瞰东麦窑

背依崂山，面向大海。干净、整洁是人们对这个村落的第一印象。保留完好的传统民居和精心打造的民宿，蔓延着浓郁的青岛特色乡土文化气息，让这里透出一种古朴的亲切。

每一个有特色的村落，都应该留得住记忆、记得住乡愁。东麦窑的文化脉络几经更迭。据记载，崂山曾布满檀木、楸树等乔木，曾拥有广袤的原始森林。五代十国后，逃避战乱的人流落此处，以伐木烧炭维持生计。两宋时期，居民开始烧制木炭、烟黑，并将熏制的烟黑运到江浙一带制墨。伐木烧窑的人被称为"窑猴子"。

东麦窑最早的先民唐氏，在明万历年间自王哥庄青山村迁来，后子孙繁衍，不断开垦土地，渐渐聚居形成村落。清朝时期，东麦窑属即墨县，20世纪30年代初开始划归青岛市管辖范围至今。清朝乾隆年间，李氏先民迁居至此，村庄还残存用小石头砌成的被烟熏得像墨一样漆黑的残窑废址，遂将此称为"墨窑"。近代由于崂山方言"墨"和"麦"吐音相同，久而久之即成了"麦窑"，后来又分为东麦窑、西麦窑。

近年来，旅游业正成为带动东麦窑社区经济发展的重要产业。"仙居崂山——东麦窑主题民宿"的打造，让东麦窑名声在外，目前已建成23户特色民宿并投入使用。这些20世纪七八十年代所建的石头老屋在改造过程中，以当地"福"文化为出发点，围绕"福禄寿喜学"的吉祥如意主题对村子院落展开建筑、环境、配饰与品牌的策划和设计，形成崂山高端精品民宿品牌，焕发别样的生命力，形成了独具当地特色的景观。有利的地理位置加之自身的资源条件，为东麦窑社区的发展奠定了基础。再加上近年来对于文化、艺术氛围的挖掘，这个昔日小渔村摇身一变，形成了独具特色的"山—海—村"乡村空间布局。目前，村内有民宿约60家、农家宴10余家，呈聚集化品牌化发展趋势。

文化氛围的营造已经融入东麦窑社区经济社会生活的方方面面。"仙居茶事"游客接待中心作为公共活动空间，设置有图书阅览区、餐饮区和娱乐区，与室外村居广场无缝衔接，让游客和村民同享休闲体验。品尝以崂山农家菜为主体的宴席，进行海上垂钓、沙滩休闲，东麦窑的旅游体验正不断丰富。游客还可以沿着环山观光道路欣赏这里的山海美景，除了木栈道，还有特地收集原生态老石料铺成的石头路。在环山路的两侧，种植了1000余棵樱桃等当地特色果树，无论是盛花期的浪漫，还是盛果期的甜蜜，都是独一份的乡村生活印记。

近年来，东麦窑社区先后获评"中国乡村旅游模范村""中国美丽休闲乡村""全国乡村旅游重点村""山东省旅游特色村"等称号。社区以特色农旅一体化产业发展引领乡村振兴，在注重保护生态环境的基础上，围绕"山、海、居、墨、渔"等自然与文化资源，充分挖掘天然禀赋和培育乡村特色文化，建设富有山海文化特色的艺术小镇，着力打造乡村振兴的齐鲁样板。

后石沟村：世外桃源，影视添翼

◎ 米荆玉

　　美丽乡村是乡村的共同愿景，而每个乡村的魅力又各不相同。西海岸新区铁山街道后石沟村，一个原本是世外桃源的小村庄，与一部乡村题材电视剧《温暖的味道》偶然"牵手"、互相成就，最终村庄变成了符合现代人内心"向往的生活"的乡村范例。而电视剧《温暖的味道》也成为央视年度重点剧集，在 2021 年与观众见面。影视与美丽乡村的结合，后石沟村并非第一个。然而将乡村的内在美与剧集的人文之美结合，展现乡村的新生态之美，为乡村插上影视的翅膀，后石沟村算是影视深度融合在青岛西海岸的优质样本。

　　后石沟村紧邻铁山水库。在铁山水库周边发现了龙山时期的石斧等石器、陶鼎足等陶片以及龙山时期的水井，汉代的陶豆、陶壶等残片，以及元明时期青花瓷残片等，可见这块土地历史渊源之深厚。处在铁山水库之畔、群山之间的后石沟村自然环境优越，青山绿水，丘壑优美，三面环山、一面靠水的地理位置非常突出。多年来，由于交通不便，后石沟村的优势并未得到深度开发，村民们一直过着田园稼穑的生活。在得知《温暖的味道》剧组来西海岸选景后，铁山街道把后石沟村纳入了美丽乡村创建工作中，加大了对剧组的吸引力度，也让后石沟村从地下到地上、从村居到道路来了一次彻底的升级，把人人心中畅想的美丽乡村在后石沟村变成了现实。

"大槐树"这一文化符号深植于齐鲁村居之中，也是一个村庄的集体记忆。一入后石沟村，迎面一棵三四人合围、苍翠擎天的大槐树，也是后石沟村为《温暖的味道》所构建的标

后石沟村一角

志性景观之一。沿着主路进入村庄，传统四合院、特色农家院鳞次栉比，沿着山坡起伏，既有民居特色又有现代风格。据介绍，后石沟村乡村景观改造整体工程耗资 2000 万元，建成了大槐树、淘宝商店、景观道路等电视剧拍摄配套设施，还引进民营资本建成了四合院和谷仓两处影视建筑以配合剧情需要，最终使得后石沟村呈现出"内外兼修"的气质。

在村居细节呈现上，后石沟村具有年代感的街景让人流连，村居墙上的绿植花墙生机勃勃，原木风的民居非常接地气，蔬菜基地、村民体育活动场所都被影视剧中的镜头一一纳入，后石沟村的优美

景观令人心旷神怡。村庄原生态生活固然美好，现代村庄生活也是影视作品体现的重点。在《温暖的味道》里，村民生活融入了直播、美食、民宿等时尚元素，还把非物质文化遗产"胶州秧歌"以及"海青茶""驿站"等传统文化亮点镶嵌于剧情里，让故事更加饱满，也充分体现了本地乡村文化的特色。后石沟村的变迁，让当地村民满怀喜悦，也吸引了游客纷至沓来。富有山水意境之美的民宿、体验原生态美食魅力的乡村餐饮等产业也成为后石沟村的新着力点。不少游客来到后石沟村后直呼"不想走了"，人们内心对乡村生活的向往在这里实现。

《温暖的味道》里，靳东扮演深入基层的第一书记孙光明，他在新形势下开拓生态新农村，发展生态新农业，带领全村村民走向了幸福的小康生活。而在现实中的后石沟村，不仅有剧中的生态新农业，还亮出了"乡村影视基地"的新招牌。在西海岸影视产业大发展的背景下，后石沟村的影视拍摄外景地功能得到了充分放大，在接受采访时后石沟村方面表示，未来将依托影视旅游产业聚集的人气，借势打造旅游产品，以自然资源为特色，以影视文化拍摄为名片，打造影视拍摄、特色民宿双动力的文化旅游型美丽乡村。如今的后石沟村，既是一个具有生态之美、人文之美的世外桃源，又插上了生态新农业、乡村影视外景地的发展双翼，已然成为乡村文化、乡村美学的代表，也是现代人乡情、乡恋的寄托之地。随着一部部乡村题材影视作品的推出，后石沟村的形象将出现在千家万户的荧幕上，把乡村之美呈献给观众和游客，成为极具示范意义和产业发展前景的美丽乡村目的地。

上沟村：白涧幽谷秀，如入画境

◎马晓婷

　　坐落于铁橛山北麓的青岛西海岸新区铁山街道上沟村，拥有600多年历史，有村民100余户。行走于山谷间的村落，百年老屋见证着时光的变迁，精致严格的建筑形制体现着原生态的乡村风貌，让这里成为不可多得的极具文化历史传统特色的山区、景区自然村落。马林涧、直涧谷、槐花谷等九道山沟涧幽谷秀，使上沟村如入画境，故人称"九上沟"。

　　《山里杨氏家谱》载，明洪武年间，杨姓由小云南迁居济宁州东关杨家坝，万历年间九世杨成迁居山里，其子杨邦臣迁此立村。因地处山沟上游，得名上沟。据民国版《增修胶志·疆域》载，清

美丽的上沟村

道光年间称上庄，民国时称上沟村。村中有周代文化遗址，出土过陶器等文物，村东侧有一口古井，井旁立有刻着"光绪二十六年五月初一日"字样的石碑。村中一棵据说树龄300多年的槐树，无言诉说着老村悠久的历史。一条河流自西向东，河道顺应山谷蜿蜒曲折，山、水、村庄有机融合，宛若天成。

提起上沟村，就不得不提到这片具有传奇革命色彩的红色老区"杨家山里"。上沟村是杨家山里六个村庄之一，70多年前，杨家山里的百姓和地下党组织联防，政治上不受日伪管制，经济上不向日伪纳捐交粮，即使在抗战最艰苦的岁月，这里的红旗仍在飘扬，成为周边地区抗日的"领头雁"，直到今天一直激励着人们不忘初心和本色。

如今，革命老区因旅游而焕发生机。初春时节，古朴的村落被掩映在一片花海之中，竞相绽放的樱桃花，肆意点缀着街巷和山谷，人们从四面八方奔涌而来，感受百年村落的古老诗意和盎然生机。花海背后，是上沟村以樱桃为代表的鲜果采摘产业。每年5月份，在位于上沟村的九上沟风景区，鲜嫩甜美的樱桃让游客络绎不绝，成为村庄的盛事。游客来到这里，游古村，品鲜果，吃农家宴，看红色文化，饱览铁橛山风光。在这里，老区红色精神与樱桃产业发展相结合，使上沟村的樱桃产业在众多的采摘项目中脱颖而出。从2015年至2020年，九上沟旅游文化节期间的游客人数从2万人增加到10万人，村集体收入由15万到75万，自营采摘和鲜果出售为每户带来3万到4万元的收入。同时，上沟村独特的山水风景和饱蕴乡愁的村居风貌，已成为不少艺术爱好者、艺术专业学生采风写生的必选之地，为文旅产业的发展奠定了坚实的基础。

致力于打造乡村振兴"齐鲁样板"，让美丽乡村"望得见山、看得

上沟村村史馆

见水、记得住乡愁"，铁山街道牵头组织专门力量对上沟村区位条件、资源特色、产业基础、历史文化等要素进行了摸底调查和深入挖掘，明确了村庄发展定位、美丽乡村建设内容，发展方向定位为集民俗体验、旅游民宿、生态休憩、展示表演、餐饮销售于一体的最具青岛气质的乡村旅游目的地，打造山谷型生态文化休闲旅游乡村综合体。同时根据村庄旅游资源分布的特点、旅游发展的基础及地形特点，结合村庄旅游开发的实际需求，将上沟村区打造成乡村体验与艺术创造区，形成慢行游览线、滨水休闲线、乡村特色采摘线。

时间的年轮一圈圈延展，老村的故事却历久弥新。上沟村"原乡、原水、原生态"的独特自然资源不断被挖掘，农业、农村、农民"三农共进"，生产、生活、生态"三生共融"，家园、乐园、田园"三园共享"，农业、文化、旅游"三位一体"的美丽田园轮廓不断清晰，山水乡愁皆入画，多彩生活绘出崭新图景。

结语：以 108 个"细节"为城市"立传"

◎ 李魏

　　《伦敦传》的作者彼得·阿克罗伊德将城市喻为人体，街巷喻为毛细血管。他让人们意识到："城市不是一个固定、死板的地理概念，而是鲜活、变动不居的生命体，它在不同时期呈现的种种样貌，从总体上构成了属于城的活力与生机。"过去一年间，我们也试图以百个囊括了人物、场景与事件的极简"细节"，来呈现不同时期青岛的种种样貌，它们看似琐碎、孤立，却让人们看到属于这座城市的可延续的活力与生机。这正是"碧海潮生是故乡——青岛100 个故事连环话"城市历史地理特刊创生的源起。

　　"碧海潮生是故乡——青岛 100 个故事连环话"，由青岛市文化和旅游局与青岛日报社于 2020 年 4 月联合策划推出，从青岛地区的史前文明一直写到当下，时间跨度超过 4500 年，内容涵盖历史源流、文脉记忆、民间传说、非遗文化、城市景观、文人学者、红色文化和美丽乡村等 8 大板块，共计 108 个"故事"，"故事"篇幅平均仅约 1600 字，却于"细节"间重新梳理塑造了一直处于变化和延伸中的城市的成长脉络。

　　碧海潮生处的"细节"回望，更像是为这座城市所立的一份极简"小传"，让我们在来路中辨识、寻找并把握更适宜城市未来的方向。

溯源数千年的青岛历史地理读本

2020 年 4 月 23 日起，"100 个故事"在青岛日报全媒体平台面世。一经推出便引发众多读者网友关注，成为不少人重新了解脚下这片土地的"基础读本"。

由青岛市文化和旅游局与青岛日报社联合策划推出的城市历史地理特刊"碧海潮生是故乡——青岛 100 个故事连环话"，自 2020 年 4 月 23 日起，以"报、网、端、微"全媒体平台同步传播方式面世。青岛历史源流首度全景呈现，溯源千年的城市历史地理图景，借助全媒体平台，一经推出就引发数以十万计的读者关注。有的青岛老读者甚至一期不落地将报纸版面剪贴留存，作为家中晚辈了解这座他们世代繁衍生息的城市的"基础读本"。

人们期待了解更多有关这座城市的往昔岁月，亲身去探寻那些故事背后闪现的遗址、遗迹的真切面目。其中上溯数千年的历史性"开场"尤其让读者意外，它拓展了城市本土文化的维度，也延伸了众人心目中原有的城市景深。

"没想到青岛在古代还藏着这么多值得说道的故事和遗迹，以前更多听说的是百年建置历史的近现代时期的青岛……真想去看看。""碧海潮生是故乡——青岛 100 个故事连环话"首期出刊当天，在网端阅读了北阡、三里河和岳石三大文化遗址"故事"的一位北京读者便在第一时间留言反馈。和这位在青岛度过童年、因此对城市加倍关注的读者一样，将城市历史上溯到 4500 年前的这份"城市极简史"，仅凭每篇寥寥千余字的记述，就吸引了诸多对青岛、对历史心怀热爱的本土市民和"潜在"旅者。前两周连续推出三期的特刊，点击量就突破 30 万次。

　　随着琅琊台遗址、齐长城、即墨故城和六曲山汉墓群、田横五百士、汉武帝东巡的不其城、天柱山魏碑、板桥镇等"历史场景"相继浮出水面，关于这座城市的古代故事，不仅引发普通读者的关注，也成为专业人士热议的话题。多位从事本土历史文化研究的专家学者和区（市）文博机构专业人士均对"特刊"的发布给予称许和肯定，并积极参与到相关历史内容的论证核定中。一位学者评价说："这是青岛首次将发生在青岛城域内的文化演进，置于满天星斗的远古文明和世人熟知的王朝兴衰之中全景加以展现，它相对完整地重新梳理了城市的历史文化脉络，呈现了这座城市在文明发端之初的独特光彩。"

于文脉中连接城市过去与未来

　　"100 个故事"虽以"故事"之名，却遍寻专业人士、机构协助，以最接近历史真实的描摹和记述，为城市正待打造的山海书风寻得了可资传承的历史实证。

　　正如最初期许的那样，这部城市历史地理极简史，是在众多专家学者及区域相关部门、文博机构的专业"补给"和协助之下完成的。在网络信息浩如烟海的今天，即便获得原始的一手资料是困难的，我们依然竭尽所能，在鱼龙混杂的史料素材中披沙沥金，期冀给予最接近历史真实的、准确而生动的描摹和记述。

为此，我们探访过作为远古中国"满天星斗"中夺目一隅的青岛地区的考古现场；在历史典籍和研究报告中查阅追踪秦皇汉武以及古代海上丝路在这座城市"遗落"的蛛丝马迹；与承载沧桑荣辱的百年地标和那些史册中闪光的名字超时空"相遇"……我们想要证明，历经波澜壮阔的古代王朝兴衰、波谲云诡的近现代百年，直至今日，这座城市以所踞的胶州湾腹地为舞台，在中华五千年文明史中从未缺席。

德国著名学者扬·阿斯曼在论及城市的"文化记忆"时说，正是凭借对文化记忆的代代相传，城市得以在文化的认同和重构之中发展演进。以打捞文化记忆的方式重塑城市传统，让人们明白城何以成为今日之城，又将在可见的将来如何演进。这是这本书回望这座城市过往的一个重要理由。或者说，重要的不是回望，而是立足于当下——在来路中，辨识和寻找未来的方向。

所以，这部极简史并不止于往昔，它连接着城市的过去与未来。

从中，我们为城市正待打造的山海书风寻得可资传承的历史实证：西海岸琅琊台的秦琅琊刻石、平度天柱山的郑文公碑、崂山道教摩崖石刻、明清之际的"扬州八怪"之一胶州人高凤翰、康有为在青岛的翰墨流传……这些彪炳中国书艺史册的珍贵遗存，拼贴起城市书法脉络的独特未来走向。在"城市景观"中，那些熟悉的街道、建筑物、山头、河流的存蓄是我们去往未来之城必备的通行证：我们不仅记录它们曾经的样貌，更记录当下的变迁，诸如里院作为青岛特色民居如何融入旧城更新中，成为市井烟火里的城市独特表情，太平角—八大关的近现代建筑群如何打开院落，辟建为可体验的文旅新地标⋯⋯在"历史文脉"和"文化学者"的系列人物书写中，我们见识了这座城市文化气质的形成和近现代精神高地的隆起⋯⋯

城市文化遗产的价值体现了对于历史信息的承载、往昔记忆的见证，而它不仅是过去时、完成时，也是进行时与将来时，对城市而言，记录并留存这些记忆，不仅是为了传承文化、延续历史，也是为了更好地走向未来。

引领人们重新打开城市的"向导"

故事"出圈"，引发了画家、动漫企业、民间艺人等为城市创作的激情。如今这些青岛故事已经结集成册，带领更多人重新打开并品读这座城市。

此前，青岛日报社在官网青报网首页设置轮播图；客户端"青岛观"在要闻频道开设了"碧海潮生是故乡——青岛100个故事连环话"专题（去年8月下旬起移至"观海新闻客户端"），与纸端同步刊登100个故事，进行图文并茂的呈现；"人民号""头条号"、青岛新闻网、《今日青岛》海外版以及市文化和旅游局的官微、"青岛文物保护建筑"专题微信公众号等平台，均同步转发宣推，使青岛故事在国内以及海外多个国家和地区都拥有了更大的传播力和影响力。

一位本土画家在出刊伊始便致电本报，期冀能以手中的画笔，创作描绘100个青岛故事中的场景与人物，为城市、为同样热爱着这座城市的人们保留一份更为直观的带有个性色彩的历史记忆；一家正积极尝试将青岛本土历史文化借助动漫来呈现的本土动漫企业，也特别将原创动画作品"法显入不其"发来，表达了共同深耕城市历史文化旅游资源的意向；还有一位从事泥塑创作的民间艺术家，在阅读了"田横五百士"的故事之后，也表达了要将之作为创作题材的"雄心"……对于这座曾经熟悉的城市，人们仿佛突然间获得了新的视角来重新品读审视它的丰富。

"我们无法窥见全部，而只能把无尽的小巷和过道、庭院和大街当作一片荒野去体验。在这片荒野上，纵使最有经验的市民也会迷路……"彼得·阿克罗伊德将伦敦比作不断变化和延伸的迷宫，而他书写的《伦敦传》，将成为引领人们打开城市的独特向导。这本书同样作为"向导"，以对城市百个"细节"的系列书写，引领人们重新打开并品读这座城市。

在这位"向导"的引领之下，石老人、崂山道士、绛雪、太清水月、大小珠山……不只停留于美丽传说；胶州秧歌、莱西木偶、宗家庄年画、泊里红席、三里河黑陶……不再只是传统的民间技艺；东麦窑、后石沟村、青山村、产芝村、凤凰村……也不再只有承载乡愁的美景，它们是以各种方式沉淀于城市肌体的独特历史文化，城市丰厚、无价的财富资源，正期冀迎来传统的新生。对于这些珍贵的遗存，守护不仅意味着原汁原味地保护，更当融入现实生活，成为城市文旅产业创新发展的载体和源泉。

《碧海潮生是故乡——青岛100个故事连环话》是一个开端，或许只是"引言"，引导人们从极简的"细节"出发重新认识城市，在对青岛本土文化历史地理图景的拼贴重建中，推进城市文旅资源的保护、开发、整合与利用。

　　不久的将来，这些青岛故事应该可以激发更多的人投身为青岛"立传"的事业之中。毕竟，这会是一项承前启后、浩大而精细的系统工程，不是区区百个"细节"就能够囊括的。

图书在版编目（CIP）数据

碧海潮生是故乡：青岛100个故事连环话 / 朱铁一，
齐建国主编. —— 青岛：中国海洋大学出版社，2022.6
ISBN 978-7-5670-3187-6

Ⅰ. ①碧… Ⅱ. ①朱… ②齐… Ⅲ. ①文化史 – 青岛
– 通俗读物 Ⅳ. ①K295.23-49

中国版本图书馆CIP数据核字(2022)第105368号

书　　名	碧海潮生是故乡——青岛 100 个故事「连环话」
编制单位	青岛市文化和旅游局 青岛日报社（集团）
主　　编	朱铁一 齐建国
责任编辑	王　晓
终　　审	纪丽真
策划编辑	冷　艳 杨　倩
装帧设计	良友创库·曹守磊
出版发行	中国海洋大学出版社
社　　址	青岛市香港东路 23 号
网　　址	http://pub.ouc.edu.cn
策　　划	青岛日报报业集团良友书坊
联系信箱	liangyoubooks@126.com
印　　刷	青岛新华印刷有限公司
版　　次	2022 年 6 月第 1 版
印　　次	2022 年 6 月第 1 次印刷
开　　本	32 开
字　　数	277 千
印　　张	13
定　　价	118.00 元